“十二五”国家重点图书出版规划项目

王逢振　主编

詹姆逊文集

第 7 卷

语言的牢笼

钱佼汝　朱刚　译

中国人民大学出版社

·北京·

译者前言

《语言的牢笼》是詹姆逊较早的一部专著，发表于 1972 年，和前一年出版问世的《马克思主义与形式》形成鲜明的对照。尽管这两部论著都涉及马克思主义的基本思想，但它们在内容上评述的却是两个有着完全不同传统的思想和理论体系，两套迥异的概念和术语以及两种本质上对立的方法论。

20 世纪 70 年代初，美国的思想界和学术界对俄国形式主义和法国结构主义都还比较陌生。虽然维克托·埃利希的《俄国形式主义：历史与理论》早在 1955 年就向美国和英语国家的读者详细介绍和评价了这一对 20 世纪西方文学理论产生重大影响的理论流派，但俄国形式主义的核心人物（除早已移居国外的人如雅可布森等外）的主要论著却一直到 60 年代中期之后才陆续译成英语，且以单篇文章居多，种类也很有限。结构主义的情况可能稍好。1966 年在约翰斯·霍普金斯大学召开的“批评的语言与人类的科学”学术讨论会是当时美国的学术生活中的一件大事，它把法国结构主义的主要代表和他们的理论以及他们之间的分歧集中带到了美国，但当时能加入这场讨论的美国人不多。法国结构主义的经典著作的英译本和详细介绍结构主义的来龙去脉和基本理论的专著到 70 年代中期，甚至更晚才出现。

介绍结构主义的书大致有三类：一是论文集，如雅克·埃尔曼所编《结构主义》(1970)、迈克尔·莱恩所编《结构主义论文集》(1970) 和戴维·罗比所编《结构主义引论》(1973)；二是以介绍为主的专著，较突出的有罗伯特·斯科尔斯的《文学中的结构主义》(1974) 和乔纳森·卡勒的《结构主义诗学》(1975);詹姆逊的《语言的牢笼》则属第三类,它是以一定的意识形态为框架在思辨的层次上对结构主义整个理论体系进行的观照。这在当时是相当"超前"的。詹姆逊认为,"以意识形态为理由把结构主义'拒之门外',就等于拒绝把当今语言学中的新发现结合到我们的哲学体系中去"。他还认为,"对结构主义的真正的批评需要我们钻进去对它进行深入透彻的研究,(以便)〔才能〕从另一头钻出来的时候,得出一种全然不同的、在理论上较为令人满意的哲学观点"。

詹姆逊在《语言的牢笼》中确实这样做了。他是从俄国形式主义和法国结构主义的理论基础,或曰"思维模式",即索绪尔的结构主义语言学这一头钻进去的。他的"指导思想和自始至终的任务是澄清索绪尔的语言学提出的共时方法和时间与历史现实之间可能发生的各种关系",并对这一理论"作为一种模式和比喻在文学批评、人类学以及最终在哲学本身这些领域中所产生的解放思想的巨大影响"作出评价。

众所周知,索绪尔对语言学的贡献是多方面的,但最富独创性的是,他明确提出的语言和言语、共时和历时、能指和所指、组合和聚合这四组区分以及贯穿于他的全部理论的双项对立方法论。詹姆逊对索绪尔的理论的评价是把它放在和英美传统的哲学思想和语言观的比较中进行的。他首先指出结构主义语言学就其彻底摆脱英美传统中根深蒂固的经验论和实体论,转向强调关系的系统论这一点而言,是值得肯定的。索绪尔明确指出,"语言学恰恰是一门以没有……实体为特点的科学","在语言中却只有差异,没有可从正面肯定的东西"。詹姆逊认为,这种强调相互关系而不是实体的思想是辩证的,因为它可以靠系统内部的关系产生意义而无须像瑞恰兹和奥格登的理论那样到系统外面去找指涉物。这就是说，“不是单个的词或句子‘代表’或‘反映’了现实世界中的具体事物，而是整个符号系统、整个语言系统本身就和现实处于同等的地位”。

然而，索绪尔的理论也暴露出许多固有的缺陷。詹姆逊指出共时和历时这一对区分索绪尔的理论的支点。当初，索绪尔提出共时概念，针对的是赫尔曼·保罗的唯历史研究是科学的观点，意在扭转这种偏向。不过，詹姆逊认为，把结构研究和历史研究相对立、共时和历时相对立的做法“同样是武断的，其方法论的前提也是一种同样武断的价值判断：‘任何东西只要有一点意义，它就必定是共时的’”。在詹姆逊看来，共时和历时是一个问题的两个方面，是不能分开的。他所举的一系列例子都想说明这一点。“尽管索绪尔的理论中暗含的历时模式，突变的理论，能够对历史变化作出复杂的和有启发性的生动解释，但最终还是不能解决把历时和共时在同一个系统中重新结合起来这一根本问题”，因为索绪尔把它们看成“一种纯粹的对立，是一对永远不可能以任何形式调和在一起的绝对的对立面”。双项对立正是这样一种对立。詹姆逊认为，“这种双项对立和我们通常所说的辩证法中的对立，更确切地说就是矛盾，是不一样的。前者是静止的对立，不像后者那样与自身以外的东西发生联系”。于是他甚至怀疑在这些永远互不相干的对立面的基础上能否建立起什么系统。即使能够，这些系统也只能让你看到它们所依赖的模式允许你看到的东西。俄国形式主义和法国结构主义的局限性概源于此。

詹姆逊对俄国形式主义的评述是围绕着两个问题展开的：一是结构主义语言学的基本理论在俄国形式主义中有哪些体现，二是俄国形式主义理论本身有哪些无法摆脱的困境。

20 世纪初，欧洲的语言学和文学研究几乎同时经历了一场反传统的思潮。在语言学中，是以索绪尔为代表的强调即时和整体的共时语言学对以新语法学派为代表的强调历时和个别的历时语言学的反抗；在文学研究方面，则是以俄国形式主义为代表的“科学主义”、“客观主义”对以别林斯基、车尔尼雪夫斯基、杜勃罗留波夫和波杰布尼亚等为代表的历史主义和象征主义的批评。这两股潮流的共同特点，用詹姆逊的话来说，就是“分离出事物的内在因素本身，将其特定的研究对象与其他学科的研究对象区别开来”。这样语言学应该研究语言系统，文学研究则应以“文学性”为对象。

俄国形式主义者认为文学性主要是形式的问题，通过“陌生化”的手段而获得，而形式又主要是语言问题，因此索绪尔的语言理论对他们有极大的吸引力。詹姆逊指出俄国形式主义关于诗歌语言是日常语言的一种变体，是“对普通语言有组织的暴行”的理论，以及作为陌生化这一手法的心理学基础的“自动化”和“非自动化”的对立都借鉴了索绪尔的语言理论中关于差异和双项对立的理论，即在差异中寻求自身，在否定中确立肯定。这样，正如语言学中意义的确立需要同时考虑在和不在的因素，俄国形式主义的文学性的概念必须包括文学和非文学的两个方面，陌生化也必须要有不陌生为其存在的前提。詹姆逊还指出俄国形式主义提出的诗歌与散文不同的陌生化方式，即通过选择改变个别成分的“微观”陌生化和通过组合改变排列顺序的“宏观”陌生化，特别是普洛普的叙事理论中的纵横两个结构层面的理论，都和索绪尔的聚合/组合理论有密切关系。此外，俄国形式主义认为文学的演进不是连续的发展而是断续的取代这种文学史观，和索绪尔的共时理论中暗含突变的思想也十分相似。

陌生化可以说是俄国形式主义理论的核心，詹姆逊对俄国形式主义的批评也集中于此。首先他认为，“只有事先存在的东西——实物、习俗、某种类型的单位——才能被陌生化，这就像只有本来有名称的事物才能失去它为人所熟知的名称，并突然在我们面前变得令人吃惊的陌生”。那么什么是俄国形式主义者认为事先存在并已为大家所熟悉的东西呢？答案当然是文学的形式和内容两个方面。然而詹姆逊指出，俄国形式主义者不仅一贯排斥内容，而且总是将一切内容视为形式的投射，所以“在什克洛夫斯基的著述中从来也没有说清楚被陌生化的到底是内容还是形式”。詹姆逊认为：一切艺术都多少会让人有新鲜感，但不是所有的艺术都会像什克洛夫斯基所推崇的斯特恩的《项狄传》那样把“暴露”自己的“手法”作为自己的全部内容。因此《项狄传》没有典型意义。陌生化作为通向文学性的唯一道路也是站不住脚的。那种认为文学作品表面上有指涉、有内容，实际上谈的是自己的形成、自己的结构的看法才真正是幻视。这也是法国结构主义的一大错误。

詹姆逊对法国结构主义的评述占全书一半以上，显然是本书的重点。他首先指出俄国形式主义和法国结构主义虽然都源于索绪尔的语言理论，但是它们的研究对象和研究方法却不尽相同。结构主义更关心的是形成系统，建立模式，强调整体性。结构主义者认为，实物或表面现象的历史这种观念已经被模式的历史这一观念所取代，因为在他们看来，“一切自觉的思维活动都是在特定的模式的范围之内进行的，并且……是由该模式决定的”。詹姆逊认为，这一转变“和整个科学的中心内容的历史转向相一致……〔而〕科学上的这种从感性认识到建立模式的逐渐过渡符合社会生活本身的一种转变”。由此可见，詹姆逊对结构主义的基本思想是持肯定态度的。

要对结构主义这样一个在人文和社会科学中已得到不同程度的应用并产生出不同理解的哲学问题进行评述，必须从宏观和微观两个方面入手。宏观上，詹姆逊把结构主义理论放在上层建筑和基础结构对立统一这一马克思主义的思想框架中加以审视，认为结构主义研究的是“上层建筑”，是“意识形态”，但不能也不可能脱离对基础结构的研究。微观上，詹姆逊“按照符号本身的内部结构……区分三种不同的研究：主要针对能指的组织的研究，以所指为对象的研究，最后还有试图单独提出指意活动本身，开始在能指与所指之间建立初步关系的研究”。詹姆逊把主要力量放在微观研究上，用大量篇幅分节探讨了这三个方面的问题，涉及到列维-斯特劳斯的神话学、人类学，阿尔都塞和福柯的社会历史学，弗洛伊德和拉康的精神分析学，巴特的符号学，格雷马斯的语义学，托多洛夫的叙事学，《泰凯尔》（见本书 134 页注）的文学批评，还有德里达的解构主义理论等，从不同的角度阐述结构主义语言学有关能指/所指、共时/历时双项对立的理论在这些领域中的体现。

正如在评述索绪尔的语言学和俄国形式主义理论时强调历时和共时不可分一样，詹姆逊十分强调能指与所指也是不可分割的。他批评了割裂二者的做法，因为“我们最终不可能用任何在方法上或概念方面有意义的办法使所指脱离能指”。詹姆逊特别指出结构主义强调能指，强调系统的内指性所造成的后果：即尽管“所有的结构主义者，包括列维-斯特劳斯及其对自然的认识、巴特及其对社会和思想问题的关心、阿尔都塞及其历史意识，都承认在符号系统本身之外本有一种最基本的存在；这种存在，不管它是否可被认识，都起着符号系统的最后参照物的作用”，他们却坚持类似胡塞尔的现象学中存而不论的“悬置”方法，拒绝指涉物的介入。詹姆逊认为，“这不仅是我们从外部对结构主义所作的一个评价，而且也是它自身的一个矛盾，因为它的关于符号的概念不允许我们对它外面的现实世界进行任何研究”。这种现象在文学批评理论中的反映就是一味排斥内容，或混淆内容与形式的界限。詹姆逊说，“结构主义独有的错误就在于它把自我或者主体当作实体”。只有这样，它才能避免将外部内容引入纯粹表示关系的系统中，才能避免进行解释，最终使结构主义的形式（语言模式）又转变为一种新的内容（语言成为最终的所指）。因此，建立在这种理论基础之上的“结构主义批评的最典型的特征就在于一种从形式到内容的转变”，这样，“每一部作品、每一部小说都通过自己的情节结构讲述自己构成的故事，自己的历史”。于是“在结构分析层次上又出现了形式回归到自身的现象和我们在形式主义批评中看到的那种荒谬的自我指定：形式主义批评将作品的形成看作自己最根本的内容，而现在结构主义者又把一部作品的内容视为语言本身”。詹姆逊认为，“这并不是个别批评家的偶然所为或独有的癖好，而是这个模式自身固有的一种形式扭曲”，所以“最好把结构主义理解为一种哲学上的形式主义，是现代哲学中无处不在的那种脱离具体内容，脱离各种能指理论的普遍趋势的极点”。

最后詹姆逊又回到宏观审视上，从认识论的高度回顾语言模式这个根本问题。显然，“一种哲学如果自身不包括有关其自身特点的理论，如果不在意识到它所涉及的对象的同时也给某种起码的自我意识留有余地，如果在认识它应当认识的事物的同时不对认识自己作出某种基本解释，那么它必定落到画了自己的眼睛还不知道的下场”。结构主义虽然是一个强调内指的系统，似乎应该有一套自我意识的理论，可以用元语言来谈论自己，然而詹姆逊却认为结构主义的语言模式是一个“在结构上无法产生自我意识理论的体系”，因为语言符号的所指的“无穷退行”“表明有一种最基本的对象语言是评论的语言永远不可能企及的，这种对象语言就是语言本身”。因此，“用各种语言系统来说明现实，用新的语言学术语来重新表述哲学问题，这一选择必然是一个专断的决定，必然使语言本身成为一种享有特殊地位的阐释方法。……应该老老实实地承认一切皆语言的观点无可辩驳，但也无法辩护”。我们应该冲出“语言的牢笼”，寄希望于一种新的、真正能将形式与内容、符号和指意结合起来的阐释学和语符学。

詹姆逊对俄国形式主义和法国结构主义的评价是有倾向性的，但也是比较实事求是的。这主要表现在方法上，詹姆逊并没有采取简单化的肯定或否定的做法，而是钻得很深，对这两种理论的积极一面给予充分肯定，对它们固有的缺陷则进行尖锐的批评。在这一过程中，特别是在对结构主义的评述中，在某种意义上来说，詹姆逊也许钻得太深了一点，超出了当时广大读者的接受水平。这也是这本书不及卡勒的《结构评论诗学》那样普及的原因之一。书中，詹姆逊多处将对结构主义的评论引向社会层面，与垄断资本主义向消费社会和后工业社会的发展相联系，预示了詹姆逊后来，特别是20世纪80年代中期，在其著述中反复论述的一个重要思想。

本书第二章为朱刚所译，由我审校。在翻译过程中我们曾得到南京大学外文系法语和德语专业部分同志的帮助，在此表示感谢。由于本书涉及面颇广，部分概念、术语尚无可资借鉴的译文，原著的文字也较艰涩，加上译者水平有限，错误难免，恳请专家和广大读者指正。

钱佼汝

如果我们拒绝在语言的牢笼里思考，那我们就只好不思考了；

因为我们最远也只能走到怀疑我们所见到的极限是否真是极限这一步……

尼采

目　录

序　言

思想史是思维模式的历史。经典力学、有机体、自然淘汰法、原子核或电子场、计算机等，这些都是最初用于总结我们对自然界的认识，后来又用来说明人类世界的许多的实物或理论体系中的几个例子。

任何一种模式的一生都表现出一种有规律可循的节奏。开始的时候，新的观念释放出大量新的能量，产生许许多多新的观点和新的发现，并引发出一大堆新的问题，从而导致大量新的工作和研究。在整个初始阶段中，模式本身保持稳定，主要提供一种思维方法，使一种新的宇宙观得以形成并载入史册。

在模式生命的暮年，相对来说要花较多的时间来对模式本身进行新的调整，使它和自己的研究对象再次协调起来。这个时候的研究往往偏重理论而不是实践，往往抛弃自己原来的一些预设（模式本身的结构），为日益陷入模式的缺陷所导致的谬误和困境而感到苦恼。这使我们想起以太或集体意识这样一些例子。

最后，老的模式被新的所取代。本书所涉及的某些思想家曾把这件大事称为"突变"（这本身就是用一种模式来比喻一个性质完全不同的研究领域的极好的例子）。毫无疑问，这一取代尽管无法像进行一次革命性的实践或出版一部关键性的著作那样清楚地说得出具体的时间，但它标志着一次决裂、一件事情的彻底结束和另一件前所未有的事情的开始。此外，就像不满旧的范式的人无法靠苦思冥想凭空臆造新的范式一样，新的模式看来也是无法有意识地准备的。

上面所说的这一过程正是有机体模式的历史。这个把有机体作为原型的想法曾像星星之火，一下引发出整个浪漫主义哲学和19世纪的科学思想。有机体这一概念的优点在于历时和共时这两个方面在它身上得到了活的结合，更确切地说是尚未分家，因为正是历时研究（对有机体渐变的观察）把观察者的注意力引向共时的结构（那些经过衍变的器官在有机体身上同时共存的情况）。于是，诸如“功能”这类概念便出现在这两个方面的交叉点上；有了它们，历史才能自称是一种有权独立存在的认识方法。

然而有机体模式后来过于依赖实体论思想。如果它的研究对象不是事先确定的独立的实体，它就虚构一些实体来满足方法上的需要，各种社会或文化方面的有机论都有这个毛病。在对这种实体论思想的反拨中，在“场域”理论或关系理论的各种形象中，最彻底的就是现在提出的这种把语言作为它的基本模式。

以语言为模式按语言学的逻辑把一切从头再思考一遍！奇怪的倒是过去竟不曾有人想到这样做过，因为在构成意识和社会生活的所有因素中，语言显然在本体意义上享有某种无与伦比的优先地位，尽管其性质尚待确定。有人会提出反对意见，说这样来描述结构主义等于承认它在重蹈哲学史的老问题的覆辙，又回到了马克思主义之前，甚至是黑格尔之前那些我们今天已无须再操心的思想窘境和谬误之中。不过，正如我们下面要在本书中看到的那样，这种意见对结构主义的根本矛盾来说较为中肯，而对其具体的一般任务却不尽然。后者以语言的组织和状况为其内容，它提供一批新的材料，使老问题以新的、未曾预见过的方式重新提出。因此，以意识形态为理由把结构主义“拒之门外”，就等于拒绝把当今语言学中的新发现结合到我们的哲学体系中去。我个人认为，对结构主义的真正的批评需要我们钻进去对它进行深入透彻的研究，以便从另一头钻出来的时候，得出一种全然不同的、在理论上较为令人满意的哲学观点。

这当然不是说结构主义的根本出发点，即把语言模式放在首位，就和我们即将谈到的思想困境毫不相干，因为这一出发点为了显得有特色，同样有任意性，而且由此产生的思想方法也不可避免地要对自身形成和存在的前提最终作一番痛苦的，但未必能解决问题的反省。

这里我们不禁想起苏格拉底之前的思想方法自相矛盾之处。这种思想试图找出构成这个世界的唯一的元素，例如水或火，结果却发现水或火的构成又必然是另外一个样子。毫无疑问，今天当我们说一切归根结蒂都是历史的、经济的、情欲的或者是语言的时候，我们的意思不是说所有的现象骨子里就是以这些东西为原材料构成的，而是说可以用这些不同的方法对它们加以分析。

然而，这样说也会产生类似的矛盾。我们总以为把语言学的方法用于文学研究是再合适不过的事情了，因为文学本身本质上就是一个语言结构。但是老的文体学，也就是施皮策①和奥尔巴赫②，或者是稍近的 J. -P. 理查德③所从事的那种文体学，却更多地在作品本身的文字结构上下工夫。最后我们只能得出这样的结论，即把文学作品视为语言系统实际上是用了一个比喻。

这种辩证的颠倒在语言结构的外缘也有所表现。譬如我想到了格雷马斯④把他的结构语义学的研究对象说成是一种“意义效应”这个例子；似乎在把一切意义都当作我们的研究对象之后，我们就再也无法从指意本身这个角度来谈论它们，好像不得不置身于意义这个领域之外才能确定它们之间在形式上有哪些共同之处，而不论其内容是什么。

---

① 施皮策（Leo Spitzer，1887—1960），奥地利语言学家，1936 年移居美国。

② 奥尔巴赫（Erich Auerbach，1892—1957），美籍德国文学理论家、历史学家。代表作《模仿：西方文学中现实的表现》（1946）详尽地论述了自荷马至普鲁斯特的西方文学中的现实观的变迁，为西方比较文学经典著作之一。

③ J. -P. 理查德（J. -P. Richard，1936—），美国文体学家。

④ 格雷马斯（A. J. Greimas，1917—1992），法国结构主义语义学家、叙事学家。主要著作有《结构语义学》（1966）、《论意义》（Ⅰ：1970，Ⅱ：1983）等。

结果，内容的表达反而要以印象为其形式；到头来，明明是一个智力结构的理性问题，我们却只好用思考时“感觉如何”这类话来说明它。

我认为，用语言作模式或以语言为比喻的更为深层的理由必须在是否具有科学性或是否代表科技进步这些问题以外的其他地方去寻找。实际上，它就在当今所谓先进国家的社会生活的具体性质之中。这些国家给我们展现了这样一幅世界图像：在那里，真正的自然已不复存在，而各种各样的信息却达到了饱和的程度；这个世界的错综复杂的商品网络本身就可以看成是一个典型的符号系统。因此，在把语言学当作一种方法和把我们今天的文化比作一场有规律的、虚妄的噩梦之间存在着非常和谐的关系。

本书研究的目的不是对各种新的语言学门类从社会学的角度进行分析，甚至也没有想过对所涉及到的那些潮流的发展作一个以主要事件为线索的历史的综述。有关俄国形式主义者的这种综述，已经由维克托·埃利希①在他那部权威性的《俄国形式主义》（海牙，1955）一书中给懂英语的读者作出。该书记述了俄国形式主义从一批研究语言学和文学的学生于第一次世界大战期间在彼得堡和莫斯科两地聚会开始一直到它在灾难性的 1929 年丧失举足轻重的论战力为止这段时间内的命运。

关于结构主义却没有一本可与《俄国形式主义》相匹敌的著作。结构主义，为了方便起见，可以说是从 1955 年列维-斯特劳斯②发表其《悲惨的热带》一书起发展成为一场“群众运动”的；

---

① 埃利希（Victor Erlich，1914—2007），美籍俄国学者、耶鲁大学比较文学教授。主要著作《俄国形式主义：历史与理论》（1955）为对俄国形式主义理论公认的最全面的权威述评。其他重要论著有《果戈里》（1969）、《二十世纪俄国文学批评》（1975）等。

② 列维-斯特劳斯（Claude Lévi-Strauss，1908—2009），法国人类学家、神话学家、哲学家。他首先将语言学中的结构主义原则应用于神话和人类学的研究，极大地丰富和发展了结构主义的理论和实践。主要著作有《悲惨的热带》（1955）、《亲属关系的基本结构》（1949）、《结构人类学》（二卷本，1958、1973）、《神话学》（四卷本，1964—1972）等。

（在经过1960年《泰凯尔》杂志的创办和1962年列维-斯特劳斯的《野蛮人的心智》的发表这样一些重要的里程碑之后，）结构主义在1966年至1967年间可以说达到了某种顶峰；这段时期内同时出版了拉康[1]那部传世的佳作《文集》和德里达[2]的三部巨著。至于“结构主义”这一术语，我是从把语言系统作为一种比喻或模式这一做法的最严格和最狭窄的意义上来理解它的，因此它不适用于让·皮亚杰[3]或吕西安·戈德曼[4]，因为他们两人都借用过这个词来为他们自己的理论体系服务；它和美国某些社会学流派对这个术语的用法也没有任何关系。我还应当补充的是，我在本书中有意不涉及尤里·洛特曼[5]和他的同事们在塔尔图大学发展起来的苏联结构主义的极为丰富的内容。

我的计划是对这两股潮流作一个概括的介绍，同时也可以说

---

① 拉康（Jacques Lacan，1901—1981），法国精神分析学家、哲学家。提出对弗洛伊德的精神分析理论重新解释，认为无意识的结构像语言，主张从语言学、人类学、符号逻辑等角度进行精神分析研究，其理论晦涩艰深，令人费解，但对文学、哲学、语言学均产生极大影响。主要作品收入《文集》（1966）中。

② 德里达（Jacques Derrida，1930—2004），法国哲学家，解构主义的代表人物。主要反对和批判西方哲学中的形而上学和理性主义思想，有怀疑主义色彩。主要著作有《语言和现象》（1967）、《写作与差别》（1967）、《文字学》（1967）、《撒播》（1972）、《哲学的边缘》（1972）等，涉及自柏拉图至胡塞尔的西方哲学中有关意识、存在、意义、认识等问题，在当代西方后结构主义思潮中有很大影响。

③ 皮亚杰（Jean Piaget，1896—1980），瑞士心理学家，主要研究儿童思维和心理发育过程。主要著作有《发生科学认识论导论》（三卷本，1950）、《儿童早期逻辑发展》（1964）、《结构主义》（1968）等。

④ 戈德曼（Lucien Goldmann，1913—1970），法国结构主义马克思主义文艺理论家，原籍罗马尼亚。深受卢卡奇、皮亚杰影响，为“发生学结构主义”的创造者，主张从历史、社会根源的角度研究文学作品的结构与作者的“世界观”之间的关系。主要著作有《隐蔽的上帝》（1956）、《人文科学与哲学》（1952）、《小说社会学》（1964）。

⑤ 尤里·洛特曼（1922—1993），苏联符号学家。主要著作有《诗歌文本的结构》、《文化类型学》等。

是对它们的基本方法论的一种批评。毫无疑问，这一定会同时招致支持者和反对派两方面的攻击。（当然是指结构主义的支持者和反对派，因为形式主义如今还有反对派吗？还有支持者吗？）我的这一述评不打算对细节问题评头品足，也不准备对有关的著述作出褒贬，而只想把作为完整思想体系的形式主义和结构主义中科林伍德①必定会称之为“绝对前提”的东西拿出来亮相。这样，这些绝对前提便可以不言自明，并且像所有这类基本前提或基本模式一样，由于特别重要，不能简单地全盘接受或全盘否定。

我的研究结果主要与共时思维所产生的种种观点和曲解有关，也不会叫人感到惊讶，但是我相信还没有任何地方像我这样详尽地分析过共时方法的各种后果。

我必须一上来就对我要进行的评述加以说明，并把大家在下面将会看到的、某些结构主义者一贯坚持的真实的历史和历时思维之间的区别作为自己的观点。本书中我的指导思想和自始至终的任务是澄清索绪尔②的语言学提出的共时方法和时间与历史现实之间可能发生的各种关系。这种关系在任何地方都没有像在文学分析领域中那样不合情理，而形式主义和结构主义正是在这一领域取得了最有实质性和最持久的成就。我指的是从什克洛夫斯基③和普洛普④到列维-斯特劳斯和格雷马斯的一系列对叙事结构

---

①　科林伍德（Robin George Collingwood，1889—1943），英国历史学家、哲学家。认为历史不是史实，而是历史学家的产物，是需要解释的话语。主要著作有《宗教与哲学》（1916）、《哲学方法》（1933）、《自然概念》（1945）、《历史概念》（1946）等。

②　索绪尔（Ferdinand de Saussure，1857—1913），瑞士语言学家、现代结构主义语言学的奠基人。代表作为《普通语言学教程》（1916）。

③　维克多·什克洛夫斯基（1893—1984），苏联文学理论家、小说家，俄国形式主义领导人之一，“诗歌语言研究会”的创始人。主要著作有《散文理论》（1925）等。

④　弗拉季米尔·普洛普（1895—1970），又译普罗普，俄国文学理论家、叙事学家。主要著作为《民间故事形态学》（1928）。

所作的分析。当然，所谓不合情理指的是共时方法竟能对恰好是用以表现随着时间的发展而发生变化和事情的形式提出如此丰富和如此有启发性的见解。

假如能够超越这一步又会怎样呢？在他们较为理智的年代里，形式主义者（并非完全由于斯大林的压力）在不到别的地方，不到历史小说和电影中去找出路的时候，就变成了很难说是传统式的文学史家。读者将会发现他们把文学史当作突变的看法在哲学上是不尽如人意的，但能够激发人的想象力。

说到结构主义，谁又能说像列维-斯特劳斯这样一位思想家没有对我们的历史观产生影响呢？有了他，卢梭那些似乎早已过时的关于自然和社会契约的思想才再次风行一时；有了他，人们对文化的最早起源的思考才能在一个令人窒息和矫揉造作的文明社会中得以复苏。本书中，我们想提出这样一个看法，即如果结构主义有什么基本的和专门的研究领域的话，那么它很可能就是一种新的、非常严密的思想史。

总之，当我们说共时方法无法从理性认识上充分解释时相现象的时候，并不等于说我们不能通过这些方法提高对历时性的神秘性的认识。我们已习惯于把时间性看成是天经地义的；然而，当什么都是历史的时候，历史这个概念本身似乎也就失去了意义。也许这就是语言模式最基本的价值：即重新激发我们对时间这一基本因素的强烈兴趣。

1972 年 3 月

于拉荷耶

第一章　语言模式

强调意义抑或强调语言？诉诸逻辑学还是诉诸语言学？这两项关键性的重大抉择构成了当今英国哲学和欧陆哲学之间的巨大差异，也构成了分析语言学派或普通语言学派和几乎就在我们眼皮底下发展起来的结构主义之间的悬殊区别。事情的由来往往和事情的结果一样具有典型性，因此一开始就花点时间把费迪南·德·索绪尔于 1916 年（也就是他去世后三年）发表的、由一套经过加工整理的讲稿组成的《普通语言学教程》这部著作和 C. K. 奥格登①及 I. A. 瑞恰兹②两人合著的、初版于 1922 年的《意义的意义》这样一本具有英美传统特色的代表作放在一起作个比较是十分适宜的。

这两部著作影响都极大，对各自影响所及的文化领域都能说出一些颇能说明问题又有代表性的东西。我们很想把它们看做互相排斥的两种思维方式，把它们看做分析思维和辩证思维构成的对立面，但这样做并不十分确切。较为妥当的办法或许是通过它们的研究对象所固有的某种模糊性，即通过语言本身的特殊结构来说明它们之间的分歧。语言有两个方面，关于这一点，索绪尔曾用一个著名的比喻形象地说过：语言“好比一张纸，思想是其正面，声音是

---

① 奥格登（Charles Kay Ogden，1889—1957），英国心理学家、语言学家。曾与瑞恰兹合著《美学基础》(1922)、《意义的意义》(1923)，提出“指称”（科学）语言和“情感”（诗歌）语言之分，对英美“新批评”产生一定影响。

② 瑞恰兹（Ivor Armstrong Richards，1893—1979），又译理查兹，英国文学评论家、语言学家、诗人。主要著作有《意义的意义》(1923)、《文学批评原理》(1924)、《实用批评》(1927)、《修辞哲学》(1936) 等。

其反面；我们切割一面的时候，不可能不同时切割另外一面。同样，在语言中，我们既不能使声音脱离思想，也不能使思想脱离声音”[1]。

然而，这两个方面中的任何一个方面都不仅是一种不同的哲学，而且也是一个完全不同的学科领域的出发点。语言学曾作为一门科学宣布自己独立于文学和哲学；本书中，如果我们必须谈到语言学作为一种模式和一个给人以启示的比喻重新回到文学和哲学领域这一点的话，那么可以同样肯定地说，它的确是像一门真正的科学的样子而堂堂正正地回来的。同样，和它构成选择对立面的哲学也以符号逻辑克服了在黑格尔死后系统哲理化的废墟上形成的方法论上的独立性。

英美派的哲学根源和思想根源当然都深深植根于英国长期的经验主义传统之中；从某种程度上来说，这一派还在延续这一传统。根据同样的道理，如果不首先了解语言学在索绪尔开始研究它的时候是什么样子，以便弄清他到底改变了什么，那么要对索绪尔的创新作出评估是非常困难的。

在语言学中，就像在其他学科中一样，中产阶级奉为圭臬的浪漫主义运动标志着必须用新的、历史的眼光对所有的重大问题和解决办法进行一次彻底的重新评价。在语言学中，对强调永恒不变的、符合规范的法则的古典主义思想的偏重造成了把语言和逻辑几乎等同起来的后果，这种逻辑具体化为法则之后，就是我们大家所说的语法。浪漫主义时代用历史比较语言学取代了语法，其特点表现为重大的历史发现突然之间层出不穷（如格林法则①、博普②对原始印欧语的重构，特别是德国学者对罗曼语和

---

① 格林法则（Grimm's Law），又译格里姆定律，为雅可布·格林（1785—1863）在《德语语法》（1819—1822）一书中提出的有关印欧语系的语言中辅音变化的规律。

② 博普（Franz Bopp，1791—1867），德国语言学家，其代表作《比较语法》（1833—1852）为对印欧语系诸语言的亲属关系进行系统研究的权威论著。

日耳曼语历史语言学的重要流派所作的阐发等），以及这些发现最后由新语法派，特别是赫尔曼·保罗①总结为语言的规律。保罗的思想可以说是索绪尔开始从事学术研究的那段时期内在语言学中占统治地位的思潮。

I

我们往往认为一种新的信条的出现和阐发总是在迫不得已的情况下发生和进行的。不管是否有道理，索绪尔的创新也许首先应当理解为对新语法派的清规戒律的一种反抗。对演变和进化的兴趣，对重构原始语言和划分语系及确定语系之间的内在联系的兴趣最终导致保罗作出这样的断言："语言学中，凡是非历史的都是非科学的。"[2]针对这一点，索绪尔把共时性和历时性加以区分，把历史研究和结构研究也加以区分；但这一做法同样是武断的，其方法论的前提也是一种同样武断的价值判断："任何东西只要有一点意义，它就必定是共时的。"[3]

不过，索绪尔的出发点不止是一种反抗，它同时也是思想上的大解放。由于有了历时性和共时性这一区别（这两个术语似乎是索绪尔发明的，尽管在他之前，它们早就以别的意义出现在地质学中了），他便也能证明两种互相排斥的认识方法的存在。由此看来，历史比较语言学只以个别的变化、孤立的现象作为其研究对象，就连它的那些规律也似乎是片面的和有条件的。我们不妨说这些规律是科学的，但是毫无意义的。索绪尔的创新就在于他坚持认为语言是一个有系统的整体，任何时刻都是完整的，不管其内部在片刻之前发生过什么变化。这就是说索绪尔提出的时

① 赫尔曼·保罗（1846—1921），德国语言学家。

间模式是一个一系列完整的系统顺时相继出现的模式，也就是说，在索绪尔看来，语言永远是此时此刻的存在，每一时刻都蕴含着产生意义的一切可能。

索绪尔的观点从某种意义来说是一种存在主义观点。谁也不否认历时性这一事实，不否认语音有自己的历史，意义会发生变化。只是对于说话者而言，在语言的历史中的任何一个时刻，都只有一个意义，即当时的意义。词是没有记忆力的。有人试图借助辞源学来驳倒这种语言观，但正如让·波朗①在一本颇有新意的小册子中所指出的那样，其结果适得其反。这是因为辞源学，就像它在日常生活中被使用时一样，往往更多地被认为是一种修辞形式而不是科学事实，是盗用历史因果关系来为逻辑推论服务的。（“这个词本身就说明这一点：etymology，etumos logos，真正确实可靠的意思。因此辞源学自我标榜，把我们带回到它自身，也就是其本原身上。”[4]）

我们还可以用另外一种方式，即通过说明共时性和历时性的本体基础是很不相同的这一点来表明这一切。前者的基础在本族语使用者即时的切身经验之中，后者则基于一种智力产物，是一个超越时间的局外人，因而也是一个用纯粹是想出来的连续性代替实际的连续性的人对一个又一个的即时进行比较的结果。总之，我们可以提出这样的问题，例如：说“辞源”和“真正确实可靠的意思”是一回事到底是什么意思？对谁来说是一回事？这一等同经历了一代又一代人的个人生活和不计其数的具体发音的消亡，它又是建立在什么原则基础之上的呢？这个问题听起来如果有点别出心裁的话，那是因为我们还没有跳出各种实证主义观念的窠臼，因为我们仍然认为观察者的观察位置是无可非议的，

---

① 让·波朗（1884—1968），法国作家。

还没有意识到它可能有问题。

因此，索绪尔所从事的工作的第一条原则就是一条反历史主义的原则。我们只要看看这条原则的新发现在索绪尔的一生中起了什么作用，便能更好地理解它的意义。索绪尔似乎是一个很勉强的革命者。他的革新并不是一个本能地与时代格格不入的人的作为，也不是一个从一开始就对自己年轻时发现的占统治地位的思想方法感到别扭和不满的人的作为，而恰恰是一个一辈子从事教学和宣传那些历时的、新语法派的学说的人的作为，但他的遗作却又是反对这种学说的。索绪尔生前的主要论文《论印欧语言中的原始元音系统》是其成名作，发表于1879年他22岁的时候。这篇文章可以说是新语法派登峰造极的成果之一，它是根据历时的原理所作的推断，其主要内容是证明迄今被成文的“规律”视为“例外”的某些语音定式也有隐秘的规律。因此我们不妨作这样的猜测，即索绪尔是在对自己和历史所打的交道越来越不满意，对他认为历史可能提供的种种想法和解释越来越不满之后才产生把共时和历时加以区分这一关键性的想法的，或者用更肯定一点的话来说，他是在这种情况下才提出“系统”这一概念的。这种不满的原因倒不是因为没有通用的规则，而恰恰是因为规则太多，且空洞无物，无裨于事。总之，我们完全可以想象，索绪尔如何面对一张张音变图表一点一点地悟出一种现象的外因和其内因之间的区别。这个区别可以用来解释系统这一概念，但关键的问题是规律这个概念本身是否能够作为一种令人满意的、有意义的解释。当然，历时变化的形式都是有规律的，是可以用可预计的、反复出现的定式来表示的；索绪尔在前面提到的那个出色的例子中就是这样做的。但是这种规律不过是凭经验得出的，在语言系统中是没有意义的，因为它是从语言自身以外的种种原因中推导出来的，如地理上的障碍、大迁徙和人口转移等。因此，我们可以说规律体现了从一个系列（语言的定式）的具体情况向另一个系列（地理法则或人口流动）的具体情况的转移。

我们用从历史本身中找出的例子也许能够更加清楚地说明这种不一致的现象。例如，我想到了皮埃特·盖勒①对信奉新教的尼德兰和信奉天主教的比利时之间在宗教和文化上的分裂的传统解释所作的修正。[5]毫无疑问，引起争议的问题是，是否必然会产生这条国界线。大家都知道，在历史问题上，我们可以把“必然”这个词作为一个标志，但它并不指任何带有决定论性质的假设，而只指某一特定的事情完全可以用历史主义的认识方法来理解。对于那些较早的历史学家来说，这一分裂似乎是一种“必然”的分裂，因为它反映了两边的人们之间基本的文化差异。在北面，新教徒因宗教原因抵制了西班牙人；在南面，反对君王的天主教反叛分子则没有那么顽固，比较容易驯服。后来出现了皮雷纳②和以他为代表的学派，我们又得到了对同一问题的另一种说法，具翻新的理由反映了亲法国的感情而不是前面一种理论中显而易见的亲新教徒的感情。皮雷纳指出在佛兰德③存在着一个一直可以追溯到中世纪的、真正独立的文化传统；他的这一理论最后得出的也是那个普遍的结论，即最终定下来的国界不过是对这两个地区之间早已存在的深刻分歧的一种认可而已。

盖勒毫不费事地揭示了这些不同的理论在荷兰和比利时历史上那些关键时刻提出时所抱的直接的政治目的和论战目的。他本人的解决办法，正如我们猜想的那样，是一种兜底翻的办法。他

---

① 盖勒（Pieter Catharinus Arie Geyl，1887—1966），荷兰历史学家，主要著作有《荷兰人民史》（三卷本，1930—1937）、《与历史学家商榷》（1955）等。

② 皮雷纳（Henri Pirenne，1862—1935），比利时学者，中世纪文化专家。

③ 佛兰德为中世纪的伯国，是当时欧洲经济最发达的地区之一。曾为尼德兰的一个省。现分别划归比利时、法国和荷兰。

通过指出大家实际上早就了解的情况来否定那些较早的理论，就是说北面新教派的势力并不见得比南面更加集中。他还指出今天两国之间的宗教和民族边界与地理上的边界是一致的，是从北面的大河流域开始形成的地方划起的，新教派的军队曾驻扎在那里，而帕尔马①的军队又无力渗入。有了这条自然屏障构成的停火线，两边的文化迅速稳定下来。这样，今天的比利时或荷兰在宗教上出现相对的同一性就不足为奇了。

我举这个例子，不是为了评论例子中提到的那些历史上出现过的论点，而是想强调不同的历史解释对人的思想的不同影响。我认为盖勒的理论作为历史的历史，从历时的观点来说是令人满意的。就其本身能够解开一个由过去的各种历史观点相继提出又相继否定构成的历史之谜这一点来说，它是很有思想高度的。不过，从共时的角度来看，它本身也存在着令人深为不安的地方，因为它的主旨在于把历史可被认识的根本的原因置于人类自身的活动之外，置于非人类的环境的偶然现象之中；把因果关系链中最根本的原因置于历史之外，置于地质现象之中，置于地貌特征的布局这一无可争辩的自然现象之中。这后一种情况当然也有自己的历史（地球形成早期大河的发源、三角洲的形成、该地土壤的化学成分等），但这个历史是与完全由人类活动构成的历史根本不同的一系列事情，是一个完全不同的系列，一个规模更大、简直大得无法相比的系列。我甚至认为这种系列概念本身，这种内因和外因的区分，读者也许觉得是偷偷塞入讨论之中的未加分析的前提，但实际上在盖勒的理论中已经是心照不宣的了，因为他那巧妙的结论靠的正是从人为的成因转为非人为的成因。

① 帕尔马，帕尔马公爵，真名为亚历山德鲁·法尔纳塞（1545—1592），西班牙国王腓力二世军队的将领，1577年在比利时、荷兰参加镇压反西班牙的叛乱，1578年被任命为荷兰总督。

当然，我并不主张回到盖勒的理论所批驳的那种唯心史观上去，这种唯心主义的历史观试图把人类的活动和地质上的大变动这样风马牛不相及的两件事纳入同一个思想框架。但是，值得指出的是，大河这一事实从来就不可能被两边的人们视为偶然，而早在它以这里所说的外界影响的更新的偶然性被他们意识到之前，就肯定已经作为一种意义结合到他们各自的文化中去了。偶然性这个概念本身使我们想起和索绪尔的这场革命同时发生的各种“纯诗”理论，还有美学界为从诗歌语言中消除外在的和偶然的东西的最后痕迹所作的努力。突出索绪尔的语言学解决办法的价值的最好办法就是，指出即使对历史编纂法来说，除了盖勒的方法和他所批评的元历史学方法外，还可以有一种解决办法，这将是一种结构主义历史学。根据这种学说，荷兰与佛兰德之间的关系将放在一系列的对立面（如天主教对新教、佛兰芒语对瓦隆语等）中加以研究。这些对立面然后又在一系列的变更或特定的相互关系中组合或调整。从这种观点来看，前面的组合与后面的没有什么关系，就像掷骰子时，前一掷与后一掷毫不相干一样。

不管怎么说，索绪尔在提出自己的理论时，脑子里也一定充满了类似的想法，觉得各种不同的解释方法实在相去太远。当然，这还是从反面来说的；在这层意义上，索绪尔的思想不过是当时许多反实证主义的思想之一。但他提出了系统这一概念，正是这一点使他有别于19世纪晚期的宗教复兴和柏格森①与克罗齐的理论以及从这些理论产生的语言学潮流中所表现出来的唯心主

① 柏格森（Henri Louis Bergson，1859—1941），法国哲学家，生命哲学的主要代表，直觉主义理论大师。1928年获诺贝尔文学奖。其非理性主义哲学观点表现为反对机械决定论、强调主体直觉经验。其有关时间、意识的理论对普鲁斯特的意识流创作方法有较大影响。主要论著有《论意识的直接材料》（英译为《时间与自由意志》，1889）、《物质与记忆》（1896）、《创造进化论》（1907）、《论笑》（1900）及《道德和宗教的两个来源》（1932）等。

义的、人文主义的、反科学的反叛。索绪尔的观点与胡塞尔[①]的观点有许多类似之处，因为和胡塞尔一样，他不满足于仅仅指出，和科学的、定量的思想方法并行，还有一种同样有价值的人本主义的、定质的思想方法，而且还从方法论上把这种思维的结构确定下来，以便进行各种新的、具体的研究。

索绪尔对以往的语言学的不满本质上是对方法和术语的不满。当我们想到索绪尔生前默默无闻，看到他的出版的论著寥寥无几并了解到他的手稿在他身后的情况之后，我们不禁觉得索绪尔的缄默是有一定的历史渊源的。这就是以兰波为典型的那种业已传为佳话的沉默寡言的姿态，这种姿态在现代派早期也以不同的面貌和不同的形式一再有所表现，如维特根斯坦[②]的沉默、瓦莱里长期放弃诗歌去从事数学研究、卡夫卡的信仰声明和霍夫曼斯塔尔[③]的《尚多爵士的来信》等。所有这些都证明语言本身中能发生地质学上那种转变，证明在向新的思维方式转变的过渡时期，传统的术语，甚至是传统的语法和句法都在逐步退化。“不能言传的就只能心想”。然而这句名言能够说了出来，本身就是自相矛盾的。因此我们不是通过早已失去意义的正规的艺术形

---

① 胡塞尔（Edmund Husserl，1859—1938），德国哲学家。现象学创始人。认为应该对一切事实存在“存而不论”，去直接分析意识本身，因为只有在主观意识中才有绝对的客观性。主要著作有《逻辑研究》（1900—1901）、《纯粹现象学的思考》（1913）、《欧洲科学的危机和先验现象学》（1936）等。

② 维特根斯坦（Ludwig Wittgenstein，1889—1951），奥地利哲学家，1938 年入英国籍。早年师从罗素。主要著作《逻辑哲学论》（1921）、《哲学研究》（1953）、《论数学的基础》（1956）等均有极大影响。

③ 霍夫曼斯塔尔（Hugo von Hofmannsthai，1874—1929），奥地利诗人、剧作家。德语文学中唯美主义和象征主义的重要代表，深受尼采、弗洛伊德的影响。主要诗作有《生命之歌》、《早春》等，主要剧作有《埃勒克特拉》（1904）、《每一个人》（1911），以及为理查德·施特劳斯的歌剧作词，如《蔷薇骑士》（1911）、《没有影子的女人》（1919）。

式，而是通过间接的、非永久性的途径，通过回忆和片断的对话，通过书信和其他零碎材料了解到这些人沉默寡言的原因的。索绪尔的焦虑不安就是在给安托万·梅耶的一封信中为我们保存下来的，他写道：

> 我对这一切、对没法子就语言现象写上十行常识性的东西感到很苦恼。在长时期孜孜不倦地对这些现象进行系统分类以及对研究它们的各种观点进行分类之后，我越来越感到还必须做大量的工作才能让语言学家明白他在把每一个步骤对号入座的时候实际上是在干什么，同时也让他明白最后能在语言学中做到的一切都是没有多少意义的。
>
> 说到底，也只有每种语言都是别具一格的这一点还能使我继续对它抱有兴趣。每种语言都属于具有特定渊源的特定的民族，使它有别于其他各种语言；这相当于研究语言与人种有关的那些问题。但是我恰恰再也不能毫无保留地从事这方面的研究了，再也不能从某一特定的社会环境来理解和评价某一具体的语言材料了。
>
> 目前使用的术语完全词不达意，必须加以改造，必须说明语言总的来说是什么东西。这些问题一再让我在进行历史研究时感到扫兴，尽管就我本人来说，根本就不想为这些总的语言等问题操心。
>
> 可是事与愿违，我最后还是想写一本书，平心静气地解释为什么当今语言学中使用的术语对我来说没有一个是有意义的。我觉得只有这样，我才能把丢下没做完的工作继续做下去。[6]

索绪尔经历的这一转变，也就是前面提到的那些好似说话有困难的著名例子所生动说明的那种转变，可以说是由实体论的思想方法向强调关系的思想方法的过渡，这在语言学中表现得尤为突出。索绪尔发现语言学术语有问题的原因在于这些术语试图给具体的实体命名（如“词”、“句子”等），而语言学恰恰是一门以没有这些实体为特点的科学：“在别的地方我们能找到事先就存在的事物，你可以随便从哪一个视点去观察它们。可是这里却先有视点，当然有正确的也有错误的，但肯定是先有视点；然后你再靠它们去创造你所要的东西。当你的视点是正确的时候，这些创造物就与实际相一致，当然也有不一致的情况。但不管是一致还是不一致，任何时候都没有任何东西是事先就独立存在的，即使是你认为最为物质的东西，如一连串的语音这种最明显能够自己证明自己的东西，也是如此。”[7]

因此，索绪尔是由于语言作为研究对象时有这种特殊性才想到要另辟蹊径的。当然，我们会又一次看到语言学的困境不过是所有科学的更大的危机的一部分而已。例如在物理学中，光波理论和光粒子理论之间的交替就让人开始对原子是一种物质的观点产生怀疑。另外，物理学中所谓“场”的概念与索绪尔的系统这个概念倒真是不无相似之处。在所有这些领域中，科学研究已到了感性认识的极限，其研究对象已不是被各自有形的结构互相分隔开来，或者是可以用不同的方法进行解剖和分类的东西或有机体。索绪尔关于“系统”的观念暗示了在这个新的、无形的、非物质的世界中，内容就是形式；你只能看到你的模式允许你看到的东西；方法论上的出发点不只是简单地指出了研究对象，而实际上是创造了对象。

从个人的或心理学的角度来说，这种方法论的观点也反映在存在主义哲学中。存在主义的核心思想——存在先于本质——实际上和这一观点有异曲同工之妙，是换一种方式来表示我们切身体验的现实是如何根据我们对它作出的“选择”或我们对它进行解释的本质，换句话说，是如何根据我们观察和体验世界的“模式”来改变的。从更大的范围来说，这种思想显然对人文学科的研究会产生重大的影响，如历史学和社会学，因为它们的研究对象和语言一样捉摸不定，不可名状。索绪尔对此自然很清楚，他说：“当一门科学没有直接的、明确的和具体的单位时，那么可以说这种单位对这一门科学来说是可有可无的。例如，历史学中的基本单位到底是什么呢？是个人、时代还是国家？谁也说不准，可这又有什么关系呢？在这个问题上没有定论也照样可以进行历史研究。”[8]

因此，单位也好，整体或实体也好，都表示代用的价值和关系，“所有这一切都意味着在语言中只有差异。但事情并非到此为止。一般来说，有差异就意味着有一定的可以从正面确定的东西来构成这个差异；然而在语言中却只有差异，没有可从正面肯定的东西”[9]。这里，索绪尔对价值的看法可以用一个经济学上的比喻来说明，即某种货币单位的作用总是不变的，不管它是金币还是银币，是指券①还是木制镍币；也就是说，使用的物体的可肯定的特性不如它在系统中的作用来得重要。

从某种意义来说，价值和实物之间的这一区分实质上有点像心与身的对立，即精神与物质之间的对立。它对索绪尔的语言学的好处之一就在于，有可能把单纯的声音（如一个说我们根本听不懂的话的人所发出的声音）和有意义的声音，也就是索绪尔所说的音响形象从方法论上加以区分；这种音响形象就是一种语言在我们还没有掌握得很好的时候就开始形成的一些声音定式，它们能使我们辨认，也许还能凭想象认出或拼出一个外文单词，即

① 指券为1789—1796年法国大革命时期发行的作为通货用的纸币。

使还不知道它是什么意思。这一区分在索绪尔之前就有两位波兰语言学家克鲁谢夫斯基①和博杜安·德·库尔特奈②指出过（后者后来成了彼得堡的俄国形式主义者的老师）[10]，他们预见到必须有两类完全不同的科学，一类研究声音的纯物理属性（语音学），另一类则探讨构成意义的规则（“音系学”或音位学）。下面我们会看到这一区分的后果；这里只指出一点就足够了，那就是我们从中又一次看到了历时与共时在一个新的层面上的对立，因为语音学主要研究历时的变化，而研究共时系统则是音位学的任务。

因此，从哲学上来说，我们看到的是以变化和物质为一方与以意义和无时间性为另一方的一种非常特殊的认同。应当指出的是在哲学上最恰当的比拟不是心身问题那些老的、比较简单化的翻版，而是从现象学的角度作出的较新的解释，在这里物质就是胡塞尔所说的“hylé”；用本体论来做的最佳表述就是萨特提出的“自在”与“自为”之间的对立，就是实在性与超验性之间的对立。

然而，即使在我们把纯物质的基础抽象化之后，系统这一概念的根本问题还是得不到解决。如果说物体不是像正常理解的那样存在的话，那么各种各样的关系是怎么起作用的呢？价值是由什么构成的呢？又表现在哪里呢？问题是对索绪尔来说，最基本的、最小的单位，也就是构成系统的基本成分，似乎是能够自己确定自己的，即不管它们最终是什么，只要它们都是基本的意义单位，从逻辑上讲，是不可能超出它们去下更加抽象的定义并以此把它们当作一个类别的组成成分来对待的。这就是索绪尔在一

① 克鲁谢夫斯基（N. Kruszewski），波兰语言学家。

② 博杜安·德·库尔特奈（Jan Baudoin de Courteney，1845—1929），波兰语言学家。研究语音构成系统，首次提出“音位”这一区分意义的最小语音单位。

句名言中表达的意思，他说：“这种单位的特点就是这种单位本身。在语言中，就像在任何符号系统中一样，赋予符号特色的东西就是构成符号的东西。差异构成价值和单位本身，也同样构成其特点（或特征）。”[11]奥格登和瑞恰兹对这一点也非常清楚，他们曾懊恼地说：“这种说法的缺点在于……解释的过程在给符号下定义时就包括在符号中了！”[12]

所有这一切的实际意思其实很简单，这就是说 ng 在一种语言中可能是一个区别性特征，而在另一种语言中它即使出现也未必有任何功能性价值。因此从这一意义来说，对语言过程中的个别的成分进行概括是不可能的。关键是前后左右的情况，而且最后还得靠本族语使用者的直觉来确定有还是没有区别性特征。

当然，从另一意义来说，我们还在继续抽象地、泛泛地讨论这些现象。如果需要什么证据的话，那么“普通语言学”这门学科本身就是证据。不同的是抽象的方法已有所改变：原来的实体论思想把抽象概念基本上当作实体的名称（如“名词”），但是这些新的抽象概念则瞄准产生意义的过程本身，说明人的头脑如何区分符号，并全部可以由“同一”和“差异”这两个词来概括；它们明显地反映了与老的语法范畴完全不同的一个认识层次。（值得指出的是，在索绪尔的理论中，凡是还保留相对来说是实体论范畴的地方，如在“音位”这一词中，都是引起各种争议和谬误的地方。）

因此这一切——系统的观念、把语言视为同一和差异的概念——早就包含在共时与历时开始分家这一事实中了。索绪尔的许多追随者曾想证明这一根本性的区分并非真像其界限初看时那样泾渭分明，那样绝对，而希望调和折衷，但这对于索绪尔的思想却无济于事。明摆着的事实是我们不可能两者兼而有之。实际上，正是由于这一根本对立壁垒分明、绝无妥协之处才对后来的发展富有启示，才成为这一理论后续各部分的基础。当你一旦把历时和共时分开之后，你就一发不可止，换句话说，你就别想再把它们合在一起了。如果这一对立最终证明是错误的或者是容易引起误解的话，那么唯一的解决办法是把整个问题提到一个更高的辩证水平上，选择一个新的出发点，按新的范畴把有关的问题彻底重新提出。

但是，断定索绪尔提出的模式中不可能有任何历时发展也是错误的。关于这一点，我们看看罗曼·雅可布森①在他的《历史音系学原理》[13]一文中对这一问题所作的解释是有益的。他在文中谈到了历时变化——如某一个音的消失——如何使共时结构失去平衡，使它不得不重新调整，以适应新的情况。比如说，原有a、b、c、d这几项以各种形式互相组合，失去c后，则原有的全部组合须在余下的a、b、d之间重新搭配。这种由一个接一个的，调整过的共时系统构成的模式成了约斯特·特里尔的词汇研究的基础，其最著名的例子是13世纪中古高地德语中"艺术/诡计"（两者均属"智慧"这一总的范畴）这一对立被"知识"这一概念所取代，它代替了"诡计"，但不再是"智慧"的一部分，所以现在一直是三个词共存而不是早先的双项对立；这样二合一成了三合一。[14]

然而，尽管这些反映历史变化的模式内容丰富，非常有趣，但从理性认识的角度来说，它们还不能令人满意。雅可布森指出："如果对系统的平衡的破坏先于某一突变，如果这一突变的

---

① 罗曼·雅可布森（1896—1982），美国语言学家，原籍俄国。俄国形式主义和布拉格语言学派的创始人，西方现代语言学界公认的大师。一生著述面广量大，涉及语言学、心理学、美学、文艺学各领域，均产生极大影响。代表作有《儿童语言、失语症和语音普遍现象》（1941）、《语言基础》（1956）等。另有《雅可布森选集》（六卷本，1962—1982）。

结果恰恰掩盖了不平衡，那么我们就不难发现这一突变的作用：它的任务就是重建平衡。但是，当突变在系统中某一处重建平衡之后，它有可能在别处又打破平衡，产生新的突变的需要，从而形成一系列起稳定作用的突变。……”[15]不好办的是，这里所用的“突变”这个词有两层意思，或者也可以说这里涉及两种突变，而不是一种。第一种是历时变化的起始本身（“对系统的平衡的破坏”），第二种是系统被调整以接受所发生的变化的方式（雅可布森所用的“突变”显然指这种调整）。因此很清楚，这种解决办法只是把问题暂时搁置起来，推到另一个层面上去。毫无疑问，最初的语音变化本身是可以从历史事件、人口迁移或者通过生理语言学的各种规律来理解的。但是，正如在我们前面提到的荷兰历史上那个例子中看到的情况一样，这种解释实际上借助于一套不同的因果关系，把发生变化的根本原因仍置于音系结构之外，仍置于历时的和纯语音的范围内。这样，从纯共时的（雅可布森所谓“目的论的”）角度来说，仍然是没有意义的。因此，尽管索绪尔的理论中暗含的历时模式、突变的理论，能够对历史变化作出复杂的和有启发性的生动解释，但最终还是不能解决把历时和共时在同一个系统中重新结合起来这一根本问题。实际上，“突变”一词本身，尽管借自老的进化论模式，却已成为索绪尔的模式推到外缘极限时矛盾层出不穷的征兆。

这一矛盾在索绪尔那里就已存在，这一点还可以通过仔细分析他的有名的比喻之一来证明。他说过：语言好比一盘棋。这个比喻第一次出现时谈得较为详细[16]，它是一种直截了当的比较，用来说明“系统”这个概念。总的意思是这一游艺本身，连同其各项规则，就是一个共时系统。至于其起源于波斯这一事实，或者曾用一枚普通棋子代替丢失的象牙棋子等这类外部事件，对共时均毫无影响。只有当那些规则本身发生变化时，系统内部才会出现真正的共时活动。然而第二次用这个比喻时[17]，指的却是棋子在棋盘上依次的位置，即走过的一连串步子，与语言演变过程中各个共时时刻之间的比较。很明显，这一比拟，从历史的角度来说是顺理成章的，因为它把一个接一个的共时状态看成一种有意义的延续；但是它和索绪尔的思想的基本精神是相悖的，因为在下棋中规则从未变过，而在语言的演变过程中，改变的正是规则。索绪尔本人对此很清楚，也觉得自己这一比喻难以自圆其说，因此他不得不说："为了使下棋这一游戏跟语言这一游戏在每一点上都相似，我们看来还得有一位思想不集中的或者是棋艺不太高的棋手"。我们可以把这句话颠倒过来，说这一比喻的意思正是想说语言中的历时变化似乎自身就有意义，就是"目的"，是语音发展史上有意义的内在力量引起的变动。

Ⅱ

把共时和历时加以区分这一举动是索绪尔的理论首先能够成立的唯一基础。毫无疑问，这一区分是不顾历史的，也是不符合辩证法的，因为它的基点是一种纯粹的对立，是一对永远不可能以任何形式调和在一起的绝对的对立面。然而，我们一旦承认它是一个新起点，一旦进入到共时系统本身之后，我们就会发现那里的情况大不相同。这里占主导地位的对立是语言和言语之间的对立；前者是任何一个时刻语言的可能性或潜在力的总和，后者则是个别的说话行为，是一部分潜在力个别的和部分的实现。看看奥格登和瑞恰兹对这一区分的评论，对我们是有帮助的，因为两种思想方法之间的区别再也没有比这里表现得更为显著的了。他们写道："索绪尔这时也不停下来问问自己到底在找什么，也不想想到底有多少理由非要这东西不可。相反，他走上了所有的科学开始时常走的道路：自己虚构一个适用的东西，叫做‘语言’，即所谓有别于说话的语言。……像‘语言’这样一种复杂的虚构物无疑是可以通过和怀特黑德①博士的大名联系在一起的那种强精神涣散法相类似的方法来求得，但是把它作为一门新兴科学的指导原则，那是不可思议的。再说，这种在可验证的范围之外虚构语言实体的做法也等于拆了后面提出的符号理论的台。”[18]

这样一段文字清楚地表明了奥格登和瑞恰兹对索绪尔的理论真正不满的地方正是他的辩证法思想。英美经验主义的劣根性就在于它顽固地把研究对象彻底孤立起来，不管它是一件实物，还是维特根斯坦所说的“活动”，还是一个单词，一个句子或一个“意思”。[19]（我认为这种可以回溯到洛克的思想方法从根本上来说出于政治考虑；而且按照卢卡奇在《历史与阶级意识》一书中使思维合理化和普遍化的观点，也不难看出这种思想如何以佯装不见和偏爱零碎及孤立的东西为其特点，以避免审察那些大的整体性的东西，因为这些东西如果非看不可的话，最终会迫使人得出令人不愉快的社会和政治结论。）

索绪尔提出的这一对立是辩证的，因为它指出了部分与整体之间一种互相牵制的力量，没有一方，另一方也不能存在。由于它强调的是相互关系而不是实体，它击中的正是经验主义思想希望的那种分离出一件似乎是独立的东西（如一个“陈述”）这一要害。但是即使是为索绪尔“假想的虚构物”所作的辩护，也必然是辩证的，因为很清楚，最基本的逻辑问题不在索绪尔所用的

---

①　怀特黑德（Alfred North Whitehead，1861—1947），又译怀特海，英国数学家、哲学家。曾与罗素合作完成《数学原理》（三卷本，1910—1913）。后专事哲学研究，提出所谓“过程哲学”。主要著作有《自然的概念》（1920）、《科学和现代世界》（1925）、《过程与实在》（1929）。

术语中，而在这件事情本身中。语言是一种很特别的东西，它从来不会在任何地方同时全部用上，也从来没有在任何地方见诸实物或实体，然而又使我们觉得它无时无刻不存在于我们的思想和我们每一具体的言语行为中。正因为如此，给它命名的这个词不可能像指具体实物的名词那样妥帖。（这使人们自然想到与此相仿的社会这一概念。阿多诺①曾指出[20]，社会这个概念中自相矛盾的地方来自社会自身的矛盾而不是因为我们在认识上有什么不可克服的毛病。不管怎么说，这个比方本身又一次说明索绪尔的模式为什么对其他领域也有启示。）

索绪尔的这一对立还有另外一层意思，奥格登和瑞恰兹似乎没有抓住这一点，但从方法论上讲，它却有重要意义。这一新的对立的特点首先在于它与众不同，尽管它也用了同样的措辞，甚至也不过是同一基本事实的不同侧面而已。这种术语上的模棱两可常常被认为是索绪尔的理论不够斩钉截铁，是因为他那拼凑在一起的教案和讲稿是在不同时期写的，以及他的遗教不够完善、不够系统等，但我本人却倾向于认为这是由他所从事的工作突出相互性这一特点决定的。我们在前面已经看到在任何具体的例子中给语言的基本单位（如词、句子、符号、音位、句段等）下定义远不如掌握相互关系这一点重要。这当然不是说索绪尔的理论最后变得像燕卜荪②所指的含混一样无法确定，而说它只有在讨

---

① 阿多诺（Theodor Wiesengrund Adorno，1903—1969），德国哲学家、社会理论家、音乐评论家。法兰克福学派继霍克海默之后的主要代表人物。在《否定的辩证法》（1966）等主要论著中系统阐述其绝对否定的怀疑主义思想，既反对柏拉图、黑格尔及现代实证主义的理性主义原则，也反对存在主义的非理性主义原则。他的“批判理论”实为否定一切理论。

② 燕卜荪（William Empson，1906—1984），英国诗人，批评家。曾两度在中国任教（1937—1939，1947—1952）。主要诗作收在《诗集》（1955）中，主要理论著作有《晦涩的七种类型》（1930）、《复杂词的结构》（1951）。

论具体问题时才显出其精确性。从这一意义上来说，我认为他的工作似了未了的特点并非偶然；事实上他根本不可能在传统意义上完成他的工作。在这一点上，就像在其他许多方面一样，如为人谦虚、涉猎广博等，他和马拉美非常相像。

部分和整体的关系反映了较老的一个模式，即有机体模式的逻辑，但是这个模式在解决语言的特殊性所提出的那些新问题方面已没有什么用处。因此这一新的对立形式将发挥把语言中搅和在一起的各种不同性质的系统互相分开的作用。例如言语，这一个别的说话的行为，对索绪尔的理论来说是无关紧要的，不仅因为它总是并且必然是不完整的，而且还因为这是体现个人之间的差别、个性和个人风格的地方。但是，把言语和语言的关系看作一类事物中个别和全体的关系或部分和整体的关系、物理现象和物理法则的关系，等于重新抬出新语法派的实证主义模式，而这恰恰是索绪尔想要取而代之的模式。

索绪尔解决这个矛盾的办法实在是绝顶聪明，我们可以说它是一种由情景决定的方法，甚至是现象学的方法，因为它是把言语的具体结构当作一种“话语回路”加原文免误解（circuit of discourse)，一种两个对话人之间的关系来看待的。当常识在对我们说语言和言语的关系是我们内在的东西，在各自的意识中，是我刚说出的一句话和我组织句子的能力，即我已经内化的语言形式的总储存之间的关系的时候，我们常常会忘记这个回路。然而在一个不同的地方是可以切断这一话语回路的，并得出一个在方法上更能说明问题的模式。这就是索绪尔的创新；他把说话人的言语和听懂他的话的人的语言分开；对后者来说，言语是说话的主动一面，而语言则是被动的一面；的确，对他来说，正如苏联语言学家斯米尔尼茨基指出的那样[21]，语言与其说是说话的能力，还不如说是听懂言语的能力。于是，所有的纯发音问题，所有关于地方口音、错误发音、个人风格等问题一下子全部从这一新的研究对象中排除了，成为另一门叫做言语的学问的问题，对语言的研究自然仍可以是具体的，因为我们可以通过确定任何一个本族语使用者的理解范围和特殊方式来研究它；不过这个时候的研究不会再因为有具体的东西（如一个句子）而产生麻烦，因为它和这里的具体东西的关系等于一条物理定律和它的实验结果的关系。[22]

如果我们把这一新模式和杜尔克姆①的社会学中似乎是它的来源的东西作一比较就能看出它在理论上略胜一筹。[23]不仅是后者坚持认为社会现实本质上是一种表征这一看法与索绪尔的符号理论非常相似（下面还要细谈），而且杜尔克姆的思想的核心，即试图把个人的和个别的与客观的和社会的分开这一点，和我们刚才分析过的索绪尔关于语言和言语的区分也是很一致的。只是杜尔克姆为了使他的研究有一个方法论基础，才提出有一种集体意识，并认为这种集体意识是集体表征的基础，正如个人意识是个别表征的基础一样。显然，这一假设的虚构物才应受到我们所见到的奥格登和瑞恰兹对索绪尔的那种批评，因为它暗示有一种有机的集体存在。但是请注意，当杜尔克姆不得不求助于一种想象的集体存在物的时候，索绪尔提出的“话语回路”的特殊性却使他根本无须借助这类实体论的幻想，连作为方法论上的假设也用不着。奥格登和瑞恰兹反对索绪尔的意见是不对的，因为索绪尔的模式的结构本身就不可能考虑什么“集体思想”[24]，而恰恰迫使我们把注意力转向完全不同的和与此无关的方面。我认为也

① 杜尔克姆（Emile Durkheim，1858—1917），又译涂尔干、迪尔凯姆、杜尔凯姆。法国社会学家，现代社会学的创始人，主张集体表象论，著有《社会分工论》（1893）、《社会学方法论》（1895）、《论自杀》（1897）、《宗教生活的基本形式》（1912）等。

正是因为这一点，社会科学家才觉得索绪尔的模式比杜尔克姆的模式更有用，因为它可以防止他们犯杜尔克姆的错误。

通过与这个模式的另一具体表现进行比较来衡量它的创造性也是很有启发的，这就是我们在文学中见到的情况。雅可布森和鲍加季廖夫①把“话语回路”的概念“作为一种特殊的艺术创作形式用于民间传说”，产生了与萨特在《什么是文学》一文对大众的作用所作的分析很不一样的结果，确实能够说明一定的问题。对萨特来说，“话语回路”的另一个方面，即大众已包含在作者本人之中，并且必然来自完全是作者个人对材料的选择和风格的特点所作的决定。这并不是一种心理上的选择；或者可以这么说：萨特的分析是在排除真正的心理因素的层面上进行的，因为它仅仅说明对材料的某种选择本身（包括罗列一长串某些东西而对其他东西则一带而过，好似他的读者对这些东西早已一目了然）实际上就是对读者的选择，把他们看成是具有一定的社会特征、一定的熟悉范围和一定的知识面的群体。他举了黑人文学作为例子，说明黑人文学在面向自己人和面向白人时势必在风格和语气上有所不同，因为对白人首先要解释许多典故和许多他们不熟悉的东西。因此萨特的模式是一种比较强调个人的、受康德影响的模式。在这种模式中个人与外部群体或者与社会的关系的性质可以从内部对个人自己的态度和思想在多大程度上构成自己的天地进行分析来决定。

相反，雅可布森和鲍加季廖夫则根据索绪尔的模式来研究个人创作和个人风格同那些集体的、没有具体作者的东西，即民间传说之间的关系。毫无疑问，民间传说中的一切都来源于个人，

---

① 鲍加季廖夫（当为彼得·鲍加特列夫，1893—?），俄苏民间文学研究家，人种说学者，戏剧理论家。

就像所有的音变必定来源于个人一样；但是这个到底由谁首先创作出来的基本问题在民间文学中却最不重要。民间文学显然是靠众口相传流传下来的，一个故事在被听众接受并保留下来继续往下传之前不成其为真正的民间故事。因此对民间故事来说，关键不是言语，不在于它是如何创造或创作出来的（这和中产阶级艺术不一样），而在于语言；而且我们还可以说，不管民间故事的起源多么富有个人特色，它从本质上来说永远是缺乏个性的，或者说是集体的。用雅可布森的话来说，民间故事的个性是一个多余的特征，它的无个性才是一个区别性特征。

然而尽管语言和言语之间这一新的区分很有启发性，但是部分与整体的关系问题显然还会以这样或那样的形式提出来，我对某一具体的句子的理解和我的总的理解力之间的关系就是其中之一。换句话说，现在有必要更加深入地探讨语言构成一个系统的具体途径。

Ⅲ

如果我们再一次把奥格登和瑞恰兹所用的术语和索绪尔的相应的术语进行比较，我们就能找到这些构成的特点的初步线索。前者是语义学家，他们把词当作象征来研究，而后者则坚持把语言界定为符号系统。对于外行来说，也许一下子很难理解索绪尔用的这一术语不仅在语言学家中而且在其他方面所具有的重要性。但是，和前面说过的一样，创新的价值只有以被它改变的东西为背景才能看得清楚。

索绪尔对符号作了如下定义：“语言符号不仅把一件东西和一个名称联系在一起，而且还把一个概念和一个声音形象联系在一起。”[25]这后两个用语后来又被一对新的概念所取代，即“所指”和“能指”。随后他进一步指出符号完全是任意的，其意义完全是一种社会的约定俗成，本身并无所谓与“自然”对应的问题。[26]

因此，提出符号的概念这件事本身就似乎能让我们通过它去回顾它准备取代的一个个老的理论。且不说别的，它首先明确地否定了最古老的语言理论，也就是诗人偶尔还让它起死回生一阵子的理论，即词与物之间存在着不可分割的联系；这就等于说应该把语言理解为名称和命名。但一旦语言绝对的任意性这一点弄清楚之后，就再也不会有这种内在联系的问题了。但从诗歌的角度来说，马拉美对这一较老的理论的否定则更富有成效。在马拉美看来，诗歌不是为了恢复亚当取的那些旧名字，而是为了反抗语言这种任意性和为了使那些本来完全是“无目的”的东西变得“有目的”才写出来的。他说：“语言之所以不完美是因为世界上不止一种语言，而且又没有至高无上的语言。由于思维是不用辅助物，甚至不用低声自语，不用上帝说话的声音进行写作，世界上有各种各样的语言就意味着谁也不能说出带有真理本身的化身这一神奇的印记的语言。这显然是自然法则（我们毫无办法，只能含笑接受），说明我们没有足够的理由把自己比作上帝。然而，从审美意义上说，当我想到语言不能用某些能使事物重放光彩的秘诀，那些不属于人类发声器官，也不属于各种语言，有时甚至不属于一种语言的秘诀来表达事物时，我感到很失望。‘黑暗’一词在与‘昏暗’一词所表示的暗度相比较时就不显得很暗，因此把色调的明暗比作‘白天’和‘黑夜’这种反常和矛盾的做法是多么叫人难以理解！我们希望的是在意义和音色两方面同时表示明暗的词。但是我们必须记住，一旦实现这一愿望，诗歌便不复存在，但是以其智慧弥补语言缺陷的诗歌，必然挺身前来营救。”[27]

因此，符号是任意的这一理论打破了存在着一种天然语言的神话。同时它又把语言的心理因素推到了一个不同的层面，因为现在可以说人类之所以有别于其他动物不再是因为他有能说话这一特殊技能或天赋，而是因为他有创造符号这一更全面的能力。有了这种解释，从语言学通向人类学的康庄大道就畅行无阻了。

还要说的是英美用的那个术语，即“象征”这个词，总想把我们的注意力引向词和它们所表示的东西或者是现实世界中的对应物之间的关系。的确，“象征”这个词本身就意味着词与物之间的关系根本不是任意的，在最初把它们联系起来的时候是有一种基本的对应关系的。从这一观点出发，语言研究的根本任务自然是逐句地、一对一地寻找对应物，是从语言中清除所有的非指称词和纯文字建构。这个模式的特性或者说怪癖直接导致“基本英语”的出现、通俗语言哲学的盛行和把语义学视为有规律的科学的看法。这种方法低估了语言中历史惯例和惯性的力量，但同时又过高地估计了“缺乏交流”和人类活动中所谓的语言障碍的重要性。

相反，索绪尔却因为用了他自己的术语，避开了整个关于语言符号最终代表什么对应物的问题。在他的体系中运行路线都是向两侧的，从一个符号到另一个符号；而不是正面的，不是从词到物，因为这一运动方向已经包含并内化在符号自身之中了，即从能指向所指的运动。因此，尽管没有明说，但符号这个术语有助于强调符号系统自身的内在联系，强调它能靠内部关系产生意义，强调它的自主性，而不是我们在奥格登和瑞恰兹的理论中所看到的那种常常要到象征系统外面去找象征所代表的事物的情况。正如后者暗示语义学为基本研究领域一样，前者展望符号学为其最终目标。

所有这一切的哲学含义就在于，不是单个的词或句子“代表”或“反映”了现实世界中的具体事物，而是整个符号系统、整个语言系统本身就和现实处于同等的地位。换句话说，有组织的语言这个整体就像现实世界中任何有组织的结构，我们是通过从一个整体或者叫格式塔完形到另一个整体或格式塔完形来认识事物的，而不是一对一建立联系。当然。这么说就足以使整个现实这一概念本身突然变得含糊不清。的确，对符号学来说，现实要么是一片混乱，不可名状，要么本身早已是一系列互相连接在一起的符号系统，有非语言的，也有语言的。

Ⅳ

现在我们必须找出单个符号之间是怎样互相联系的，因为正是这种联系方式才能使语言系统成为一个整体。显然，首先一定是从语音开始，它是语言的物质一面。但是如果我们还记得索绪尔和他在斯拉夫语国家里的思想上的同代人都坚持的那个区别，即“纯粹”的声音和音响形象之间的区别，可测量的但无意义的响声和那些互相构成我们能感觉到有一种规律的响声之间的区别，那么问题该怎么提出就已经很明确了。声音在什么情况下变成音响形象？语音现象需要什么条件才转变为音位结构或系统？

这样提出问题后，答案也就在其中了，因为这里所说的转变的确是感觉上的，而且必须首先要放弃那种只顾一点不及其余的、那种只凭主观经验来观察孤立事物的习惯，如只看一个和其他任何东西都没有联系的声音，而代之以一种强调相互关系的观察方法，这种方法和格式塔心理学把形式放在场的范围内研究，或者和部分与整体之间那种辩证的对立相类似。但是后面这两种情况在这里都不太合适，因为这里的关系的特点不是与整体而是与对立面的关系。

能指的音响形象是由一系列显示差异或区别的特征构成的。我们对某一个音位的感知是一种以差异为基础的感知，这就是说我们在确定某个词是单数的阳性名词时，不可能不同时意识到它不是复数名词或阴性名词，也不是形容词。这种一面肯定一面找差异的意识活动直到单词的最小意义单位，即音位及其特定的区别性特征，都是如此。

因此，语言中的认识过程遵循黑格尔的肯定即否定的法则，但最能说明其特点的也许是萨特的内在否定和外在否定之间的区分。外在否定主要存在于分析思维中，存在于一件件并置的物体构成的物质世界中。因此，说桌子不是长颈鹿，虽然是事实，但并不重要，因为这既不影响桌子的本质也不影响长颈鹿的本质，也就是说它对两者性质的界定都不起什么作用。但是人类现实是由内在否定决定的；因此，我不是工程师，不是中国人，不是60岁的人，这些实话说的是与我本人的真实存在关系很大的事。语言也是这样：每一个音和它所在的系统中的其他成分之间的关系是一种内在否定的关系。

我们可以说语言的特点就在于差异、区别和对立这些在别的理论体系中未必总是一个意思的概念在语言中却合在一起成为一个意思。索绪尔的思路也许可以归纳如下：语言不是一种客观存在，不是一个实体，而是一种价值，因此语言就是发现个性。但是在语言中，发现个性也就是发现差异；因此在语言中每看到一件东西必然同时在这一感知过程中觉察到它自己的对立面。

尽管区别性特征可以是各种非常复杂的结合，但它们最基本的形式是一系列的双项对立。这种对立的最简单的但同时又是最富有辩证意义的形式，则是有和无之间的对立，正符号和负（或零）符号之间的对立；在这种对立中，对立的双项中的一项“被认为肯定具有某一特征，而另一项则被认为缺乏这一特征”[28]。

这里，音位的辨认和语音的辨认之间的区别看得最清楚了，因为在前者，可以说是什么也没有（换句话说，不会说俄语的人在听俄语的时候根本就不知道可能会有哪些声音）；但是在后者，则可以明确地听出或感到没有的声音。这里的要害是不好区别不是某样东西和某样东西不存在，就像不好对根本不存在的东西形成一个格式塔一样。

对于不太了解这一切的人来说，证明我们的思维有赖于这些双项对立的最好的例子也许莫过于那个明显的例外。在这个例外中，我们对根本不存在差别的东西照样看出差别。例如先用单数然后用复数很快地来回想“鱼”和“羊”这两个词，我们脑子里好像就本能地产生一种有对立面的感觉，尽管实际上不存在任何对立。

索绪尔关于系统的理论在实践中完全应用的是音位学，特别是在特鲁别茨科伊①和雅可布森的著述中。但同时我们必须指出研究的领域越趋向专门化，普通语言学分裂为独立的、相互无关的部门的危险性也越大，索绪尔坚持语言是一个整体现象的观点也就更站不住脚了。我们可以换一种说法，指出这种双项对立和我们通常所说的辩证法中的对立，更确切地说就是矛盾，是不一样的。前者是静止的对立，不像后者那样与自身以外的东西发生联系。从这一意义上来说，我们可以怀疑在这些永远是互不相干的对子的基础上能否建立起什么系统；即使能，那么除了像雅可布森所说的是一“堆”对子、是在永远否定的大符号下所有对立的累积之外，是否还可能是别的什么东西。说实在的，我认为双项对立这种静止的结构不过是作为索绪尔的整个理论的出发点的

---

① 尼古拉·特鲁别茨科伊（1890—1938），俄国语言学家，布拉格语言学派的创始人。受索绪尔的结构主义理论的影响，建立了音系学理论。主要著作有《音系学原理》（1939）等。

那个基本对立在整个系统中的又一种形式，在这里，那个基本对立再次出现、再次被内化，并对本来就是由它自己引起的活力加以限制。

V

但是索绪尔对他的系统的描述还有一个方面我们尚未触及。这一描述层面已不是单音和音式的层面，而是在传统语法中一直被称为句法的较大的单位，即词和句子的层面。这一老术语当然已不适用，因为我们已经看到它的前提是固定的度量单位和不变的实体这类实体论观念，但这些既不符合语言易变的特点，又不能提出一个纯形式结构来说明后面这一点。不过正如我们在前面能够说出我们认为已无法自己界定的那些单位的认识方式的特点(认同和找差异)，因此现在，在必然是没有句子或词类的确切定义的情况下，我们还是能够说出它们是如何结合在一起的以及它们所能组成的各种形式。

索绪尔认为，符号或意义单位一般构成两大类不同的关系：串联关系和联念关系（为了对称，也为了和语符学家保持一致，我们将把联念关系称为并联关系）。句段是一种横向的组合，是按出现时间的先后排列的一连串意义单位或词。因此句子是句段的一种形式，句子中决定各单位之间的关系的都是时间上的前后照应关系。例如动词“反映”就要求我们回到它前面去找主语，但同时又预示最后有一个宾语。在像英语这样的非屈折语言中，我们一看到名词就会想到马上要有动词出现了。

但是，“反映”这个动词同时还有一层关系，我们不妨称它为纵向的关系，因为它使我们想起我们认为和它有联系的其他词，例如名词“反映”和以同一词干构成的所有其他的词，又如动词“偏转”和与它押韵的或者内部结构相似的所有其他的词，还有许多其他的联想，多得简直就跟围绕这个动词所能构成的各种横向的句子或句段那样不计其数。

这里，我们又一次见到了以另一种面目出现的索绪尔提出的那个根本区分，即历时（时间上连续发生的、横向的层面）和共时（同时存在的并且有系统组织的、纵向的层面）之间的区分。就像在《普通语言学教程》全书中一样，在这两种关系的主次这个具体问题上，索绪尔明显偏重共时性、联念关系或并联关系，而不是历时性或串联关系。实际上，前者必定处于优先地位这一点在这个模式中已经是不言而喻的了，因为看来很清楚，要使人的大脑能够觉察到像“反映”这样一个词的串联成句的语言功能，唯一的办法就是脑子里首先必须有全句所有的并联可能，必须通过联念链首先掌握语言总的功能和发挥功能的方式。

换句话说，只有当我们对句子或句段中的个别的单位分开加以研究时，串联关系这一层面才显得更为重要；在这种情况下，这些单位似乎是根据某种时相知觉按时间先后一个接一个地组织起来的。但实际上，我们从来也不把它们分开来看；我们总是把“动词”看成是一个较大的单位，即句段本身的一部分；而这个较大的句段现在既然已经不是一系列的小单位而本身就是一个整体，便又产生联念，使得它必须通过与其他句段之间的相似之处才能理解。

这里涉及的是早在洛克、休谟和康德的经典论述中就暗含的联想的两大基本原则，即相邻和相似之间的基本区别。这些区别都用于分类，最终目的是发现和形成纯粹的思维规律，发现和形成人的思想，甚至是人的大脑照着进行思维的那些最根本的范式和范畴。

不管怎么说，我觉得如果双项结构的理论从形式上反映了索绪尔的思想的基本出发点是要建立对立的话，那么联念和串联这两种形式的关系之间的区别则反映了这一基本对立的内容；这个区分最初并非系统的一部分，只是使系统有可能成立，但现在却进入了系统并在共时范围内一再出现。这样就提出了一个问题，即我们的研究对象在多大程度上是语言学家自己的，而不是语言的思维定式；同时我们也更清楚地看到了索绪尔的出发点的新意如何反过来限制他所得出的结论，因为否定历史这一基本立场最初只是无法把变化纳入系统，除非把它看成是毫无意义的和附带的资料，而现在却在系统最核心的地方重新提出，变得连句子本身也无法对付了。

这就是索绪尔的理论的总的特征，在匆匆作了一个概述之后，我们就要和正式的语言学告别了。这里也许有必要补充一句，说明我们对这些问题的态度和语言学家的态度是完全不一样的。后者注意的是指涉物，是各种索绪尔派的理论称之为对象的东西，而我们的兴趣则一直放在整个系统自身的统一性上，放在它作为其他思维方式的一个模式或一种比喻所能提供的启示上。语言学家已经把索绪尔的整个体系推向其必然的结果，到了乔姆斯基①，就把它完全颠倒过来了，提出了一个全新的语言模式。而我们从现在开始则要研究这一原始理论后来在其他知识领域的情况，特别是它作为一种模式和比喻在文学批评、人类学以及最终在哲学本身这些领域中所产生的解放思想的巨大影响。

【注释】

［1］索绪尔：《普通语言学教程》，巴黎，1965，3 版，157 页。

① 乔姆斯基（Noam Chomsky，1928—），美国语言学家、哲学家，转换生成语法理论的创立者。主要著作有《句法结构》（1957）、《句法理论概要》（1965）、《语言学理论的逻辑结构》（1975）等。

[2] 转引自 M. 伊维奇：《语言学的趋势》，海牙，1965，61 页。

[3] 转引自 E. 比桑斯：《索绪尔的共时语言学》，见《索绪尔研究》，第 18 卷，1961，17～33 页。

[4] 让·波朗：《辞源学之佐证》，巴黎，1953，12 页。

[5] 见 P. 盖勒：《民国与尼德兰史的编撰者》，见《与历史学家商榷》，伦敦，1955，179～197 页。

[6] 给安托万·梅耶的信，1894 年 1 月 4 日，见《索绪尔研究》，第 21 卷，1964，93 页。

[7] 转引自埃米尔·邦弗尼斯特：《普通语言学问题》，巴黎，1966，39 页。

[8]《普通语言学教程》，149 页。

[9] 同上书，166 页。

[10] 见伊维奇：《语言学的趋势》，97～100 页。

[11]《普通语言学教程》，168 页。

[12] C. K. 奥格登和 I. A. 瑞恰兹：《意义的意义》，伦敦，1960，5 页，注 2。

[13] 重印于 N. S. 特鲁别茨科伊：《音系学原理》，巴黎，1964。

[14] 见伊维奇：《语言学的趋势》，196～197 页；莫里斯·勒鲁瓦：《现代语言学主要流派》，巴黎，1966，166～167 页。由于本书中那篇权威性的引言尚无译文，我附上几段摘录。文章的第一段谈到了他自己的方法，他说："说出的词在说话人和听话人的意识中没有一个是像它的发音那样使人觉得是孤立存在的。我们说出的每一个词都包含其意义的对立面。不仅如此，在一个词说出时一下涌现出来的全部意义关系中，相反的关系或意义对立关系不过是其中之一，而且还不是最重要的，在它周围还同时出现许许多多在意义上与所说出的那个词多少密切相关的词。这些词就是它的意义家族，它们一起并和刚说出的那个词构成一个互相联系的整体，一个结构，我们不妨称它为词义场或语言符号场……"（1 页）

下面一段讲的是历史问题，他说："这种方法并不构成对历史和发展的否定。仅仅因为反对现代思想中历史主义一统天下的局面就要把静态的存在放在比动态的成为更加重要的地位是不对的。今天仍然需要对永无止境的成为长流作越来越精确和科学的解释，问题在于我们如何把对各个‘场’的研究和对成为本身的研究结合起来。一个‘场’的结构如果只有在言语的静止状态（或者是假想的静止状态）下的纯存在中才能看到的话，如果只考虑语言和意义单位以及意义相互依存的关系的话，那么历史只有以这样的条件才能进入存在，即作为各静止状态之间的比较，作为一种从一个断面断续推向其他断面的描述，它必须一直把整个‘场’作为其对象，不停地把它和同一对象的前后的结构进行比较。至于能在多大程度上贴近成为的实际长流本身，则要看并置的断面的密度。真实的时间永远无法在成为过程中被认知是这种方法的一大缺陷，不过所有其他的方法，就连以研究单词为出发点的纯历史主义方法，也是如此；因此不能以此非难这种方法。……”约斯特·特里尔：《理解意义范围内的德语词汇》，海德尔贝格，1931，13页。

［15］引自特鲁别茨科伊：《音系学原理》，334页。但是，突变这一概念本身可以说是与索绪尔的共时概念同期产生的，因为直到1900年被德·弗里斯重新发现之后，它才开始被广泛使用（见格特鲁德·希默尔法布：《达尔文及达尔文革命》，纽约，1959，268页及其后若干页）。

［16］《普通语言学教程》，43页。

［17］同上书，125～126页。

［18］《意义的意义》，4～5页。

［19］参见维特根斯坦：《蓝皮书和褐皮书》，纽约，1958，42页：“句子只有作为语言系统的一分子时，就像是微积分中的一个式子一样，才有意思。我们现在往往把这个‘微积分’想象为我们所说的每一句话的永恒不变的基础，并以为写在纸上的或说出来的句子虽然是孤立的，但在想的时候，那个‘微积分’却是存在的，而且是整整一大块。这一思想活动似乎在用一种奇妙的方式完成无法用符号完成的事情。但是一旦我们不再认为在思考的同时从某种意义上来说必然存在整个‘微积分’的话，那也就没有必要在我们表达出意思的同时再假定有一种特殊的思想活动存在。”

［20］T. W. 阿多诺：《社会》，载《什锦》，第10－11期（1969年秋—1970年冬），144～153页。

［21］N. 斯卢萨列瓦：《苏联语言学家对索绪尔的思想的评论》，见《索绪尔研究》，第20卷，1963，23～41页。

［22］乔姆斯基的转换语法的新意似乎来自对索绪尔的模式的颠倒，是一种否定之否定，它把语言的结构机制又重新置于言语或个别的说话行为中。见乔姆斯基对索绪尔的评论："因此他没有办法解决句子构建背后那些反复出现的程式，而且他似乎把句子的构建看成是言语的问题而不是语言的问题。"（N. 乔姆斯基：《当前语言学理论中的问题》，海牙，1964，23页）

［23］见 W. 多罗谢夫斯基：《略论社会学和语言学的关系：杜尔克姆和索绪尔》，载《心理学杂志》，第30卷，1933，82～91页；并见罗伯特·戈德尔：《索绪尔的普通语言学教程的原始材料》，日内瓦，1957，附录，282页。

［24］当然也应该指出，"集体精神"这一词组在《普通语言学教程》中出现了两次（19页和140页），但都没有真正的哲学含义。

［25］《普通语言学教程》，98页。

［26］索绪尔本人并未用"自然"一词，而是其遗作的编辑者加上去的（见勒鲁瓦：《现代语言学的主要流派》，106～108页）。埃米尔·邦弗尼斯特对索绪尔关于符号是"任意"的理论的有名批评，我一直认为是既对又不全对的。对说话者来说，这一关系当然不是任意的，只有分析者才这样认为。关于能指的任意性这一理论在我看来起着使整个结构主义理论得以成立和运用的作用（试与德里达关于印迹的理论相比较）。这一作用，我们在下面将会看到，与精神分析中假设无意识大体相似。

［27］《马拉美全集》，巴黎，1945，363～364页。

［28］特鲁别茨科伊：《音系学原理》，xxvii页。

第二章　在形式主义中的体现

俄国形式主义者的独特主张，便是顽强地坚持内在文学性，以及固执地拒绝脱离“文学事实”而转向其他的理论形式。因此，不论他们的系统思维的最终价值如何，文学批评只能从他们的起点开始，马克思主义对他们的最有条理性的抨击（如托洛茨基与布哈林对他们的指责）也从未否认过他们在起始时这种方法论上的正确性。[1]

与索绪尔语言学一样，俄国形式主义者一开始便分离出事物的内在因素本身，将其特定的研究对象与其他学科的研究对象区别开来，并对雅可布森称之为 literaturnost（文学性）的东西，即文学自身的区别性要素，进行系统的考察。这种方法已经很辩证，因为它事先并不知道任何预先确定的内容，而是依据经验去鉴别一部文学作品所展示的独特的主要成分。这是一种辨别过程，只有将该作品中甚至该时代本身的其他成分与之相联系，才能成功地完成这个辨别过程。因此，文学作品的中心成分这样一个定义便是一个关系性的或是功能性的定义。它需要我们知道这个成分是什么，也需要我们知道它不是什么以及作品中略去了什么。因此，形式主义者的研究对象可以是情节或形象结构，也可以是 19 世纪小说家们的铭文习惯或他们的人物的姓名体系：任何引人注目之处，任何突出自身之物，或任何硬挤入被感知领域的东西都是他们研究的起点。这样，这个方法一开始便告诫人们要注意它自己，要人们防止过分机械地套用这种方法。

也像索绪尔语言学那样，俄国形式主义者一开始的做法不得不是否定性的，目的在于把文学体系与其他外在体系分别开。这些抨击与争论可以分成三大类：(1) 抨击把文学当作哲学寓意或哲学内容载体的观点；(2) 抨击用发生学或我们现在所说的历时方法（传记式的，或通过研究起源，等等）分析文学的企图，例如亚历山大·维谢洛夫斯基①试图说明民间故事的各种主题发端于宗教仪式和原始信仰，这样，作品便分解为从非文学角度分析出来的各种不同的成分[2]；(3) 反对在这种种主张中或许是最有"文学性"的主张，即把文学作品归结为单独一种技法或单独一种心理冲动的倾向——形式主义者在此指的是诸如别林斯基的那种程式，即诗歌就是"形象思维"。

(从狭义上讲，这第三个抨击目标是形式主义者对象征主义所支配的上一代人所作的批评的一部分。但从更广的意义上来讲，它指向所有非辩证的文学研究，所有如苏格拉底之前的哲学一样天真的文学分析，这种文学分析企图从缤纷复杂的文学现象中分离出某种最终的不变的成分：文学的某种最终本质，或是反讽，或是隐喻；或是悖论，或是突变；或是张力，或是 Erhabenheit，即"庄严"，或是其他什么东西。)

美国新批评派只赞同这三类争论目标中的头两类。既然人们常将他们与俄国形式主义者相比较，或许有必要提一下他们之间的基本区别。显而易见，这两个流派反映出文学与哲学思潮中随着 19 世纪的结束而出现的一种较为广泛的历史转变。这种通常被认为是反实证主义的转变，往往因其发生地的民族与文化环境的结构不同而异，也因年轻作家所反抗的居支配地位的意识形态的不同特点而有所不同。

因此，虽然美国与俄国的这两个批评流派都与一场规模巨大

① 亚历山大·维谢洛夫斯基（1838—1906），俄罗斯文学理论家。论述甚丰。

的现代派文学运动处于同一时代，尽管两者崛起的部分原因都是想在理论上阐述这个文学运动，但形式主义者的同代人是马雅可夫斯基与赫列勃尼科夫①，这两个人在艺术上与政治上都是革命者；而美国新批评派的最有影响的同代人却是 T. S. 艾略特与埃兹拉·庞德。这就是说，大家所熟悉的那种先锋派艺术与左派政治之间的割裂并非是一种普遍的现象，而仅仅是一种局部的、英美的现象。

然而，即使这种现象本身也只是这两个流派间一种更深层的历史文化分歧的反映而已。新批评家追随像欧文·巴比特②与查尔斯·莫拉斯③这样一些前辈，公开指责英国浪漫主义及其偏激的传统，并回到玄学派诗与骑士诗那里寻找楷模。而形式主义者只是批评了普希金及其同代人的那种功利主义的与社会学的批评传统，但同时又将这些人保留了下来，作为他们自己那种独特的文学分析与文学再评价所关注的对象。因此，形式主义者更愿意为了自己的目的而利用俄国文学中这一重要的形成时期，而不愿否定它。这个形成时期以文学及政治的动荡不安为特征，大多数名作家们在这个动荡中都同情流产的十二月起义，“俄国历史中彼得堡参政院广场上那著名的一刻”[3]。

这种同情对文学批评的形成也产生了影响：新批评派最推崇的叙事模式是伊丽莎白时代的诗剧与但丁的《神曲》。所以对他们来说，叙事中的那些具体问题便模糊起来，并与更合适的词语

---

① 赫列勃尼科夫（1885—1922）：俄国诗人，与马雅可夫斯基共为俄国未来主义诗歌流派的创始人。

② 巴比特（Irving Babbitt，1865—1933），一译为白璧德，美国文学批评家，哈佛大学教授。发起反浪漫主义的“新人文主义”运动，主张返回古典主义理想，对 T. S. 艾略特和“新批评”曾有影响。

③ 莫拉斯（Charles Maurras，1868—1952），法国作家、政治活动家，纳粹主义支持者。

的或诗学的问题混合在一起：他们分析的只是某个人物使用诗的语言的时刻，或但丁的诗中某种情景或命运在某一单独的诗句中突然得到体现的时刻。但是，普希金却是现代俄国诗歌与现代俄国故事叙述体裁的开创者。他所创造的不仅是诗歌以及由此转化而成的某种诗歌艺术化了的散文，而且是两种全然不同的文学模式，其中每一种都遵循自己内在的形式规律。因此，普希金这个典范对形式主义者们总有一种双重教益：诗与散文叙事严格遵循不同的规则；但从另一种意义上说，可以认为这些规则（即诗歌语言或句法的规则与散文叙事或情节的规则）形成相类似的系统，虽然它们完全不同。无论如何，在他们对待历史的态度上，在他们对待文学史的态度上，在他们对待叙事与情节这个文学内部的历时性的态度上，在所有这些方面，我们都可以认为，形式主义者具有远比美国新批评派更积极、更辩证的态度。

我们不能说俄国形式主义者都持有同一种态度，同一种文学主张，但他们的工作是集体性的，其发展在时间上是一致的。托马舍夫斯基①告诉我们："'诗歌语言研究会'从来就不是一个拥有一定成员、一定的集会场所及一定的章程的规范的组织。但在它最多产的年代中，它以一种委员会的形式给人以某种组织的外貌，维克多·什克洛夫斯基是其主席，鲍里斯·艾亨鲍姆②是他的副手，尤里·蒂尼亚诺夫③是秘书。"[4] 和德国浪漫主义者与超

---

① 鲍利斯·托马舍夫斯基（1890—1957），俄国文艺理论家，俄国形式主义主要人物之一。主要著作有《俄语诗歌韵律》（1923）、《文学理论》（1925）等。

② 鲍里斯·艾亨鲍姆（1886—1959），俄国形式主义主要代表人物之一。主要著作有《俄罗斯抒情诗的韵律》（1921）、《论果戈里的〈外套〉是怎样写成的?》，以及为俄国形式主义理论进行辩护的总结性论著《文艺学中的形式方法》（1926），另有关于托尔斯泰的论著等。

③ 尤里·蒂尼亚诺夫（1894—1943），俄国形式主义创始人之一，重要理论家。主要著作有《论诗歌语言问题》（1924）、《仿古者和创新者》（1929）等。

现实主义者等其他文学流派一样，诗歌语言研究会似乎也发展了一套“聚会”规则来证实自己是一个统一的集体。什克洛夫斯基本人也与处在相似的大融合与大组合时期的其他文学流派的带头人，如庞德、弗里得里希·施莱格尔①、布勒东②等有许多相似之处：他们集中体现了刚刚冒头的新观念，无所顾忌的思想大解放以及零星的艺术实践，这种实践导致这一零星部分成为经典，成为一种文学类型。这一切或者是明显地表现在施莱格尔身上及超现实主义者们对实际经验的一些不连贯的看法中，或者是含蓄地表现在《诗篇》使用表意文字的实践中，以及什克洛夫斯基用单句组成段落与有意拼凑各种不同的情节和材料这些做法之中。但与此同时，认为存在诗歌语言研究会或形式主义批评小组这个观点本身却又是狭隘的，容易产生误解的。因为什克洛夫斯基也与马雅可夫斯基，后来又与爱森斯坦密切共事过，并和其他的形式主义者们一起，与“谢拉皮翁兄弟小组”③ 的小说家们过往甚密，后一小组的文学实践反映了形式主义者的看法。因此，要对作为一个具体的文学现象的形式主义作出最终的评价，一定会使它更接近于诸如德国浪漫主义或超现实主义这样一些真正的文艺创作流派，而不是像美国新批评派这样的纯批评理论。

什克洛夫斯基本人的观点既是俄国形式主义的出发点，也是

---

① 施莱格尔（Friedrich Schlegel，1772—1829），德国文学理论家、作家、语言学家。德国浪漫主义美学奠基人，强调文艺的主观性。主要著作有《片断》（1797、1798、1800）、《印度人的语言和智慧》（1808）及悲剧《阿拉尔柯斯》（1802）等。

② 布勒东（André Breton，1896—1966），法国诗人，法国超现实主义运动的领袖，曾三次发表《超现实主义宣言》（1924、1930、1942）。受弗洛伊德精神分析理论影响，作品多表现梦幻、无意识、压抑的情绪。主要著作有诗集、散文集多部和自传体小说《娜佳》（1928）。

③ 谢拉皮翁兄弟小组：1921 年在俄国彼得格勒由一群矢志创新的青年作家组成的松散团体，在早期苏联文艺界有很大影响。

它自身内部矛盾的发源地。我们将会看到，为什么没有什克洛夫斯基最初的贡献，就不可能出现一个前后连贯的文学理论；同时又为什么只有消除了什克洛夫斯基个人留下的印记之后，这种理论才可能最终付诸实践。

I

1. 这个理论的首要任务是析离出明确的文学事实本身。什克洛夫斯基那部最重要的著作的名称《散文理论》就很能说明问题：在已经提出了一种诗歌理论之后，现在的任务是要开拓新的领域，把已经在诗歌研究中获得的成果应用于一个迄今仍未开发的领域，即短篇故事与小说本身。这种诗歌理论基于诗歌语言与日常交际语言的绝对分离，这一区分马拉美已用他那特有的经济学的例子说明过：

> 无可否认，我当时怀有一种愿望，想把话语的双重状态（即在某种场合是随便的或即时的，在另一场合却是必要的与本质的）区别开来，从而赋予不同的含义。
>
> 叙述、讲解乃至描写还是需要的，虽然对每个人来说，有时只需在别人手中默默地取走或放上一枚硬币就可能起到交流思想的目的。讲话的基本用语也适合于一般性的报道，除文学外，当代写作诸体裁中都有所反映。[5]

形式主义者首先表明，相对于日常语言，诗歌语言在许多方面犹如一种方言，受其本身特有的规划所支配，甚至常常发音也不同（如“法国喜剧”中哑音 e 的发音及词首 h 的送气音）。更深一层的含义便是，诗歌并不仅仅是日常语言的一个专门化的部分，而是一个完全有资格独立存在的完整的语言体系。

在英美批评中，用于区别文学语言与日常语言的模式基于理性的本质这一前提，依赖于认知（或指涉）语言与情感语言的区别。因此，关于艺术与科学相对来说谁有价值的那些无休无止而又徒劳无益的争执，已经蕴含在这种起点中，并使科学借助其本身术语的力量占了上风。

但随着认识论作用的降低，理性模式与非理性模式、认识模式与情感模式间的区别似乎不再像以前那么泾渭分明。现象学及出自现象学的存在主义思想便认为这种区别是人为的分离而予以抛弃，并完全以意识作用的观点作为其出发点。依据这种观点，情感与观念都是存在的模式。其实，存在主义可以说更倾向于作为具体体验的感情与情感（即海德格尔①的“心境”），而不是抽象的纯粹知识。

因此，旧认识论哲学一贯倾向于突出知识，将其他意识模式统统贬到感情、魔力及非理性的层次，而现象学固有的倾向却是将它们联合为存在（海德格尔）或知觉（梅洛-庞蒂②）这一更大的统一体。形式主义语言观必须在这种哲学氛围中加以理解。

2. 作为方言的诗歌语言是这样一种语言，它将注意力引向自身，这种注意力导致对语言本身的物质性的重新感知。因此，形式主义者们用以建立他们的理论的这个新模式基于习惯与感知的对立之上，基于一种机械迟钝的行为与一种对世界和语言的组织及外表的顿悟之间的对立之上。这种对立超出了传统的行为与思

---

① 海德格尔（Martin Heidegger，1889—1976），德国哲学家，存在主义哲学的重要代表。早年师从胡塞尔，深受现象学影响，认为哲学的根本任务是在时间性中突出“此在”，并对它进行“存在状态”的分析。主要著作有《存在与时间》（1927）。

② 梅洛-庞蒂（Maurice Merleau-Ponty，1908—1961），法国现象学和存在主义哲学家、美学家。主要著作有《知觉现象学》（1945）等。

维、实践与认识的对立，明显地将举证责任从作为具体存在形式的文学转到了科学的抽象上。

什克洛夫斯基把艺术定为陌生化（ostranenie）①，即使事物变得陌生，使感知重新变得敏锐。这个著名的定义是一条心理法则，但伦理含义深远。什克洛夫斯基为了说明这一点而摘录的一段托尔斯泰的日记表明他从未这样接近于采取一种真正的形而上或道德的立场："我在清洁房间，四下打扫时，来到了长沙发面前，但我记不清是否曾经掸过它。既然我的这些举动都是习惯性的，无意识的，我记不清并感到也不可能记得清——这样，要是我已经掸过了但却把这事给忘了——也就是说，要是我是无意识地掸过它，那么这也就和我未曾掸过它一样。如果有一位有意识的旁观者一直在注意着我，那么，这件事就可以说得清了。但如果没人在一旁观察，或只是无意识地观看，如果许多人都是无意识地过着复杂的一生，那么，这种生命就犹如从未存在过一样。"[6]在这种情形下，艺术就是一种恢复有意识的体验的方法，一种打破迟钝机械的行为习惯（捷克形式主义者后来称之为"自动化行为"）的方法，使我们得以在这个存在着清新与恐惧的世界中获得新生。

但这里暗含的这些纯心理规则和形式主义者所批评的波杰布尼亚②的那些心理规则（艺术即隐喻，隐喻即能量储存）其实是不同的，因后者有内容，而什克洛夫斯基取而代之的那种新的心理机制只涉及形式。"陌生化"这个新概念无意说明任何已变成

---

① "陌生化"是什克洛夫斯基早期在《艺术即手法》一文中提出来的。但他当时在造词时"犯了语法错误"，按他的本意应该是"奇特化"（见他于1983年出版的《散文理论》）。

② 亚历山大·波杰布尼亚（1835—1891），俄国语言学家、文艺理论家，在对诗歌的语言与形式的研究方面颇有建树，对俄国形式主义的基本理论的形成有一定影响。

习惯并有待更新的感知的特性。它对文学批评的独特用处在于，它描述了适用于所有文学的一种过程，却绝不暗示一种特殊的文学成分（如隐喻）或某个特殊的文学类型优于其他文学成分或类型。

“陌生化”作为一个纯形式概念具有三个明显的长处，这些长处有助于解释什克洛夫斯基本人的批评实践为什么反倒显得丰富多彩，而实际上他的这些批评实践不过是这一观点的无数种变异而已。首先，正如我们所见，陌生化起到了把文学（即纯文学系统）与任何其他的语言使用形式区别开来的作用。因此，它首先是使文学理论得以建立起来的先决条件。

但同时它也使文学作品内部得以建立起一种等级。由于艺术作品的最终目的现在已经事先确定，即更新感知，突然间以一种新的眼光、一种新的未曾有过的方式去观察世界，所以作品的各个成分及技法或手法现在都以此为目的分成等级。次要的手法用什克洛夫斯基的话来说成了那些首先使感知更新的主要手法的促动因素。因此，在托尔斯泰的《霍尔斯托密尔》中，社会生活的许多方面不知怎么突然带有兽类的感觉，显得不自然，这种对习以为常的事物的本质的陌生化然后由故事的视角予以促成，即不是通过人的眼睛，而是通过一匹马的眼睛来进行观察。

最后，陌生化这个概念在理论上还有第三个长处，即它提示了一种新的文学史观：这并不是唯心主义历史观所持有的那种根深蒂固的传统无限延续的观念，而是将历史视为一系列的突变，即与过去的一系列断裂，其中每一种新的文学现实都被看成是与上一代占主导地位的艺术准则的决裂。这与马尔罗在《沉默的声音》中所提出的艺术史模式颇为相似，只是马尔罗的理论是根据创作心理及后继的一代必须反抗他们的前辈这一点而阐发的。形式主义者则把这种不停的变化，这种艺术上永恒的革命，看作艺术形式自身的性质所固有的。某种一度引人注目、清新活泼的艺术形式，一旦变得陈旧之后，就必须由新的艺术形式以从未有过与不可预见的方式予以替代。

但我们同时应该看到，形式主义的模式比这种毫无休止的变化的假设更为复杂，它包含一整套复杂的突变和调整，与雅可布森的历时语言学模式不无相似之处。文学演变不仅仅是与文学主流和现行标准的决裂，它同时也建立新的标准，或者说是将迄今认为是最通俗平淡的形式或只流行于打笑逗乐的娱乐圈子或新闻界的那种未入流的次要形式提到文学尊严的高度（试想一下侦探故事是如何变成罗伯-格里耶①的小说的）。用什克洛夫斯基喜欢用的一个比喻来说，这是一个古怪的变动，尤如象棋中马的走法一样。他的一句名言是："在一个文学流派被另一个文学流派所取代时，遗产并非由父亲传给儿子，而是由叔父传给侄子。"[7]

因此，从陌生化这个基本概念产生出了一套完整的文学理论，这种理论的建立首先是通过析离出纯文学系统本身；其次是通过建立起存在于这个共时系统中的各种关系的一种模式；最后，正如我们刚刚所见，是通过在对一种共时状态转变到另一种共同状态中所发生的那种变化的分析中所表现出的向历时返归。现在，让我们来评价一下这些结果，特别是它们与时间和历史问题的联系。

Ⅱ

1. 公正地说，这种把艺术作为感知的更新的观点并非为形式

---

① 罗伯-格里耶（Alain Robbe-Grillet，1922—2008），法国小说家，新小说派的领袖。主要小说有《橡皮》（1953）、《嫉妒》（1957）、《在迷宫里》（1959）等。

主义者所独有，在现代艺术与现代美学中它处处以这种或那种形式出现，并在新理论中占据首要地位。因此，普鲁斯特在把塞维尼夫人的书信与他的印象派画家埃尔斯蒂尔的技法进行比较时，对塞维尼夫人的风格是这样说的：

> 我在贝尔贝克意识到，她向我们展示事物的方式与埃尔斯蒂尔是相同的，是按照我们感知的顺序，而不是首先就以其起因来解释事物。那天下午，在那节车厢里，我反复读着出现了月光的那封信时，已经心花怒放了："我无法抗拒这种诱惑，我戴上帽子，穿上颜色鲜艳的上衣，其实并非必须如此。我来到网球场上，那里的空气非常温馨，与我卧房一样。我看到千百种莫名其妙的东西，着白衣黑衣的修道士，数位着灰衣和白衣的修女，散乱各处的内衣，挺直身体紧靠大树躲起来的男子……"这便是此后不久我称之为《塞维尼夫人书信》中的陀思妥耶夫斯基的一面（难道她描写景物和性格的方式不和他一模一样的吗?）的东西。[8]①

抽象认识（即通过因果关系所做的解释）很难代替感知，对事物的理性认识不同于对它的真正的、自发的、感性的经验，这种看法当然是普鲁斯特小说整个结构的基础。这同时也是现代世界中人们的一种一般感觉，即生活已经变得抽象起来，理性与理论知识已经使我们无法对事物和世界有任何真正的依据存在经验的接触。这种情况不但在文学中如此，在批评中亦然。因此，在上面那段文字中，普鲁斯特与形式主义者不仅说的东西相似，而

---

① 此处译文据《追忆逝水年华》（译林出版社）第2卷，197～198页。与原来引文略有出入。

且说的方式也近乎一致。把塞维尼夫人与陀思妥耶夫斯基相比较已经是一种陌生化，它所引起的这种惊人的效果在于使我们似乎是第一次以一种新的、从未有过的眼光观察了她的风格。

2. 但当我们仔细分析一下所看到的事物时，我们发现，它们总的来讲可以分成两大组。因此，当斯威夫特把矮小的格列佛置于巨人之中来激发他的表现手法时，他让这个人物说了下面这样一段话："我得承认，还没有哪样东西像见到她那个硕大的乳房那样让我感到厌恶。我还不知道用什么来比喻这东西，好让好奇的读者能略知它的大小、形状与颜色。那东西突起有 6 英尺，乳围不会少于 16 英尺，**乳头**大约有我的**头**那般大小，乳房与乳头的颜色因众多的斑斑点点与丘疹结块而混杂不一，没东西比这更让人恶心了：因为我是在近处看她的，她坐下来好更方便地喂奶，而我正好就站在桌子上。这使我回想起我们英国太太们的细腻的肌肤来。她们在我们的眼中如此迷人，只是因为她们和我们一样大小，她们的缺陷只有通过放大镜才能见得着。在实验中我们发现，哪怕是最光滑白皙的皮肤在放大镜中看上去也粗糙不平，颜色丑陋。"[9]这种感知基本上是一种与自然相联系的方法，也可以说是在自然状态面前展现出厌恶与恐惧，以形成一种相对来说是形而上的观点，也就是迫使我们去注意人类生活与人的肉体有关的那些问题。

但在同一时期，特别是在法国，类似的文学陌生化的技法被用于十分不同的政治和社会目的。我们回忆起孟德斯鸠的《波斯人信札》中的波斯人。他们在路易十四统治的末年观看他的宫殿，由于脑子里事先没有印象，所以看到了宫殿表面的一些比较古怪和令人难以置信之处。同样，孟德斯鸠的《波斯人信札》中那些来自外星球或新世界原始森林的客人无疑都比一般人更能看到并记下欧洲生活方式的特点。但是，拉布吕耶尔①下面的这段话虽然从时间上来说更早一些，却可以作为这种陌生化的最明显的例子："人们见到一些凶狠的动物，有雌有雄，散布在田野中，黑色的，青灰色的，暴晒于烈日下，紧贴在土地上，顽强地、固执地挖掘着，翻刨着。他们能发出一种清晰的声音，直立时并可现出一副人的面孔，实际上他们就是人，夜晚他们回到窝穴中，靠黑面包、水、植物根度日。他们能使他人免除为了生存而从事播种、耕作、收获等辛勤劳动，因此不该使他们不能享用自己播种的麦子做成的面包。"[10]这段令人毛骨悚然的文字是近代法国文学中对农民生活的最早的直接描写之一。它不再将我们的注意力引向人类生活自然的和形而上的境况中，而是指向人类生活的不合理的社会结构，而我们则已经把这种结构理所当然地视为某种自然的、永恒的东西，所以急需对它进行陌生化处理。这种陌生化的技法在社会现象中的应用是与历史意识的普遍产生同时开始的。

毫无疑问，形而上的看法与社会批评这两种形式并不像我们所描述的那样互不相容。通常（例如在最近体现这种技法的一个明显的例子，即萨特的《恶心》中）它们是互相联系的，并且我们可以发现这两种形式的实例。[11]但显而易见，这两种趋势中的每一种都想为了自己而吃掉对方。因此，萨特在这部早期小说中，对资本主义社会批判的力量被他关于一切人类生活皆荒诞无稽这种十足的形而上的、非政治的看法所削弱。但同样显而易见的是，这两种模式中的任何一种模式最终都不会与什克洛夫斯基的文学观相一致，因此它们都意味着要突出某个方面的内容，或

① 拉布吕耶尔（Jean de La Bruyere，1645—1696），法国作家，主要作品是《品格论》（1688），针砭时弊，发人深省。

是形而上的，或是社会的。对什克洛夫斯基来说，内容只是一种口实，以便能以任何可能的方式更新感知。因此，斯威夫特的愤世嫉俗仅仅只是为了“激发”起他的以句子为基础的具体手法效果；伏尔泰与孟德斯鸠的社会反讽也如此，萨特的本体论亦然。事物的先后被颠倒了过来：一切事物——人格、社会意识、哲学——都是为文学作品得以产生而存在的。

但是，这个问题还可以用另一种方式来提出。将什克洛夫斯基的理论与名称相同的贝托尔特·布莱希特（Bertolt Brecht）的理论加以比较特别具有启发意义：布莱希特的理论称为“陌生化效果”理论（德文 Verfremdung 的字面意思是陌生化，与什克洛夫斯基的俄文对应词相同）。布莱希特理论的独创性在于，它以一种新的方法沟通了社会的与形而上的两方面的对立，并使人们对这种对立获得一种完全不同的看法。布莱希特认为，最主要的区别不是事物与人类现实之间的区别，也不是自然与人工制成品或社会制度之间的区别，而是静态与动态之间的区别，是那些被认为是永恒不变的、无历史可言的事物与那些被认为是随时间改变的、从本质上来说是历史性的事物之间的区别。习惯产生的结果在于使得我们相信现时的永恒性，并强化我们对生活中的事物与事件是“自然的”感觉，也就是说，是永恒的。因此，布莱希特的陌生化效果的目的是一个彻头彻尾的政治目的。正如布莱希特一再坚持的那样，它要使你意识到，你认为是自然的那些事物与制度，其实是历史的：它们是变化的结束，它们本身因此也是可以变化的。（此处马克思的思想，即《关于费尔巴哈的提纲》的影响，是显而易见的。）同时，这个真正的历史观点甚至回到了迄今似乎是永恒的种种形而上的感知上，也同时使它们具有效果而不是原因的性质。因此，从这种关系上讲，上文中引用的斯威夫特的那段话便是源自社会的性变态，并通过对白皮肤的喜好来反映其社会性。

什克洛夫斯基把文学变化当成一种一成不变的机制，认为它在任何时间、任何场所都始终如一。这种理论本身无疑与文学生产的存在情况是一致的（因为在任何一个特定的时刻只存在一种真正重要的变化），但同时它也最终将历时性变成仅仅是一种表面现象，破坏了对形式变迁的任何真正的历史意识。但我们也看到，如果我们把注意力从任何的历史转向感知本身的历史，如果我们试图对神秘化或感知麻木（一部文学作品便是消除这些的一种努力）的独特类型与明确模式做出解释，则并不难使什克洛夫斯基的模式重新具有真正的历史感。

Ⅲ

1. 但这个问题还有另外一个方面，它涉及我们所说的内部的而非外部的历时性。除了文学中各种具体的陌生化历史实例在时间上有意义的接替这个问题以外，在一部具体的文学作品中，还存在陌生化技法与事件、事物在时间上的运动与变化之间的关系这个问题。因此，诗歌与散文之间的那种对立便重新表现为对一个单独存在的形象的奇特化处理与对一系列事件，或简言之，对情节或叙述本身的处理之间的一种区别。

看来，什克洛夫斯基认为，这两种方法只有范围上的区别，而在它们的基本机制上则不会有什么差异。对事物的感知与对行动的感知都含有一种时间上的延宕，一种翻来覆去细细玩味："为什么从爱本身创作出《爱的艺术》的奥维德要劝告我们享乐时要从容自在？艺术之路是一条曲折的路，你的双脚踏着路上的每一块石子，这是一条弯弯曲曲的小道。词与词汇合在一起，一个词擦着另一个词，犹如一个人的脸颊擦着另一个人的脸颊一样。词与词又被分开，出现的不是一个单独的复合体，不是像自动售货机中冒出巧克力条那样不由自主地说出来的话，而是一个只有声音的单词，只是一个纯粹的发声动作。同样，芭蕾舞也是一种让人感觉的活动，或更确切地说，这是一个设计得让你非这样去感觉它不可的活动。”[12]

因此，情节陌生化的技法与抒情诗陌生化的技法是相似的，犹如宏观之于微观一般。更确切地说，在语言与句子暗含的隐喻中（在谈到结构主义者时，这种隐喻会更加明显），重新审视一种事物的基本方法是：“将该事物置于新的语义系列中，置于属于另一范畴的概念系列中。”[13]要做到这一点，可以通过隐去事物的名称而只在其经验所及的范围内描写它；或通过从某个不寻常的角度或从某个遥远的距离上来描写它；或把事物置于显微镜下，如上文所引的斯威夫特的那段描写；或采用慢镜头动作，如《项狄传》中描写的许多动作姿态甚至基本动作本身那样；或采取平行描写，将被描写的事物和另一个与它不同的事物并列，使前者从未被注意到的性质得到突出的表露（如庞德的表意文字）；或改变传统的因果期待（如萨特对荒诞文学所作的分析）；等等。

这些手法中的大多数（但并非全部）均可转用于叙事情节上，这时主要的陌生化类型表现为延宕，分步合成（即将一件事分解成一段段的情节），双重情节（包括将不相干的情节与故事相互穿插），以及“展示技法”（即有意识地将读者的注意力吸引到叙事本身的基本手法上，但这一类型与前面各种类型略有不同，我们将在下一节中单独讨论它）。

我不大情愿指出当这些类型或技法用电影摄影术语来表达时会失去多少新奇感。在电影摄影术语里，很多这类技法大家非常熟悉，如蒙太奇、剪接等。一方面，用老的习惯词汇来重新说明陌生化这一理论似乎有些自找麻烦；另一方面，也完全可能是这些概念的提出者爱森斯坦在理论探索中受到他的老搭档维克多·什克洛夫斯基的影响，而不是后者受前者的影响。与电影这种叙事形式有相似之处的主要意义在于，它暗示形式与内容本来就是分离的。电影的“情节”是事先定下的：或是某个人的观点，或是某本待改编的书，甚至是已经拍摄好的镜头，然后对它进行剪辑，选编，再按适当的顺序衔接起来。我们很快将会看到，“技法”这个概念所暗含的这种基本的内在分离是否最终会限制什克洛夫斯基对总的叙事所做的努力。

这个问题与对索绪尔语言学提出的问题十分相似。我们已经知道什克洛夫斯基能够依据某种类似于语言符号的东西来有效地处理基本的文学整体。他认为这就是一个习惯的感知被突然地更新这样一种时刻。此时，我们用一种新的眼光去看一件事物，与我们对它的旧的思维模式形成感知上的对立，并在同一时刻同时感觉到了同一与差异。但在符号问题之后接着出现的是句法问题，而这个问题连貌似有理也谈不上，特别是如果我们想到卢卡奇的观点，即叙事是使我们能够意识到时间本身及具体的历史的基本方法。

2. 因此，上文列举的技巧与手法并没能解决情节问题。第二个也是更为困难的一个问题，即技巧与手法的组织问题，仍然存在。简言之，这是有关作品总体的最根本的问题：“一个故事要让我们感到完整需要些什么?”[14]换言之，对任何情节理论的基本要求之一，便是它必须包括某种手段以区别出哪些东西不是情节，哪些方面不完整，哪些不起作用。一个完美的定义必须既能起肯定的也能起否定的作用，正如要求生成语法理论既能产生真正的语句也能排除非语句一样。

在这种情况下，什克洛夫斯基对非故事（如勒萨日的《跛足魔鬼》中未完成的故事）的关注很有启发性，因为它使我们试着对同一故事材料作出种种不同的解释，并凭感觉去判断哪几种解释听起来完整，哪几种则不成功。因此，如果在果戈里的《伊凡·伊凡诺维奇和伊凡·尼基福罗维奇吵架的故事》的结尾部分加上一段渲染气氛的风景描写，就使原来可能会像勒萨日小说中某些情节那样毫无意义的东西变得完整。的确，在我看来，诸如由肯尼思·伯克①或伊沃·温特斯②所提出的那种质的连续这样的观点[15]，正因为如此才不仅仅只是分类上的概念或道德判断，也因此才具有真正的结构上的价值。

但是，如果陌生化的种种手法类似于词汇与预料所及或预料未及的种种上下文间的关系，如果叙述顺序总的说来类似一个句子，那么更准确地说就是，什克洛夫斯基认为，完整的叙述，即一个好的并有一定意义的故事，与文字游戏相似。因为打结或解结就如同双关语中两组词的吻合。这就像颠倒了的通俗词源学，而什克洛夫斯基则表明许多原始故事是如何以一种通俗词源学的形式而产生的（如这种或那种事物是如何获得各自的名称的，等等）。欺人的预言或神谕（“如果克罗伊斯国王③进攻波斯人，一个强大的帝国便会灭亡！”）在它们那些出人意料的结局中也具有相同的作用，这些结局使人感到犹如两个完全不同的系列的一种结合。许多神话故事也以这种方式构成（出乎意料地解开谜语或做成一件无法做的工作）。在最抽象的层次上人们可以将这种情节—结局说成是多重性（包括至少两个语义序列）被突然地、

① 伯克（Kenneth Burke，1897—1993），美国文学批评家、哲学家。虽不属于“新批评”派，但长于文本分析及语义研究，有哲学高度。主要论著有《逆陈述》（1931）、《文学形式的哲学》（1941）、《起象征作用的语言》（1966）等以及诗歌、小说和散文作品多种。

② 温特斯（Yvor Winters，1900—1968），美国诗人，文学评论家。主要论著为《为理性一辩》（1947）。

③ 克罗伊斯（？—约公元前546），吕底亚最后一代国王。

出乎意料地重新统一起来的一种表现。“出乎意料”这个词似乎是一个起着主要作用的词，但其实它在定义中早已事先提出了，因为我们必须首先确信一开始的时候是有阻力的，是多重性的，而且在那个时候，我们是万万想不到会有任何妙法从中求得统一的。

但是，这种结局并不需要完全说出来。“一种特殊的形式就是具有‘否定结尾’的故事形式。但首先我想解释一下这个术语。在stola、stolu这两个词中，元音a与u构成词尾，而词根stol-是词干。在主格单数中，stol这个词没有词尾，但在与其他词尾变化形式的比较中，我们将这种词尾的缺少视为一种格的标志：我们称其为一种‘否定形式’（这就是福尔图纳托夫①使用的词汇），或用博杜安·德库尔特奈的术语，则为‘零度’。我们经常在短篇小说中发现这些否定形式，尤其是在莫泊桑的小说中。例如：一位母亲去看她在农村中长大的私生子，这儿子已成了个愚笨的农民。在绝望中，她转身跑开并跌入河中。儿子用竿子在河中打捞并将她的尸体捞起，但并不知道她是何人。故事至此便结束了。读者会无意识地将这个故事与具有‘结尾’的传统故事进行比较。此外（但这只是一种看法而不是一个论点），福楼拜时期的法国风俗小说经常使用未完成行为这种技巧（如在《情感教育》中）。”[16]

3. 弗拉基米尔·普洛普的《民间故事的形态学》是形式主义最富有成果的研究之一，我们可以把它作为一种情节分析方法来研究它。促使普洛普进行这一研究的始因与什克洛夫斯基的差不多，他也反对研究民间故事中孤立的内容，特别反对艾尔纳主题

---

① 费·福尔图纳托夫（F. Fortunatov，1848—1914），俄国语言学家，为欧洲新语法派主要代表人物。

分类体系[17]，在此体系中，民间故事是根据故事中的主要角色到底是动物、妖怪，还是有魔法的人物或幽默人物等来分类的。他毫不费力地说明，某个特定的故事可以保持不变，不管其中的主要角色是狼，是龙，是巫婆，是妖魔，或者甚至是某件事物。

因此，普洛普建立了横向与纵向间的一种区别。一方面，这有些类似于索绪尔的联句和联想这两个分类，另一方面，也有些类似于什克洛夫斯基关于基本技法（即实际的陌生化）与动机之间的区别。故事的情节被认为是一系列抽象的功能，各种功能所表现出来的形式（如某个特定的人物或景色的样子、特征，或障碍的性质）并不重要，它从文化和历史关系中获取其内容。这就像动机这个概念，只要巴巴·亚加①这个人物在俄国观众眼中足以代表邪恶，而其他文化中的听众则会更好地理解龙、巨人或其他的东西。

让我们来更仔细地研究一下普洛普基本的故事情节，这是一个又长又曲折的由一段段情节构成的分子。它使人想起十二音阶系列。或按后来结构主义的说法，它使人想起印入脑细胞的某种复杂的代码结构。最基本的故事或以对受害者的伤害，或以缺乏某种重要事物而开始。因此，故事的结局在一开始便已经给出：它必然是对伤害的惩罚或是所缺事物的获得。如果主人公本人未卷进来，就把他请来，此时便发生两个关键性的事件。

他遇到施予者（一个令人生厌的家伙，或一个女巫，或一个有胡子的老头，等），后者在考验了他是否反应恰当（如是否谦恭有礼）之后，便赠予他能使他胜利地渡过难关的某件有魔力的东西（戒指、马、斗篷、狮子等）。

---

① 巴巴·亚加（Baba Yaga），俄罗斯民谣中专门偷食孩童的女怪，能腾云驾雾、呼风唤雨，是死亡和魔力的象征。

这以后，他当然就遇到恶魔，并与恶魔决斗。但矛盾的是，这个看来是最主要的情节却并非不可替换。还有一条途径是，让主人公面临一系列的任务或艰巨的工作，然后在魔物的帮助下，最终圆满完成这些任务。普洛普强调了这两组事件的相互排斥性：要么是恶魔，要么是一系列任务，两者不会同时出现。[18]

故事的后半部只不过是一系列的延缓技法：主人公返家途中的经历，某个假主人公可能的插入，对假主人公的揭露，以及最终主人公本人转入顺境，他的婚姻和（或）加冕。建立起这个基本的情节链，普洛普本人的研究便到此为止。就这一点而言，它是一个依赖于经验的发现，因为有事实存在，所以站得住脚。[19]但我认为，有了一个旨在确定某一特定故事怎样才算是完整的形式观点后，就不难得出一些更有普遍意义的结论。

正如我们已经指出的那样，故事的结尾无疑已暗含于它的开头中（伤害→惩罚，缺乏→获得），因此，故事只要进行到结尾并随即结束便似乎已经足够了。但这种抽象的图式并不是故事或情节的图式，而只是一种欲望满足的图式。只要想一想把欲望满足说出来或说给别人听是多么没有意义，其个性又是多么难以概括，我们就足以明白，像这样的东西根本不可能是故事，同时也认识到，尽管这种欲望的结构可能是形成故事的必要前提，但还不够。

在这里，我们可以回顾一下阿瑟·丹托①对历史叙事的定义，即历史叙事是对一种特定的事态 A 如何转变为一种特定的事态 B 所作出的任何一种“因果”解释。所使用的因果解释的类型的重要性仅在于区别出历史的不同种类或类别：神正论，编年史，道

---

① 丹托（Arthur Danto，1924—），美国哲学家，主要著作有《历史分析哲学》（1965）、《知识分析哲学》（1968）、《神秘主义与道德》（1972）等。

德史，经济史，伟大业绩史，等等。被叙述的事件的中心并不在于变化这一事实本身，而在于对这种变化所作出的解释，在于一种状态向另一种状态转变的中间阶段（丹托明确地把这比作辩证过程）。[20]如此看来，显而易见，我们指出的民间故事的抽象图式中缺少的东西，就是施予者。因此，施予者是对故事中所描写的变化作出解释的因素，他提供一种足够的非对称力量来使故事讲起来饶有趣味，因此，他在使故事首先具有“故事性”这一点上也起一定的作用。所以，故事给人的满足感与完整感并非来自主人公最终设法救出了公主这一事实，而在于赋予他这么做的手段或魔力（如，一只告诉他应该对女巫说什么的小鸟，一件把他带上塔顶的有魔力的斗篷，等等）。这就不只是说故事中吸引我们的是“怎样”而非“什么”，而且普洛普的发现中暗示每一个“怎样”（魔物）中总隐藏有一个“谁”（施予者），在故事本身的结构的某个地方隐藏着中介者的人影，即使在那些更为复杂和成熟的形式中，他也仍然存在，只是用更为有理的动机掩盖起来。

我们还可以用另一种方式来表明施予者存在的必要性，即指出这样一个事实：故事开始时主人公总是不够强壮，不足以靠自己去取得胜利。他开始时总有本身存在的缺点：要么是不够强壮或不够大胆，要么是太天真或太单纯，不知如何使用自己的力量。施予者是对这种根本的本体弱点的补充与纠正。

因此，在民间故事和英雄故事中，总暗含有“另一位人物”，但他并不在我们预料会发现他的地方：他不以公主的身份出现，因为公主可以被红宝石、盛宴或任何其他令人羡慕的事物所替代（的确她本人基本上也就是一件令人羡慕的东西，是一种容貌上的美丽与可能有的财产和权力的结合）；他也不以坏人的形式出现，其原因我们等一下再分析。因此，叙事故事这种基本的人际间的戏剧关系既非正面、直接的相爱的关系，也非仇恨、冲突的关系，而是主人公与施予者这个非中心人物之间的那种侧面的关系。[21]

现在当我们来讨论坏人这个问题时，我认为，问题的答案就在普洛普曾强调过但未解释过的那两个体系既相等同又相排斥这一点之中：这就是说，我们面对的是一个现象的两种形式，即同一种基本情况的两个方面，它既可以是某种有意识的力量的恶意威胁及伤害，也可以是一系列困难与复杂艰巨的任务。人际间的竞争或艰苦工作：我认为萨特的《辩证理性批判》给了我们有关这两个体系等同的线索。它反映了一个贫困世界的基本现实，在这个世界中，我不仅不可能不通过劳动就满足我自己的基本需求，而且我的生存本身也是对他人生存的一种威胁。[22]这个贫困的世界中有一种根本的善恶对立，正是这种贫困才使得这“另一位人物”作为我的主要敌人出现在我面前。神话故事的叙事程序所反映的正是这种艰苦劳动与对一切陌生人或“另一位人物”的强烈不信任与敌视的相互交替甚至相互等同。在这里，恩斯特·布洛赫①的观点值得一提。他认为原始神话反映的是武士与教士，而民间故事叙述表达的则是贫困阶级。[23]（显然。在更加高级的艺术产品中可能有更为复杂的结合。因此，在中世纪传奇中，一连串的任务和与“另一个人物”的斗争这两个可供选择的系列便统一于比武这一惯例中。）

4. 我想说明的是，依赖于经验发现的一套特定的功能不足以把民间故事解释为形式或完整的叙事。[24]正如我们已经指出索绪尔的联句层面（即句子中各种功能的水平序列）被重新纳入联想或共时层面，使一个句子被理解为只是某个特定的句法结构或单

① 布洛赫（Ernst Bloch，？—1977），德国哲学家，西方马克思主义者，认为马克思主义是一种“希望哲学”，一种“具体的乌托邦”，提出所谓“希望神学”。主要著作有《乌托邦的精神》（1918）、《希望的原则》（1949）、《未来的哲学》（1963）。

位的无数可能的表现形式中的一种；因此，这里似乎也表明，除非被叙述的事件的历时顺序（即叙述的句法）被以某种方式转移到一种共时结构中，否则就不可能有故事或民间传说的真正的规律。这便是我们对普洛普所作出的十分黑格尔式的分析的目的之所在——把一个个单独的事件归结为某个基本思想的各种表现形式，诸如另一物、另一工作等，并最终将这些思想归结为某种中心概念，而这些思想统统不过是这个中心概念的部分表现而已。这样，那些开始时似乎是一系列时相的事件最终变成了自我表达过程中的一种单一的不受时间约束的概念。

这种近乎空间上的统一已经以一种不同的形式暗含于什克洛夫斯基的情节分析及构成其基础的陌生化观点之中。陌生化本来是出自抒情诗或至少是抒情感受的一种方法，在将它应用于情节时，它保留了自己原来相对来说更加静止的某些痕迹。[25]只有事先存在的东西——实物、习俗、某种类型的单位——才能被陌生化。这就像只有本来有名称的事物才会失去它为人所熟知的名称，并突然在我们面前变得令人吃惊的陌生。因此，什克洛夫斯基在托尔斯泰的小说中发现的这种技法的大量例证并没有真正对小说的形式说出什么东西，因为它们是一些残缺不全的、静止的感受，并且依赖于托尔斯泰的社会中早已习以为常的东西。因此，只有当我们对歌剧已经非常熟悉，把它看成是一种很普通的形式，并已对它习以为常时，才可能使歌剧显得特别、不大可能或不真实。同样，所有其他可能进行陌生化的事物也如此，如战争（斯丹达尔，托尔斯泰），婚姻（《克莱采奏鸣曲》），中间阶级礼节（《恶心》），艰苦工作（卓别林的《摩登时代》）。我们对这些事物都给以名称这一事实表明，我们已经事先用一种统一的、无时间性的方式把它们看成是这种类型或那种类型的事物。

因此，共时思想重又悄悄地回到了历时性研究中。我认为正因为如此，什克洛夫斯基的方法只能应用于短篇故事，而不能处理长篇小说本身。他一向把小说看成一种组合而成的形式，一种人为的混合物，而不是其他任何东西。在这一方面，他的论《堂吉诃德》的那篇文章特别能说明问题。在那篇文章中，什克洛夫斯基想要打破关于堂吉诃德本人的“神话”，即他的“哲学内容”。他足以令我们信服地表明，这部小说的存在决非只是为了突出堂吉诃德这个人物，相反，这个人物是虚构出来的并被逐渐展开的，目的是为了构成情节，为了使那些不这样就会分崩离析、变成一堆互不相干的小故事和片断的东西成为一个整体。（因此，我们同样可以说，让哈姆雷特发疯也是个技术手法，目的是以此将莎士比亚来源不同的各个情节合在一起，构成一个表面上的整体。所以，那些看上去像内容的东西变成了动机因素。）尽管这一点很正确，但它却和什克洛夫斯基刚刚才竭力加以驳斥的发生学批评毫无二致：因为《堂吉诃德》的起源，即它的“形成”，不应与它的统一性或与使它感到自己是完整的那些东西有任何联系。

我们可以用一种不同的方式来说明这一点，即普洛普的研究缺少一种普遍性。它根本不可能用民间故事以外的其他形式来说明民间故事的形式和它的基本“规则”，也不可能用有规则的形式这个概念来抵制结构上没有这些规则的形式的概念。列维-斯特劳斯在他的《神话学》诸卷中的观点更为重要，因为他感到有必要在神话与某种其他东西的交界处来研究叙事题材，这些叙事题材已经开始抛开它们“内在的组织原则。（这种叙事题材的）结构内容是分散的。我们现在发现，真正的神话的那种强有力的转变已经为那些微弱的转变所代替了。……过去我们在外部就能看到社会学的、天文学的和解剖学的规则是如何发生作用的，现在这些规则却转到了表层之下，结构降到连续状态。当对立变为简单重复时，这种蜕化便开始发生：情节片断按时间依次发生，但都以同一形式构成。当重复本身代替了结构时，这种蜕化便完全了。这样，形式的形式即重复便看到结构本身的死亡。既然神话现在几乎无话或无更多的话可说，便只有通过重复自己来维持生存”[26]。

列维-斯特劳斯把这种转变和对时间本身的感知中的一种更为广泛的变化相联系，这一点很重要。因此，作为一种严格的形式的神话表明自己是太阳周期的反映，这种周期表现在年或季的这种较长的循环中；而神话的分解可以被定在一种较短的月时到来之时，这种月时表现为月乃至日的循环。如果我们再加上这样一种观点，即列维-斯特劳斯敌视小说，正如他敌视历史的（或“热的”）社会一样，而小说作为一种历时形式出自于这个社会，那么在我看来，我们便能更好地了解共时性及神话或民间故事的严格的形式化与历时性及小说的尚站不住脚的形式理论之间的关系。

我们可以假定下面这一说法是条不言自明的真理（在这一点上我们暂时更忠实于卢卡奇的《理论》① 的精神，而不是什克洛夫斯基的精神），即小说作为一种形式，是一种解决无法事先界定或用其他办法解决的时相经验的方法。换言之，在一部真正的小说中，有关的基本主题不可能有任何名称，也不可能有早已存在因而可以对它进行陌生化的普通事物。用另一种方式说，我们只能给发生在其他人身上的事情定名称，而我们自己的生活经验、我们的存在以及我们对时间流逝的感觉等都离我们太近了，使我们无法从外部或客观地去观察它们；它们成了以叙事为主的小说的主要对象，因为叙事小说也能唤起这种无法比拟的、不可

---

① 当指《小说理论》。

名状的、独一无二的经验与感觉。

由此可知，不存在可以对小说的形式进行描述的现成规则：每一部小说都与众不同，都是虚无中的一个跳跃，都同时创造内容与形式。正是因为与小说相对的短篇故事、神话或民间故事的特点是具有一个特定形式的内容，所以它们的规则才可能成为研讨的对象。因此，在某种意义上规则取决于共时性，而且我们已经看到，短篇故事或民间故事是怎样具有一种不受时间限制的、客体般的统一性，这种统一性表现在它们将存在转化为两种体系间的一种突然的偶合之中：即化多重性为统一性，或是某个单独愿望的实现。这就是说，虽然我们可以轻而易举地辨认出非故事，即那些不符合故事形式的内在规则的作品（正如我们能辨认出非句子一样），但小说却没有这种意义上的对立物，因为它不像悲剧或喜剧、抒情诗或史诗、民间故事或短篇故事那样是一种文学类型。那些确实存在于世的小说也不是某种普遍概念的体现，而是依据一种历史的而非逻辑的或分析的模式相互联系在一起的。（那些小说的种种亚变种——我指的是诸如侦探小说或历史小说——确有规则，但它们只是小说演变过程中的畸形产物，是死胡同，不能说明小说的任何普遍趋向。）

但是，要表达作为一种历时现象的小说与体现共时性的故事这两者间的基本区别，另一种方法便是回顾一下爱伦·坡的主张，他的“写作哲学”与什克洛夫斯基把作品悬置起来的办法非常相似。爱伦·坡认为，抒情诗与短篇小说的实质便是短，只能占一页的篇幅，或读起来不超过一个小时，并认为这不是一个可有可无的要求，而是一个实质性要求。在某种意义上，两者都是超越时间，将一种无形式的时间序列转变成我们能捕捉并掌握得住的一种共时状态的方法。如果说这个观点不适用于小说，这是因为小说特有的真正的时间展开是无止境的。

但是，什克洛夫斯基对短篇故事所作的研究对小说理论也并非毫无用处。他的研究告诉我们小说必须否定的是什么，有助于我们把小说理解为一种超越轶事这一小说最初特征的形式。从这个意义上讲，小说可以说是被取消并被上升（aufgehoben）为一种更高、更复杂的形式的短篇故事，它具有短篇故事的规则，但把这些规则作为这个有机体必须加以否定的内部环境。下面这一点很能说明问题，即许多现代小说（人们立刻会想到《尤利西斯》与《魔山》①）开始时在它们的作者的头脑中也都是短篇故事的形式。不管怎么说，在我看来，只有这么去做，即在头脑中把诸如卢卡奇在《小说理论》中及什克洛夫斯基在《散文理论》中所提出的那些完全不同的甚至是相互矛盾的方法统一起来，才可能获得一种真正辩证的叙事观。

不过，形式主义者至少能够正确地抓住小说形式的一个方面：即小说的结尾，此处时间（durée）与历时性突然中止，因此可以按共时方法将其暂时捕捉到。艾亨鲍姆在论欧·亨利的文章中说："小说的特点在于有一个尾声：一个不是结尾的结尾，一个可以看到未来的总结，或讲述主要人物随后命运的总结（见屠格涅夫的《罗亭》或《战争与和平》）。这便是曲折复杂的结尾在小说中自然成了罕见现象的原因（如确能发现这种复杂的结尾，也只说明是短篇故事的影响）……"[27]

Ⅳ

1. 以上是"陌生化"这个概念在共时方面的一些固有的局限，这个概念还具有我们迄今仍未触及到的一种很难分辨的含

① 分别为爱尔兰作家乔伊斯和德国作家托马斯·曼的小说。

混。陌生化既可应用于感知过程本身，也可应用于表现这种感知的艺术方式。即使假定艺术的本质就是陌生化，在什克洛夫斯基的著述中从来也没有说清楚被陌生化的到底是内容还是形式。换言之，一切艺术似乎都含有某种感知的更新，但并非一切艺术形式都以其独特的技巧引人注目，或有意识地“暴露”或展现其本身的“手法”。而且，正是在这一点上描述变成了规定：根据什克洛夫斯基开始时的认识模式（即一方面把感知与陌生化联系起来，另一方面把动机与习惯性或惯性联系起来），我们不难看出他为什么倾向于一种完全排除“动机”的艺术，一种将自身作为自己的题材，并将自己的技法表现为自己的内容的艺术。

这样一种自我意识的文学的典型便是斯特恩①的《项狄传》。什克洛夫斯基在一句引起很大争议的话中把它说成是“世界文学中最典型的小说”[28]。我相信，且不去管它如何冒失，这句话并非言过其实：《项狄传》是部最典型的小说，因为它在所有小说中最具有小说性，将故事讲述过程本身作为自己的题材。《项狄传》中将叙事手法作为其内容的程度可能通过与传统的第一人称小说做对比而看出来。在这种传统小说中，人物与作者、主人公与传记作者、“马赛尔”与“普鲁斯特”之间是有区别的。在普鲁斯特的小说中，作者的介入一直较抽象，我们从未直接见到这位第二位的、沉思的“我”，因为我们是通过他的思维来观察这位年少者的。在《项狄传》中，每当我们想注意内容中的时间或小说中所述的事情的时间，即特瑞斯特莱姆本人的生平时，小说中的句子便把我们引到句子本身的时间上，即把它们写下来的时候（“这个月我比十二个月前的这个时候大了整整一岁，如您所

① 斯特恩（Laurence Sterne，1713—1768），英国感伤主义小说代表人物。代表作有《项狄传》（1759—1767）、《感伤旅行》（1768）等。

见，在几乎已经进入到我的第四卷的一半的时候——还没讲完我第一天生活中的事情——这说明我现在比我开始动笔时又多了三百六十四天要写了。因此，我不是像一般作家那样总是往前写，相反，我倒退了好多卷"[29]），还把我们引到我们阅读的时间（"从我伯父托比摇铃要奥巴蒂亚备马去叫男接生员斯洛普大夫到现在，读者已经惬意地读了大约一个半小时。因此，没人可以有理由说我没留给奥巴蒂亚足够的时间"），等等。[30]

此外，即使我们能够在没有这种作者介入的情况下直接读到内容，我们也会意识到词语与经验、模式与实际存在是完全不一样的，因为故事中的动作是以慢动作的方式一点一点描写出来，直到这种细微的记录变得让人无法忍受；还因为故事中的事情被分裂成许多部分，其程度足以使人类在时间上的经验的无限可分性成为一个可以证明的事实。[31]这样，《项狄传》可以被认为是第一个辩证的模式图：表明现实无论根据它被叙述的方式如何无限地扩展或压缩，却总在你在标题中所赋予并归纳出的"生活"这两个无穷和纯"即时"这一可被叙述的人类时间的最后的不可再分的单位之间。

因此，对形式主义者来说。《项狄传》占据着整个现代派或先锋派文学的先驱地位：它是什克洛夫斯基以罗扎诺夫①为典型的"无主题文学"的先驱，我们对这种文学极为熟悉，称其为一般的无情节小说（什克洛夫斯基也确实用"sujet"这个词来泛指情节）。罗扎诺夫表明了小说怎样分解为其原始材料，即分解成由杂志内容、剪报、信件以及零散信封与碎纸片上的文字等等组成的某种语言的拼接物。从内容的观点说，他的多重人格使他可

① 罗扎诺夫（1858—1936），俄罗斯文学理论家。

被视为俄国的皮兰德娄或费尔南多·佩索阿①(他曾以真名作为《新时代》的一名保守的专栏作家,以笔名作为《俄罗斯语言》的一名自由派专栏作家)。值得指出的是,什克洛夫斯基认为,即使这种意识形态的内容也不是主要的,它只是形式的结果,是由形式引起的:"'是'与'非'并立于同一张纸上——传记事实上升为风格事实。'黑色的'与'红色的'罗扎诺夫同时出现以进行艺术比较,就像'肮脏的'与'纯净的'罗扎诺夫间的对立一样。"[32]

什克洛夫斯基本人的文学实践是怎样遵循这种方式的,这一点几乎无须赘述:譬如回忆录般的原始材料,其间掺杂着种种其他的故事,离题的叙述以及作者的介入;再如把这些作品的历史当作什克洛夫斯基一生中不同时期所写的各种手稿的有意识的整理比较;又如他的由支离破碎的段落构成的文体,它在很大程度上依赖单句段所引起的类似报纸那样的震动(高尔基曾批评道:"维克多·什克洛夫斯基的'文体'就是既短又干巴巴,加上自相矛盾的词语")[33],以及低调陈述与反讽克制这样的沉默,这已经是在内容中贬低"内容"。从什克洛夫斯基的这些作品来看,我们有理由认为陌生化理论本身已成为他本人特有的技法的一种"动机"。

我们已经把这种内容中的陌生化向形式中的陌生化的滑动称为什克洛夫斯基理论中的一种模糊,但我们不清楚这种模糊究竟是由于疏忽引起的还是有意造成的。毫无疑问,《散文理论》中一句关键的话使这个问题比以往任何时候都更令人困惑不解:"艺术是重新体验创造事物的一种手段,而已经创造出来的事物

---

① 佩索阿(Fernando Pessoa,1888—1935),葡萄牙诗人。重要作品有《使命》和《作品全集》(九卷本),此外还有《哲学读本》(1968)等。

对艺术却并不重要。”[34]我们是否应该认为，一切形式的艺术之所以存在仅仅是为了“暴露自己的手法”，为了让我们看到艺术是怎样创造的以及事物是怎样向艺术转变，怎样成为艺术的？（果真如此，那么只有所谓的“现代”艺术才有价值，或对什克洛夫斯基来说，甚至传统艺术在本质上也确实隐含有现代性。）还是我们应当认为有某种更为形而上的含义，即感知本身便是对被感知的事物的一种创造，因而对事物的重新感知在某种意义上便是意识到我们自己的“创造”活动？在这一问题上，我们想起了维柯①的理论，即人只能认识他所创造的东西。但什克洛夫斯基的特点是不做结论，他在性格上厌恶形而上的论断。

2. 把什克洛夫斯基所认为的陌生化的基本形式即“暴露手法”和在许多方面与之相似的德国浪漫派的反讽作一比较是颇有启发性的。浪漫派反讽的含义比与这个术语相联系的通常的那种作者的介入要广泛得多。的确，这种介入在很大程度上只是被拉回到内容之中并被重新吸收：非物质的艺术作品不会被撕裂或遭到伤害，而是毫不费力地再次愈合，不留任何痕迹，而介入的“作者”只是成了众多人物中的一员。

这种含义更广的反讽观与唯心主义的总的精神是一致的，弗里德里希·施莱格尔就很清楚地借助当时的科学来证明这一点。它要求我们逐渐消除维柯所主张的历史（由人创造的，因此人可以理解它）与自然（由上帝创造的，因而对我们来说是完全陌生的）之间的区别；要求我们逐渐感到我们也同样有非人性的一面，或者说，“我”与“非我”一起被统摄于一种类似超验自我或绝对精神的更大、更无所不包的统一体之中；感到人类意识因

① 维柯（Giambattista Vico，1668—1744），意大利哲学家。提出“历史循环论”，认为人类社会必定经历三个阶段：神的时代、英雄时代和凡人时代，然后再回到起点。主要著作有《新科学》（1725）等。

此也在它所思索的一切事物中重新发现了它自身的种子。因此，艺术作品显而易见地变成了这种形而上的唯心主义的有形的表现：并非看作者如何通过创作表面表露自己，而恰恰是看他如何躲避于其后面，半隐半现，半明半暗。

> 高耸入云的森林
> 决不会衰亡，却在衰亡着，
> 飞泻的瀑布，静止凝固，
> 每一个转角的窄缝处
> 风在相互撞击着，迷茫凄凉，
> 激流发自碧蓝的天空，
> 岩石在我们耳旁低语，
> 黑色滴水的山崖在路边发出声响
> 似乎在说着什么，狂乱的河流
> 使人目眩头晕，不敢窥视，
> 无拘无束的云与辽阔的天际，
> 喧闹与宁静，黑暗与光明——
> 这一切全像同一个大脑的思维，
> 同一张脸上的特征，同一株树上的花朵。……[35]

尽管我们知道我们面前的景象是想象中的表现，是他人劳动的结果，但只要我们对它入了迷，把它当成真实的，是幻觉与冷漠寡欢的退缩间的一种状态，那么，反讽便是我们与艺术作品的关系的特点。反讽也同样决定了我们与外部世界的关系，因为一件事物乃至整个世界都有某种自相矛盾之处。顾名思义，外部世界是外在的，因为我们必须与它保持一种关系；但它同时又与我们同质，因为我们能够与它保持一种关系。

超现实主义者存有“客观巧合性”（le hasard objectif）的主张以及对欲望计谋的情感——欲望在外部世界迷人的事物中具体化这种方式，无意识投射进工业场景这个巨大的“跳蚤市场”的招牌与杂货中这种方式——他们也许在形式上是最接近于这一早先的浪漫主义观念的了。

相比之下，什克洛夫斯基的观点似乎与手工业生产有更多的共同之处。与庞德一样，他对技法的强调似乎反映了一种对旧日手工文化的怀念，他对技能的重视似乎是要使艺术与文学像补鞋或制陶那样具有扎实的手工技能。（如果需要进一步的证明，只要看一下他对自己第一次世界大战时在装甲车师的技术水平上所表现出的自豪感，或看一下他在 20 世纪 20 年代后期指出马克西姆·高尔基不懂亚麻生产时那种沾沾自喜的样子就可以了。）[36] 如果在形式主义分析与亚里士多德式的文学方法之间似乎存在某种偶合的话，则完全是因为双方具有将艺术作为工艺或技法这一共同模式。

这种从强调本体到强调技法的转移，同样可以在对浪漫主义和形式主义都至关重要的对民间素材的重视这一点上得到证实。将格林兄弟与普洛普相提并论在这里是有代表性的，因为利用民间故事和大众想象对双方都意味着回归到最严格意义上的某些基本与原始的东西。但对浪漫主义者来说，这种基本与原始的东西是历时性的，而对形式主义者来说，它则是结构性的：原始的语言，讲故事的起源，与之相对的是话语的基本结构和以最简单的方式说明情节的基本规则。要了解形式主义的精神，可以想象一下新批评家一块儿热火朝天地把鹅妈妈的童谣拆得鸡零狗碎的情景！

3. 形式主义者对技法的看法的独到之处还可以从它的反面来看。亚里士多德及新亚里士多德主义者认为，艺术作品中的一切都为了某个最终目的而存在，这就是作品本身作为消费品所具备的特有的感情或独特的愉悦。然而对形式主义者来说，作品中存在的一切首先是为了使作品得以形成。这种方法的优点在于，亚里士多德式的分析最终跑到了作品之外（如心理学以及有关一般感情之类作品之外的问题），而什克洛夫斯基则认为，诸如怜悯与恐惧这样的感情首先应该被认为是作品的组成部分或成分。以下面这段对《项狄传》中的感情的讨论为例：

> 就算没有别的理由，就凭艺术首先没有单独的内容这一点，感情因素就不能成为艺术的内容。从“感情的角度”表现事物是一种特别的表现方法，它和从一匹马的角度（托尔斯泰的《霍尔斯托密尔》）或从一个巨人的角度（斯威夫特）来表现事物很相似。
>
> 艺术在本质上是超越感情的……无同情心的——或者说超越同情的——除非怜悯感是作为艺术构造的材料。但即使如此，在考虑感情时必须从建构的角度去考虑，正如为了了解马达，必须把传送带视为机器的一个部件——从机械师的角度——而不是从素食者的角度。[37]

这种对艺术作品中主次顺序的彻底颠倒是批评中的一场革命，类似索绪尔抛开所指物的做法，或胡塞尔在现象学中使用的悬置法，其意图是要大家放弃把艺术作品作为模仿（即包含有内容）或作为“感情”的根源或感情的供给者这种惯常的看法。这种悬置法的优点便是构成一个由内在的文学要素或事实组成的系统：我们已经看到，在考虑诸如对一个极其高尚或极端邪恶的人所受到的磨难作出的正常心理反应这类问题时，亚里士多德主义为何总是跑到纯文学系统之外。同样，认为作品中必须先有内容的种种美学主张往往从文学转向哲学与社会方面，从而忽视一部文学作品中某个特定事实的纯文学功能性，不管这同一个成分在另一个系统中会有什么样的价值。

形式主义主张的优点最明显地表现在鲍里斯·艾亨鲍姆的《论果戈里的〈外套〉是怎样写成的?》这篇经典论文中。他把果戈里的这篇故事视为非常巧妙的文学模仿，即是把传统的 skaz① 即民间故事的手法与故事叙述步骤向复杂的艺术技法的层次上的移置（形式主义者们喜欢指出，这种口头传奇是美国夸张故事或马克·吐温的故事在俄国的对应物）。skaz 的技法——我们将这种技法的总和称为 skaz 的文体——在这部作品中是首要的成分，我们可以将这种方法自相矛盾的前提总结如下：果戈里并不是因为想表现某种类型的内容才使用 skaz 这种文体的，相反，他想创造出一种基于 skaz 之上的文学风格，他想以某种语气说话，然后，以此为出发点，再行四处搜寻适用于它的材料、轶事、姓名、细节，使它像模像样地展开，使故事讲述的声音具有最大的内在效果。但如果确实如此，许多争论激烈的问题便不复存在了。比如，果戈里作品中的浪漫主义与现实主义之争这个问题便确定无疑了。问题的关键不在于断定“现实主义的”成分（圣彼得堡、贫困、小人物等）是否压倒了荒诞的或浪漫的成分（小说结尾时的鬼魂，即亚卡基·亚卡基耶维奇这个人物本身）。相反，skaz 这种主要风格对两者都需要，这样才能体现它们突然的变换与对照。此外，这个故事就不再适合于传达哲学的或心理学的真理。我们不能再谈果戈里开创了一种普通城市人的文学，也不能再谈作者作出了心理上的创新与洞察力。这些都只不过是内容产

① skaz，俄文为 skazat，是民间口头创作，内容为过去或当代的故事，由讲故事人以第一人称叙述。此处译为民间故事。

生的幻象，是艺术创作过程本身产生的“真理”或“洞察力”的幻觉。

艾亨鲍姆在《论托尔斯泰的危机》一文中将他的方法作了更进一步的发挥，说明托尔斯泰皈依宗教这件事在某种意义上如何可以被视为一种“技法的动机”，因为它为一种濒临枯竭的艺术实践提供了新的原始材料。（我们已经从什克洛夫斯基对罗扎诺夫的研究中见到了类似的主次地位的颠倒。）这种方法的颠倒起始于不承认心理的、传记式的以及哲学的分析的权利，但它也许不可避免地最终将把这些分析吸收进来，将它们及作家的全部生活与经验（现在这些都被认为是为文学作品的产生做准备）拉回到艺术作品中去。

用了这种悬置法，我们便深入到了形式主义方法的核心。或许现在该对如下事实表示惊讶了，即在维克多·埃利希用英语发表了对形式主义的权威性的评述后的十五年中，这一文学运动对美国批评实践的影响竟如此之小。也许专门化的习惯根深蒂固，以至形式主义仍朦朦胧胧地被认为是斯拉夫学者的精神财产；也许形式主义者那种结构主义的研究方法在这个国家不合乎时宜，因为在这里文学构造本身似乎已经加入了那些已经消失或正在消失的手工技术及其他技能的行列。但形式主义却提出了深远的见解，这些见解结构独特，与传统“方法”提出的见解全然不同。

让我们用但丁的《天国》来说明形式主义方法的独特性。这部诗的内容，不管是从它作为对最完美的现实的一种想象描写，还是从它作为一种旨在表达无法表达的事物的语言来讲，都可以被认为是一个作家创作的顶峰。但当《天国》中的事情与《神曲》其他两篇中描写的事情相比较时，它们却奇怪地指向自身。我指的不仅是在这些事情中事物本身缺乏任何真正的抵抗力或坚定性——这一缺乏为它们与其他形式的科幻作品所共有，不管是崇高的、神学的，如在弥尔顿或温德姆·刘易斯①的作品中，还是平常描写星际故事的那类作品，其结果在作者方面是一种双重虚伪，即他正在努力精确地描绘一个“世界”，而这个“世界”则是刚刚由他本人凭空编造出来的。

在《神曲》的前两篇中，作为诗中人物的但丁的思考，他对维吉尔及罪人们所提的问题，以及这些人向他提出的问题，都同样频繁地涉及到世界本身的现实及个人过去或将来的命运——这种现实超出或越过了诗中所描写的那个游历的范围。而现在，这位游历者主要关注的是他面前的那块天地中的秩序以及天堂本身的性质，因此，《天国》的内容可以说是关于一种秩序的秩序，但是甚至这种秩序本身也只是一个外形或一种表象：

> Qui se mostraron，non perchè sortita
> sia questa spera lor，ma per far segno
> de la celestïal c'ha men salita.[38]

因此，但丁所见及所途经的只是一种制图学意义上的天国的投影。实际上，灵魂本身都集中在最高天上，置身于一视同仁的至福之中，然后，这些有福之魂被分成等级，似乎是为了迁就但丁的世俗头脑与世俗经验中的时间与差异的概念。或者换一种说法就是，这些灵魂似乎是要使自己能够适合于但丁的随时间而发展的叙述语言。

因此，在这一点上，庇加达·杜纳底的那句名言——“他的意志给予我们安宁”[39]——便具有了某种不同的意义。一般认为，

---

① 刘易斯（Wyndham Lewis，1882—1957），英国画家、小说家、批评家。旋涡画派的发起人，欧洲现代派艺术的主要人物之一。主要作品有《被统治的艺术》（1926）、《时代和西方人》（1927）、《爱情的复仇》（1937）、《人类的时代》（1955）等。

这行诗表达了放弃愿望以及灵魂在顺从中得到解脱。它部分地构成了这种顺从的一个范例，意在解释为何身处天堂低层的灵魂不求在受福之魂的王国中向上升迁。因此，这行有名的诗句起到激发《天国》的多义性，从表面相似的原始材料中产生出差异，以及从本来是统一的至福中产生出多样性的作用。

从神学的层次上来说，需要解决的问题是基督教中个性与最终的精神升华如何和谐一致，这种情况在其他宗教中已经预见为一种灵魂的神化，或灵魂的一种极乐的消失。要说明《天国》中的每一个故事、每一回议论、每一次遭遇、每一种反应如何以这种或那种方式说明和解释它们各自的多样化是不困难的，例如查理·马特对人类遗传差异所做的解释；圣弗朗西斯与圣多米尼格象征性的并列；那段有关所罗门的世俗智慧与神赐的智慧间的关系的冗长的讨论；那只成千上万的人通过其喉咙用一种声音说话的鹰；把创造天使的根本理由解释为上帝近乎无须报偿地复制他自己等。

从政治的角度来讲，这个问题便成了重建帝国的问题，将它建成一个能够克服意大利新兴的资本主义的道德混乱并使得人的各种才能在国家这个统一体中和谐地施展的政权。人们常常指出，《神曲》在从《地狱》向《天国》的过渡中，越来越明显地变得具有政治意义。

但从形式主义的观点看，所有这些显而易见的内容，不论是从神学的还是从政治的角度表达的，不过是文本自身那些独特的结构问题在文本的创作中不断得到解决时产生的一种视觉幻象。换句话说，但丁在《天国》中所遇到的形式问题是要在有限中讲述无限，是用存在着差异的语言讲述同一性的问题，是使单一性通过多样性得到表达的问题。对这个问题的解答也同样出人意料。即使当作为诗中人物的但丁对天堂中的情况提出疑问并试图理解天堂如何会有等级存在时，作为诗人的但丁却继续写他的诗篇。因此我们可以说，《天国》的内容成了对天国如何会有内容的一系列探究，我们还可以说，诗中的事情“仅仅是”对使这些事情首先成为可能的那些先决条件的一系列戏剧性描写。诗的主题便是诗本身的形式。这一规则无疑隐含于形式主义方法之中，尽管它有待形式主义的继承者法国结构主义来把它理论化为形式主义的纲领性主张。[40]

毫无疑问，这种分析本身内在的或者说在结构上夸大的某种东西实在令人难以接受，因为它居然自始至终排斥内容，甚至企图将所有这些内容一概解释为形式的产物。胡塞尔的悬置法也同样是对常识经验的一种悬置，但在括号括起后，常识经验却又以其平日所具有的力量与常理再次发挥作用。但形式主义者却不大情愿将这个括号括起来。

其含义为，一部作品只是看上去有指涉物，或只是想要有一个确定的内容。其实它说的只是在作品得以构成的特定的情况下或形式问题中作品自身的形成或自身的构造。我认为，在某种程度上这种观点本身倒是形式主义方法投射出的一个视觉幻象。在结构主义部分中谈到类似的问题时，我将更详细地论述这类投射。

但我也相信，在某种意义上这种说法确也属实，即在某种意义上所有文学作品在用指涉语言说话时，同时也从边上发出一种有关其自身形成过程的信息。换句话说，阅读活动虽然像在羊皮纸上写字一样重叠在前面的写作活动之上，但它只是部分地抹去了写作活动。我想，在作品是劳动的结晶、产品是生产的最终结果这个范围之内，这便是形式主义作为一种方法的社会基础。

4. 与此同时，在形式主义的实践中，我们一直在描述的这种矛盾的颠倒导致对它本身起始点的一种奇特的贬抑。它的前提本来是，“暴露手法”的这种文学，将自己的手法陌生化的这种文学，除了像《项狄传》这样的少数作品外，是一种奇特的现代文学，它以这种方法将自己根本地区别于那种有意隐藏手法的旧文学。但现在看来，“暴露手法”似乎是一切文学的特征，因为现在一切文学结构都可以最终被理解为以自身作为自己的目标，都是“有关”文学本身的。因此到了这一步，现代派文学的那种独特的结构便成了所有文学的基本结构了。

我们可以用另一种更明确的方法来阐述这种矛盾，即通过指出陌生化这种观点现在是并且永远必定是一种有争议的观点：它依赖于对现有的思维习惯或感知习惯的否定，就这一点来说，它受到它们的约束，同时也成了它们的附庸。换言之，它本身并没有资格成为一个完整的概念，而是一个可转变的、自我消除的概念。这一点在形式主义批评中很清楚，在其他地方也很清楚，因为读者必须首先相信原来的“内容”，新的启示才有力，而这种力量的大小又是依据读者见到果戈里或《堂吉诃德》中的哲学、心理学含义被粗暴地予以抛弃，而一种纯艺术、纯工匠意义上的模式受到青睐时所感受到的内心震动来确定的。的确，不仅形式主义如此，整个现代主义的大部分理论也如此：如布莱希特的“陌生化效果”。这种理论是针对一个还不习惯于德国表现主义的那套花哨程式的观众提出的。但是，对从小就耳闻目睹现代主义及程式化艺术与装饰的一代人来说，对这些认为这种程式化看上去完全自然因而不需要辩护的人来说，一种内在的矛盾与动力似乎已经没有异议了。

这个矛盾也存在于什克洛夫斯基本人的文学创作中，或许这也是他本人之所以一直具有黑格尔式的忧郁意识这种独特的历史形式的原因。因为他把“暴露手法”作为文学中陌生化及技法更新的一种独特的现代的方式，因而完全把自己独特的个人的与历史的境况等同于新事物本身。但形式主义有关无止境的艺术变化和不停的艺术革新这种观点中所包含的“生活的悲剧感”同时也要求承认变化，承认一度时新的方法不可避免地会变旧，一句话，必须承认自己的死亡。合乎逻辑的发展必定是读者对什克洛夫斯基本人从事的并由他的理论所推动的那种自我意识艺术感到厌倦。但是，“暴露手法”并不仅仅是种种可以替换的手法中的一种，而是逐步意识到艺术首先是陌生化。所以，如果它消失了，则整个理论也会随之消失，而那种使自己成为普遍法则的东西则随着岁月流逝而表明仅仅是当时观念的伪装而已。

V

1. 但这还不是事情的结束。如果从什克洛夫斯基提出的基本理论中排除那些由于他的艺术与个人方面的问题而造成的走了样的东西，那么剩下的就是一个类似索绪尔语言学的纯洁的模式。只有像尤里·蒂尼亚诺夫这样有水平、有才能的人才能成为对形式主义观点进行非常清晰和非常精确的重构的理论家。

人们总想从我们在解释什克洛夫斯基的失误时所采用的那种文学史的角度来解释蒂尼亚诺夫的成功：蒂尼亚诺夫提出的更新文学的那种文学方式不是什克洛夫斯基采用的那种独特的、自相矛盾的、自我意识的“暴露手法”，而是从具有相同功能的许多技法中选择出一种技法，从可能采用的同样重要的形式中选出一种形式——即探险小说，特别是历史探险小说，这是到那时为止在俄国文学中还未被充分利用过的一种文学类型。因此，蒂尼亚诺夫通过采用这一形式，一定能够看到自己不过是参与了真正的历史发展中的一个瞬间的活动，而不是在完成文学史。此外，这些小说的内容——其中大部分是关于普希金时代以来的作家及普希金本人的小说化的传记——是一种标志，表明有一种感情或许比什克洛夫斯基的作品中到处可见的那种纪念性、自传性的感情更具历史意义。

通过排除技法这个概念以及我们在上文中论及的那种工艺式的方法必然存在的曲解，蒂尼亚诺夫在分析单部文学作品时仍能保留系统的概念。技法这一概念的目的论方面的含义引发出作品中的哲学内容及其他内容的地位这个难以解决的问题——即究竟是后者的存在“为了”产生出前者，还是前者的存在“为了”产生出后者。但是，如果我们摒弃了技法及目的概念，只谈论主要成分与次要成分，或只谈论一种主要的构造原则，即“不顾其他因素以突出一种因素”[41]（或只谈论“前置”一组成分，这是布拉格学派后来使用的一个非常说明问题的术语）[42]，那么立刻就会建立一种模式，它具有什克洛夫斯基理论早期的所有优点，而没有它的任何缺陷。

在这种新的模式中，被前置的或主要的技法在与被后置的或次要的技法所形成的一种对照中得到理解，因而它是很辩证的。但是这种把艺术感知作为对规范的一种偏离的新审美观的优点在于，它可以把规范作为被推到后台的旧成分包含在文学作品本身之中，这样旧成分就不再流到作品之外，构成各种本质上是社会问题的东西，即某个时期主要的鉴赏情趣或主要的文学形式。在这种意义上，作品的共时结构包含了历时性，因为它把上一代那些占主导地位的形式作为一种被否定或被取消的成分包含在自身之中。它与这些形式构成一种决裂，但它本身的新奇与独创之处却只有在与这些成分的对照中才能被理解。

2. 于是，文学体系这种内在的纯正性首次使得它与其他非文学体系的关系这个问题得以清晰地提出。这个问题便是如何最终建立某种相互关系尚不明确的体系的体系（依据辩证思维，这个最终的体系的体系就是历史本身，而对结构主义来说，它便是语言。这一点我们不久在下面就会见到)。这种情况有时被说成是形式主义者试图取悦于马克思主义，其实这只是他们本身思维的一个合乎逻辑的结果。

蒂尼亚诺夫确实对系统的两种不同的演变作了区分，一种是依据系统本身的内在规律及活力而改变，另一种是由于其他系统从外部作用于这个系统而迫使它不得不改变。这里所指的历史情况与政治背景是显而易见的。但是，他所说的其实是从一个体系到另一个体系间的两种可能的关系运动：当纯文学体系（一种“力图兼并尽可能大的地域的帝国主义”[43]）将其他体系的成分吸收进来并按它自己的法则应用它们时，我们仍然可以继续说文学体系在独立演变。但当文学被别的体系吸收时，不论基于何种原因，则文学体系独立的演变必定会中止，甚至被改变。

蒂尼亚诺夫认为，在某一特定的历史时刻各种体系相互间保持比较固定的距离。因此，相距最远的那些体系间的关系便由它们之间的体系来协调，特别是由那些距文学体系本身最近的体系（即“日常生活”体系及其语言表达这一分体系）来协调。因此，假如在一个社会中，写信是一种特别引人入胜且又十分有趣的活动，这个社会就能提供一种独特的言语原材料，在某种特定的情况下这种原材料便会以书信体小说的形式吸收到文学体系中。同样，假如在一个社会中人们普遍喜好并推崇言词口才，并将此作为其社会经济结构的一个不可缺少的、有实际作用的组成部分，如在阿拉伯国家与爱尔兰（乔伊斯的《尤利西斯》!），这个社会便会提供一种言语原材料，一种事先规划好的诗与散文之比，一种比喻与修辞手法的延续，它们与西方世界大众传播媒介中词汇的境况全然不同。根据这一点，我们便能够重新估价艾亨鲍姆发现的果戈里与 skaz 的关系，这种关系已成为艺术散文吸收文化中残存的大众词语的一个主要例证。

形式主义者看来并不真的愿意比这走得更远，以达到一种文学社会学。他们往往把那些使文学和与之相距最远的那些体系（如经济学）相联系的明显的企图斥之为折衷主义。[44]当然，在所谓的关系与影响被解释为直接的而非经过协调的或间接的时候，他们这么做是十分正确的：因为他们自己的体系已考虑到后面这种情况。并且从长远的观点看，这是有可能建立起一种真正的文学社会学，即形式社会学所需要的唯一条件。

3. 这种形式主义模式与诸如卢卡奇那种真正有关文学内容的理论在强调重点方面的主要区别在于，艺术作品的发展在多大程度上受是否有合适的原材料的影响。作为一名有创作实践的小说家，蒂尼亚诺夫对这个问题很清楚。下面这段影射什克洛夫斯基的评论就可以说明这一点："让我们以俄国探险小说的可能性为例。有情节小说的原则是作为无情节小说的原则的一种辩证的对立面而出现的。但这种新的构造原则还未得到充分的应用，因此暂时只能满足于外国材料。为了与俄国材料相结合，必须首先满足某些先决条件。但是，这个要求却不那么容易满足，只有当主题与文体相结合以后，我们才对使这种结合得以发生的条件有所了解。如果缺少这些条件，这种新的现象便只会停留在试验阶段。"[45]

这段文字中对一定的内容或原始材料的先决作用的强调，以及对文学分析的事后性与无法预测性的强调，与卢卡奇对历史小说所做的那种社会学分析及马克思主义分析是相当吻合的。在这些分析中，历史小说这一形式的发展也同样有赖于其原始材料是否合适，是否充足。按标准的形式主义观点，这些原始材料并非简单地指有关过去的知识、可以得到的文献、地方色彩等等，而是指对过去的意识及历史感，这种意识与感受在司各特时代就已经存在，但到了福楼拜时代已发展成某种更加靠不住且不那么好用的东西。我认为，在下面这种条件下是可以把文学演变及其与其他文学外系统的关系描述清楚的：即不把内容、可获得的原始材料看成仅仅是死气沉沉的混杂物，而把它们看成是可以促进或阻碍使用它的文学形式的发展的东西。这时，我们便可以对最近一个有关的文学外体系与其相邻体系的关系进行研究。那么，回头再看前面举过的一个例子，我们便可发现，某个特定的社会保持其口头表达（如保持演说方面的修辞用语及价值）的程度本身便是这个社会的经济和社会发展的一种作用，因此是可以对它进行研究的。

4. 我们迄今一直在讨论的是一种相对的共时现象，是在某个特定的时刻或历史瞬间文学体系和总体经验中与其相邻和相距较远的体系之间的关系。形式主义中实际的文学历史、实际的文学变化的情形仍然很成问题。就连蒂尼亚诺夫也保留了索绪尔的基本变化模式，在这种模式中，起作用的最基本的机制是同一性与差异性这两个基本的抽象概念。但只要历史被理解为某个单一机制的作用，那么它又被转变回共时状态，时间也就成了一种无历史的、相当机械的重复。

我们还是让这一派中最爱争辩、最富斗争性的艾亨鲍姆再一次作形式主义的这种最极端的反历时倾向的代言人。下面这段话在表明形式主义理论与方法的根本的内在局限性的同时，也预示了阿尔都塞①的观点：

---

① 阿尔都塞（Louis Althusser，1918—1985），法国结构主义哲学家，主要用结构主义的理论和方法解释马克思主义。在《保卫马克思》（1965）和《读〈资本论〉》（1965）等主要论著中，试图用马克思所著《1844 年经济学哲学手稿》中的人文主义观点重新阅读和解释马克思的《资本论》和历史唯物主义观点，在西方有很大影响。

真正的莱蒙托夫是历史的莱蒙托夫。为避免误解，我必须说明我并非借此认为莱蒙托夫是时间中单独的一件事——一件只要我们事后将其恢复的事。时间以及与之相随的对过去的理解并不构成历史知识的基础。历史中的时间是一种虚构，一种起辅助作用的惯用手法。我们并不研究时间中的运动，实际上，这种运动是一个能动的过程，既不能以任何方式再分割，也从不会被中断，因而它与实际时间完全无关，并且也不能用实际时间来衡量。对历史的研究能揭示事物的运动，揭示那些不仅在某个特定时期的范围内而且在任何时间任何地方都在起作用的规律。从这个意义上说，尽管听上去似乎矛盾，但历史就是一门关于永恒的、不变的与静止的事物的科学，即使它涉及变化与运动也还是如此。它之所以能被称为科学，只是因为它成功地将实际运动转变为各种型式或模式。历史的抒情性，即毫无道理地偏爱这一个或那一个时期，成不了科学。研究一个历史事件根本不是孤立地去描述它。似乎它只有在它那个时间环境中才有意义。这是一种妨碍科学研究的幼稚的历史观。真正的任务不是简单地回到过去之中，而应该是了解事件的历史真实性，是决定它在历史能量的发展中所起的作用，这股历史能量（从其本质上说是永恒不变的）既不出现也不消失，因此是超越时间发生作用的。一件被历史地理解的事情就是从时间中抽出来的事情（着重号为我所加）。历史中从未有过的任何重复，就是因为事物从不消失，而只是改变形状而已。因此，历史比较不仅可能，而且必不可少，不可能的倒是在历史活动之外来研究历史事件，将它们作为独特的、“不可重复的”、有它们自己孤立的系统的事件，因为这种研究与这些事物的性质是相悖的。[46]

【注释】

［1］见列·托洛茨基：《文学与革命》，纽约，1957，180页："形式分析的方法是必要的，却又是不够的。"除了已经见诸出版物的姓名与书名外，俄文单词已全部按国会图书馆音译法予以直译，未加发音符号。

［2］见艾亨鲍姆：《"形式方法"的理论》，见《文学（理论、批评、争论）》，列宁格勒，1927，129页："维谢洛夫斯基把史诗中的重复解释为原始演唱中的一种机制（作为最基本的歌词）。但对这样一种现象的发生所作的解释，即使真实，也不能清楚地说明这种现象是一种文学事实。维谢洛夫斯基和人类文化学派的其他成员曾通过把文学与风俗相联系来解释民间故事（skaz）独特的主题与情节。什克洛夫斯基并不反对建立这样一种关系，仅对用这种关系来解释民间故事的诸特点表示疑问——他反对将它作为对特定的文学事实的一种解释。文学发生学的研究只能说明一种技法的起源，仅此而已。"

［3］尤里·蒂尼亚诺夫：《在波斯的死亡与外交》，伦敦，1938，224页。

［4］鲍利斯·托马舍夫斯基：《俄国文学史的新流派》，见《斯拉夫研究期刊》，第8卷，1928，227页，注1。

［5］《马拉美全集》，368页。但是，这样一种分离显然只是把诗学从语言学中分离出来，方法是将前者的目的与后者的目的加以区别。但实际上，正是这第一步才使诗歌语言成为应有的一种特定的语言表达类型（而不是一种装饰，一个语言的原始阶段，或其他什么事物），从而将诗歌语言的研究重新纳入语言学本身。罗曼·雅可布森的工作是这种结合的最有力的证明。

［6］什克洛夫斯基于《艺术即手法》一文中引用这段文字，见《俄国形式主义批评：论文四篇》，12页。

［7］维克多·什克洛夫斯基：《散文理论》，莫斯科，1929，227页；比较什克洛夫斯基的《情感旅行记》，理查·谢尔登译，伊萨卡，纽约，1970，233页："艺术中的新形式是由将未入流的形式变为主要形式而创造出的。""普希金起始于歌词这种不登大雅之堂的形式，小说起始于恐怖故事，涅克

拉索夫起始于歌舞杂剧，勃洛克起始于吉卜赛歌谣，马雅可夫斯基起始于幽默诗。”

[8] 马赛尔·普鲁斯特：《追忆逝水年华》（巴黎，1954，三卷本），第1卷，653～654页。

[9] 乔纳森·斯威夫特：《格列佛游记》，见《散文作品选》，伦敦，1949，189～190页。对陌生化技法（作者称之为“反面比喻”）的一个有用的历史概括可在季米特里·西茨耶夫斯基的《夸美纽斯的世界迷宫》一文中找到，见《哈佛斯拉夫研究》，第1卷（1953），主要见117～127页。

[10] 转引自埃瑞希·奥尔巴赫：《模仿》，威拉德·特拉斯克译，普林斯顿，新泽西，1968，366页。

[11] 形而上的：“我忘了它是一个根。词都消失了，事物的意义及其使用，即人们在它们的表面留下的所有那些微弱的印记，也随之消失了。我耸着肩坐着，孤独地伴着这块多节的、乌黑的极其粗糙的东西，它使我感到恐惧”（《恶心》，巴黎，1962，179页）。社会的：“教堂中。在烛光的映照下，一位男子站在跪着的女人们面前喝酒”（《恶心》，63～64页）。关于萨特其他著作中的有关例子，请参阅我的《萨特：一种风格的起源》，纽黑文，康涅狄格，1961。

[12]《散文理论》，24～25页。

[13] 同上书，245页。

[14] 同上书，63页。

[15] 见肯尼思·伯克：《词汇修辞》，见《反陈述》，芝加哥，1953，123～183页；另见伊沃·温特斯：《美国诗歌中的试验流派》，见《为理性辩护》，纽约，1947，30～74页。

[16]《散文理论》，73～74页。

[17] 关于对艾尔纳分类法的描述，参阅史蒂斯·汤普森：《民间故事》，纽约，1967，413～427页。

[18] 弗拉基米尔·普洛普：《民间故事的形态学》，奥斯丁，得克萨斯，1968，101～102、108～109页。

[19] 因此，普洛普评论了什克洛夫斯基认为“故事是根据迄今仍不清

楚的规则编制起来和加以展开的”这一看法。他以肯定的口吻说：“这个规则是很明确的。”(《民间故事的形态学》，116 页，注 6)

[20] 阿瑟·C·丹托：《历史的分析哲学》，剑桥，英国，1965，236～237 页。

[21] 雷内·吉拉德假设（见《浪漫派的谎言与小说的真实》，巴黎，1961。译名：《欲望，欺诈，及小说》，巴尔的摩，马里兰，1965）在现代社会中欲望并非天生，而是后天学到的；小说中的故事讲述的是向某个中介者或第三者学习欲望。这种假设也可以用这里所说的施予者以及他对主人公的本体支持来重新表达。

[22] 见拙著《马克思主义与形式》，普林斯顿，新泽西，1971，特别是 233 页及以后几页。

[23] 见《毁灭，用光明拯救神话》，见《陌生化》，第 1 卷，法兰克福，1963。

[24] 这基本上就是《结构与形式》一文中对列维-斯特劳斯的批评，载《应用经济学学会学报》，第 99 期，1960 年 3 月。

[25] 必须公正地指出，在什克洛夫斯基看来，感受本身并非是静止的，而是能动的：“为了使某件事物变为艺术品，必须把它与一系列现实生活中的事实分开。要做到这一点，必须要‘使它动起来’，就像伊凡雷帝‘阅兵时从军队前走过’一样。必须将这件事物从你发现它所处的那种习惯联想系列中分离出来，应当去拨动它，就像拨动炉火中的木柴一样”(《散文理论》，79 页)。但恰恰是抒情诗的静态感受中这种固有的运动才使得故事中的事情的运动能在现在这种情况下与它相比。

[26] 列维-斯特劳斯：《进餐礼仪探源》，巴黎，1968，105 页。

[27] 兹维坦·托多洛夫（编译）：《文学理论》，巴黎，1965，203 页。

[28]《散文理论》，204 页。

[29] 劳伦斯·斯特恩：《项狄传》，纽约，1935，191 页。

[30] 同上书，67 页。

[31] 例如：“因为我父亲的印度手帕在他上衣的右口袋中，所以他就根本不应该用他的右手去干任何事情：他不应该用右手去取下头上的假发，相

反，他完全应该用左手去干这件事。那么，当我父亲感到挠头需用手帕时，他只要将右手伸进上衣右口袋里把它取出来就行了——这样，他做这件事时动作就不会猛烈，整个身体中任何一块肌腱或者肌肉也不会有哪怕是最微小的不优雅的颤动。”（同上书，105 页）

[32]《散文理论》，234～235 页。

[33] 理查·谢尔登：《维克多·鲍里索维奇·什克洛夫斯基：文学理论与实践，1914—1930》，安阿伯，密西根，1966，50 页。

[34]《散文理论》，13 页。

[35] 华兹华斯：《序曲》，第 6 卷，624～637 行。

[36]《情感旅行》，270 页；谢尔登：《维克多·鲍里索维奇·什克洛夫斯基》，51 页。

[37]《散文理论》，192 页。（或《一部戏仿小说：斯特恩的《项狄传》，W·乔治·艾萨克译，收入《劳伦斯·斯特恩：批评论文集》，约翰·特劳戈特编 [英格尔伍德·克利夫斯，新泽西，1968]，79 页。）

[38] 但丁·阿利吉耶里：《神曲·天国》，第四歌，37～39 行：“他们出现于此，并非因为他们真的出现于各自（在最高天中）所处的位置，而是为了提供一幅天界最低层的视觉图景罢了。”

[39]《天国》，第三歌，85 行。

[40] 读者如果把这一形式主义的分析与菲力浦·索勒斯在《但丁与创作之路》中所做的结构主义解释作一比较，也许会有所启发。见《逻辑学》，巴黎，1968，44～77 页。

[41] 尤里·蒂尼亚诺夫：《诗歌语言问题》，列宁格勒，1924，10 页。

[42] 见保罗·加文编：《布拉格学派论美学、文学结构与文体》，哥伦比亚特区华盛顿，1955，特别是 21～25 页。

[43] 尤里·蒂尼亚诺夫：《仿古者和创新者》，列宁格勒，1929，24 页。

[44] 主要见艾亨鲍姆的文章《文学的期待》，见《文学（理论、批评、争论）》，291～295 页。

[45]《仿古者和创新者》，19 页。

[46] 鲍里斯·艾亨鲍姆：《莱蒙托夫》，列宁格勒，1924，8～9 页。

第三章　在结构主义中的体现

> 但是，“相同”和“相异”这两个词是什么意思？尽管它们总是与那三个［存在、静止、运动］结合在一起，但它们是与那三个相异的新种类吗？是否我们一定要有五种而不是只有三种？或者说，当我们说“相同”和“相异”时，我们无意识地说了前三种当中的某一种？
>
> ——柏拉图：《智者篇》

法国结构主义和俄国形式主义的关系与其说是什克洛夫斯基所谓的叔侄关系，还不如说是同族通婚的亲属系统中的表兄弟关系。两者说到底都源于索绪尔提出的语言和言语这一根本区分（当然也源于这一区分背后的关于共时和历时的区分），不过它们采用的方法却不尽相同。形式主义者最终关心的是如何以整个文学系统（语言）为背景来区别看待每一部艺术作品（言语），而结构主义者则将作为语言的部分表现形式的个别单位重新融入语言，以描述整个符号系统的结构为己任。

因此，我们不妨把结构主义的总体方法理解为对上层建筑的研究，或者从较小的范围来说，是对意识形态的研究。它的最主要的研究对象是支配各个层次的社会生活，是不自觉的价值系统或表意系统，它们是个别的、自觉的社会行为和社会事件得以发生和为人们所理解的基础。易言之，我们可以说作为一种方法，结构主义也许是人们为了建立一种（类似语言的）模式理论所作的最早的不懈和自觉的尝试之一，其前提是一切自觉的思维活动都是在特定的模式的范围之内进行的，并且从这一意义上来说，是由该模式决定的。必须实事求是地补充一句，那就是结构主义者自己多半不会用这些话来说明他们自己的工作，因此下面所谈的必须设法证明这些说法是有一定道理的，既是为了说清问题，同时又是一种间接的评价。[1]

I

1. 特别是像“上层建筑”和“意识形态”这样一些字眼，听起来似乎是有意要把结构主义的研究方法和马克思主义的一些传统的问题相提并论。不过，值得指出的是索绪尔对马克思似乎并无很深的了解，形式主义者也不过把苏联式的马克思主义作为论战的起因和意识形态上的对手而已。相反，法国结构主义者，就从他们再也无法忽视马克思主义传统提出的那些理论问题这一点来说，却大大得益于马克思主义。的确，他们对马克思主义了解得那么透彻，几乎到了随时都可以歪曲马克思的地步（下面我们将会看到对弗洛伊德也是如此）。

因此，尽管列维-斯特劳斯的许多理论性的讨论比较零乱，甚至自相矛盾，但是当他声称他所从事的工作旨在“丰富马克思草创的上层建筑理论”[2]的时候，我想我们就必须认真对待他。实事求是地说，马克思主义本身大体上只是把意识形态非常简单和笼统地视为一种神秘的东西或者是一种蓄意的阶级偏见，并没有对上层建筑进行过真正的系统研究。另一方面，正如我们在别的地方指出的那样[3]，对上层建筑的把握的基本标志在于迫使这一表面上看来是独立的意识形态问题又回过头来与基础结构联系起来的思维活动之中；这一思维活动使上层建筑具有独立性的假象，连同那种当思维只和精神现象打交道时所特有的天生的唯心论一起化为乌有。因此，提出上层建筑这一概念本身就是要提醒我们它所指的那个东西具有依附性的特点。提出这一用语的目的就是要指向它的指涉物之外不是它自己的东西，即指向它的实质存在，也就是物质和经济状况。因此看来我们在说明和分析上层建筑时不能既把它放在括号里，同时又不改变这一用语背后的真正用意。即使像列维-斯特劳斯所认为的那样，整个上层建筑的结构形式就是他所指出的语言结构形式，情况还是一样。现在倒是研究的方式依然是唯心的，因为它把上层建筑与所有跟基础结构有关的问题完全割裂开来，造成上层建筑看上去是独立的这种幻觉。[4]①

对于这种不同的意见，列维-斯特劳斯倒有一个说法，用的还是恩格斯的原话："为了彻底弄清楚塔西佗②的日耳曼人③和美洲的红种人间的相似之点，我从你的那部班克罗夫特著作的第一卷里作了一些摘要。这些相似确实特别令人感到惊奇，因为生产方式如此不相同——这里是渔业和狩猎业，没有畜牧业和农业，那里是向农业过渡的游牧业。这正好说明，在这个阶段，生产方式不像部落的旧的血缘关系和旧的两性相互共有关系之解体程度那样具有决定性的作用。……"[5]④因此，列维-斯特劳斯的方法也因为他主要的研究对象比较特殊而显得有道理，因为从某种意义上来说，他对他们的上层建筑进行研究的那些部落并不真正具有现代经济学意义上的基础结构。至少我们可以这么说：在那些物质生产和其他活动尚未分家的社会里，有一个单独的上层建筑这种想法看来是有问题的。对基础结构来说也是如此。对于同时

---

① 此处据《马克思恩格斯全集》(中文1版，北京，人民出版社，1958)，第4卷144～145页译文。

② 塔西佗 (Publius Cornelius Tacitus，约55—约120)，古罗马历史学家、政治家。

③ 指塔西佗的《日耳曼尼亚志》。

④ 此处据《马克思恩格斯全集》(中文1版，北京，人民出版社，1971)，第35卷120页译文订正。

又是一种宗教仪式的耕种来说，我们最终如何区分什么是它的物质的一面，什么又是它的精神的一面呢？

这里的问题是结构主义希望用一种新的对立来取代老的、继续构成上层建筑和基础结构之间的传统区分（一为物质资料和物质需要，一为精神活动和文化产物）的心—身对立。我们在前面已经试图说明索绪尔的这场革命是和整个科学的中心内容的历史转向相一致的；这一转向使特定物体的可见的、有形的独立存在（动物的有机组织、化学元素的特点）似乎不再能够用来确定恰当的研究单位，并从此把确定方法或建立模式作为科学的首要任务，使基本的概念单位（原子、音位等）从一开始便确定下来，并用它们来组织材料。科学上的这种从感性认识到建立模式的逐渐过渡符合社会生活本身的一种转变，即进入垄断资本主义时期之后，第一产业和第二产业之间的区别已变得模糊不清；同样，满足基本需要的物品和通过广告来人为地刺激消费的奢侈品之间的区别也难以分清。

因此，心—身对立这时就转变为以意义为一方和以决定这一意义的无意义的物质基础为另一方的一种结构上的或者是概念上的区别。从此以后，本来是用来区分精神或文化现象和物质现象的外部分界线便成了内部分界线，说明任何现象自身都既包含上层建筑又包含基础结构，既包含人为的产物又包含自然的存在，既包含意义又包含原材料。到了这一步，上层建筑问题必定比列维-斯特劳斯想的要复杂得多。

2. 然而还有一层意思可以说明结构主义注定要和意识形态打交道，并不是因为它愿意这样做，而是出于一种内在的必然。因为我们一定还记得，索绪尔语言学的主要的思想武器就是符号这一概念，其独创性在于它从语言现象中分离出了三个，而不是两个成分。即不仅有词和它在现实世界中的指涉物，而且在每个词或符号内部还有能指（或音响形象）与所指（或概念）之间这一层关系。正如我们已经指出的那样，对这一关系的强调往往会忽视实物本身，即忽视“现实世界”中的指涉物。我们也曾把语言学这种宣布独立于纯语义问题的做法比作现象学中胡塞尔的存而不论的方法。正是这种语言学上的“悬置”（epoche）使得俄国形式主义者能够掀起一场颠倒主次的批评革命，使意义、世界观、作者的生活这一切从此都为作品本身得以形成而存在。

在结构主义中这一基本思想起到了加强事物自身内部本已存在的脱离实际的倾向和促使上层建筑与现实隔绝这样的作用。这不仅是我们从外部对结构主义所作的一个评价，而且也是它自身的一个矛盾，因为它的关于符号的概念不允许我们对它外面的现实世界进行任何研究，但同时又把所指说成是某件实际事物的概念，从而并不放弃存在着一个现实世界的观点。

对这一矛盾研究得最有成果的人反而是一个从正统的辩证唯物主义的立场来研究它的人，因此他的研究可以看成是列宁在《唯物主义和经验批判主义》一书中所阐述的观点与索绪尔的传统之间的一种调和。阿尔都塞的新颖之处在于颠倒了老的唯物主义认识论的观点，这种观点认为现实存在于“人的头脑之外”，符合现实就是真理，但这似乎又很难证实。不过在阿尔都塞看来，从某种意义上来说，我们实际上从来也不可能跳出自己的头脑。思想意识和真正的哲学思辨，或者是他所说的“理论的应用”都是在人的头脑这一封闭的密室内进行的。因此唯物主义观点是靠认定一切思维本质上都是唯心的这一点才能成立。的确，在某一个层次上，意识形态和理论之间的区别在于后者承认自己是唯心的（或者根本就是一种意念），而前者则总想冒充实际。但在另一个层次上，意识形态则似乎是决定我们的行动的方式、常规和信念所构成的支架，而理论则是一种完全不同的自觉的知识的产生。因此，即使在社会主义社会，意识形态仍有作用。[6]

因此有两类具体的现象：具体的现实和具体的思想。“在认识层次上产生一件具体的事物的过程完全是在理论应用的范围内进行的。当然，它也与现实中的具体事物有关，但这一具体的现实‘任何时候都是独立存在于人的头脑之外的’（马克思），是从来也不会和作为对它的认识的另一类‘具体事物’相等同的。”[7]因此，如果理解正确的话，理论也是一种生产：它以已经产生的实物（以前的理论或具体的思想）为原料。然后就像物质世界中的生产一样，把它们转变成新的东西。阿尔都塞的研究对象主要是科学史（包括马克思的发现）；在这一范围内，我们不难看出为什么他把知识的产生理解为基本上是对已有思想的加工：即把后者，也就是意识形态或者是不成熟的概念（他称之为通则Ⅰ）通过理论应用（通则Ⅱ）的作用转变为精确的科学知识（通则Ⅲ）。（下面我们将会看到当《泰凯尔》派把这种相当于产生“思想中的具体”产物的认识方法用于文学创作或者叫“文本的生产”中时将是什么样子。）

如果我们问在纯精神生产和物质世界之间能建立起什么联系的话，那么看来阿尔都塞有两种答案：一种站在思考对象一边，另一种站在思考者一边。第一种我们在下面还要详细谈，它给我们指出了思维和实际之间的中间物，即所谓的“问题结构”，或者叫问题的分层结构，它把外部的历史现实中的种种变更转移到在用头脑进行思考的理论家身上，因为它正是“历史给意识形态提出的客观问题”[8]。但是，从思考者的角度来说，只有把理论应用和政治应用区别开来才有可能对一个真实的，尽管是间接认识的世界产生作用。乌姆贝尔托·埃科曾指出阿尔都塞对这个问题的看法最终可追溯到斯宾诺莎身上。他说：“马克思主义哲学之所以能够对客观世界起作用，因为，归根结底，思想之间的规律和关系就是事物之间的规律和关系。”[9]不管怎么说，由于阿尔都塞认为我们只能间接地进入真实的历史时间，对他来说我们的活动就像是一种盲目的行动，一种远距离操纵；在这个过程中，我们最多也只能像在镜子里看自己的动作一样，从为适应外界情况的变化所产生的各种意识调整的角度往回看。

这一错综复杂的答案不管有什么优点，问题的基本性质现在已看得很清楚了。它本质上就是康德的自在之物不可知论的翻版。列维-斯特劳斯在谈到上层建筑的本质时有意用了康德的一个术语。他说："我们认为在应用和实践理性（pratiques）之间总夹着一个协调者，即能够使都不能独立存在的内容和形式成为两个结构的认识图式。……上层建筑的辩证法，和语言的辩证法一样，在于提出基本的组成成分，这些成分如果界定明确，就只能起到这一作用，即通过对他们一对一对地进行比较，以便用这些组成成分构成一个系统，这个系统最终将起到把思想和事实合成一体的作用，把它变成一个符号。"[10]

因此，就像康德的理论一样，这些思维活动与现实的分离促进了对思维本身的固定的结构，也就是人的头脑用以认识世界、使本无意义的东西获得意义的那些组织范畴和形式进行详细的研究。以结构主义不承认有自在之物，只承认按不同的结构组织起来的语言表述为理由就认为这个问题根本不值一提是不够的，因为这种看法只是把问题从康德那里转移到了他在德国客观唯心主义方面的继承人身上，而并没有解决它。不管怎样，实际上所有的结构主义者，包括列维-斯特劳斯及其对自然的认识、巴特①及

---

① 巴特（Roland Barthes，1915—1980），法国文艺理论家、符号学家、作家、社会学家。法国结构主义理论、符号学和"新批评派"的杰出代表，对西方结构主义和后结构主义的思潮的形成和发展产生过巨大影响。主要著作有《写作的零度》（1953）、《米舍莱自传》（1954）、《神话》（1957）、《符号学基础》（1964）、《服饰体系》（1967）、《S/Z》（1970）、《文本的愉悦》（1973）、《恋人的话语》（1977）等。

其对社会和思想问题的关心、阿尔都塞及其历史意识，都承认在符号系统本身之外本有一种最基本的存在；这种存在，不管它是否可被认识，都起着符号系统的最后参照物的作用。

毫无疑问，结构主义本身的基本特点也包含着其他可能的解决办法。其中之一认为，整个符号系统似乎和全部现实相对应，然而具体的成分在任何时候、任何地方却未必一一对应。按另一个更具实证主义性质的观点，也就是列维-斯特劳斯的观点以及上面归在阿尔都塞名下的斯宾诺莎式的解决方法，在思维的结构（最终还是大脑的结构）和外部世界的规律之间有一种“先天的和谐”。但是，目前只要指出这一认识论上的困境是结构主义框架的外缘或边界就足够了，本书的结尾部分还要涉及这个问题。

3. 不过在涉足具体的结构主义研究这一领域的时候，我们不妨继续使用符号这一概念及其各种阐述，作为一种进行探索的导图。的确，巴特已经在这一概念的基础上作了初步的分类，得出结构主义的三种基本类型，或者也可以称为符号学的三种主要形式，即象征型，主要涉及能指与所指之间的关系；聚合型，主要指出整个一类符号相互之间的相似之处；以及组合型，主要管某一特定的符号及其环境的相互作用和符号之间的相互作用。（这后两种类型分别和符号的隐喻和转喻这两种性质相对应。）[11]但是这一分类对我们想要讨论的问题来说是一种内部的分类，而且和符号学本身的要求似乎也联系得太紧。

总之，为了说明下面将谈到的问题，我们选择了一种粗线条的分类法。按照符号本身的内部结构，我们将区分三种不同的研究：主要探讨能指组织的研究，以所指为对象的研究，最后还有试图单独提出指意活动本身，开始在能指与所指之间建立初步关系的研究。

Ⅱ

> 只有一个能指与另一个能指之间的关系才能产生能指与所指之间的关系。
>
> ——拉康[12]

1. 结构主义的新意在于强调能指。它的第一步就是把能指和它所指的东西分开，作为自己的研究对象，因为有能指互相组织的地方才谈得上有结构。但也就在这一点上，提出了符号学作为一门科学的范围问题：到底是像索绪尔认为的那样，把语言学视为一种更广的符号和符号系统的科学的一个分支，还是像巴特后来认为的那样[13]，把符号学本身看成是语言学的一个分支呢？众所周知，结构主义主要的研究对象通常是非语言的符号系统，最著名的例子就是列维-斯特劳斯关于亲属关系的理论。这一理论提出："婚配规则和亲属系统都被视为一种语言，即一套用以确保个人之间和群体之间特定交际形式的法则。尽管这里的'信息'是由在氏族、王朝或家庭之间流通的特定群体的妇女构成的（而不是像语言中那样由流通于个人之间的特定群体的语词构成的），但这一点并不影响这两种情况中这一现象基本相同之处。"[14]因此，在这一非语言的符号系统的例子中，突出了语言的模式；不过，即使在关系较远的现象中，例如在巴特对服装式样的复杂的剖析中或在列维-斯特劳斯把各种不同风格的烹饪分解为由熟的、生的和烂的构成的一系列对立的"烹饪三角"（一个本身又可以重新组合成各种不同的二元体的三元体）中，似乎也都突出语言，把它作为一个模式或一种中介。当我们谈到所指本身的情况时还会涉及这个问题，目前只要提一提巴特的疑虑也许就可以了。他问道："有没有不需要用语言来表达就可以存在的由各种事物组成的不同规模的系统？言语不正是一切指意过程必然的传递者吗?"[15]

因此我们这里的例子将局限于那些本质上就是语言的符号系统，即神话和文学。但是这里有必要回顾一下，首先由索绪尔提出的，结果产生了两类，或者说是两个层次上的，语言分析的一对方法：一个是语音层次的分析方法，它以词为单位，以构成意义的最小单位音素为材料，当音素分散孤立时便没有任何可理解的意义；另一个是在句子或符号组合这一层次上进行的组合和聚合分析。

2. 列维-斯特劳斯对神话的分析特别像是在我们所说的语音层次或微观层次上进行的分析，因为在他看来，神话与其说是句子还不如说是单独的一个符号。[16]因此，神话的各个成分，如巫师、虎豹、蛇蝎、茅屋、妻妾、花草等，本身都不是有意义的单位，不像单独的词，而像单独的音位。它们自身不具有内在的价值。列维-斯特劳斯和普洛普一样，认为以这些神话成分为基础得出的任何分类方法都是白费力气，并且容易引起误解。不过普洛普由于没有超出他自己的文化材料的范围，尚能得出一个基本的公式或结构，无须一直深入到神话思维本身的基本机制中去，而这些机制对列维-斯特劳斯来说，本质上就是类似音系学中的各种双项对立。

由此可见，双项对立首先是启发式的，是一种分析手段. 神话的阐释就建立在这种分析方法的基础之上。当我们面对一大堆已经熟视无睹，甚至是麻木不仁的，看上去似乎大同小异的材料时，我们也不禁会把这种分析方法当作一种促使我们的目光更加敏锐的技巧，一种迫使我们自己用连声音还分不清的全新的语言去观察差异和同一的方法。这是一种译码的手段，或者也可以说是一种语言学习的技巧。同时这种方法必须有大量原材料或资料，因为按照交际理论的一条基本原理，某一信息的交流成败与其所含的重复量成正比。因此，列维-斯特劳斯在他的分析中，总是把某一神话所有可以找到的不同变体全部考虑进去，而不去确定其中哪一种从历史的角度来说最早或最可信。

《神话》这一系列著述大量介绍了南北美洲的印第安神话。但是列维-斯特劳斯在此的目的主要不是分析任何个别的神话，而是研究那些使神话的结构得以重新组合，或者使它以不同的变体表现出来的转换机制，这些转换机制最后构成一个由相关结构组成的大群体，而这些相关结构又很像生物王国中的一个个亚种。无疑，这种对个别的言语的消释，对系统本身的强调从一开始就隐含在结构主义中了。

这里，我们也能够清楚地看到列维-斯特劳斯的阐释技巧和弗洛伊德在《释梦》一书中所提出的技巧的相似之处。它们在分析和解释各自的“文本”中的具体成分时所采用的方式都非常强调背景情况。弗洛伊德认为梦是一种言语，只有把它放在梦者的过去和现在，也就是他个人的历史上所发生过的事情和他的生活经历中的偶然联想，所构成的独特的和私人的语言这个背景下才能被理解。同样，列维-斯特劳斯也认为一个神话的某个特定的成分的意义总是和有关的那个部落的独特的社会和地理情况，如它的分类规则、它的历史上的偶然事件（如果能了解其历史的话）以及气候、社会组织等紧密联系在一起的。对于这两种阐释方式来说，“象征”就是一个有很大任意性的符号，这个符号如果保持当初产生它时所特有的推理和抽象的推测的话，倒还是容易理解的；但是现在它成了一种速记符号，已失去推理和抽象推测能力，就只能孤零零地存在了。因此，在特定的情况下，虎豹可以被认为用于表现火的主题，甚至用于体现火的起源，因为虎豹食肉，而肉又必须用火烧过才能吃；因此它被认为掌握了火的秘密。同时，现在掌握火的显然是人，而不再是虎豹，所以必须有一个（以叙事为形式的）解释来说明为什么给人带来火的虎豹自己却失去了它。[17]因此虎豹这一形象是整个被掩盖的或无意识的演绎推理的一种图式表现。这个例子也可以用于说明这两种依靠背景情况的阐释方法都很难直接搬用到文学阐释中去，因为在文学中（像由病人或由提供资料的本地人提供的）那种外部情况不是通过同样的途径获得的。

现在当我们从对神话的原材料或有联系的一组组事物的研究转向对单个的神话的分析时，我们发现双项对立起着更加严格的形式上的作用，它既是基本的结构，又是展现这个结构的方法。列维-斯特劳斯在他那个后来成为经典的对俄狄浦斯神话所作的分析中[18]，首先把各种组成成分分类整理成各有特点的对立的组合。例如，和“过分强调血缘关系”的例子（不仅指乱伦，也指安提戈涅①违反禁令埋葬其哥哥的尸体）相对的是一系列反映所谓“忽视”这样一层关系的例子，如弑父、兄弟相斗等。于是，这两组事物构成一个基本的双项对立；这里我们也必须指出，正是因为有了由对立构成结构这样一个概念，我们才能够试着去证实这些情节的类别和组合情况。假如这些都是任意选定的，比如这个例子中随便决定以丧葬这个概念为一组，那么就无法在这些情节中找到它的对立面。因此，这里体现了一种深刻的强调相互性的思想；决定类别的首先是对立或差异，而不是像一般的分类法那样，由两件或更多的事物之间的相似或同一的地方来决定是

① 《安提戈涅》（约公元前 441 年上演），古希腊悲剧作家索福克勒斯根据古希腊神话所作悲剧，描写底比斯王俄狄浦斯之女安提戈涅违抗新王克瑞翁之禁令，按古希腊习俗埋葬了在为争夺王位而兄弟互相残杀中阵亡的哥哥波吕涅克斯，因而被囚禁在墓穴，继而自缢身亡的故事。

否可以构成一个类别。

在俄狄浦斯神话中，和上面谈到的这对对立相对的是另一对对立；它的构成更能说明问题，因为通过后面这对对立，我们希望归纳出这个神话中其他一些不好分类的成分，其中有俄狄浦斯的名字（跛足）及其先辈们相类似的名字，还有斯芬克斯、卡德摩斯[①]等等。我先把答案告诉大家，然后再说明过程。在这些成分中，我们将看到人类战胜妖魔鬼怪（卡德摩斯屠龙、俄狄浦斯战胜斯芬克斯）和人类在魔力下部分处于残废的状态之间的对立。我们可以把这一对立大致说成是地生说，即人是大地生出来的，依附于大自然和人从大地或自然力量中解放出来之间的对立。因此，就血缘关系这些主题而言，这一神话主要说明两种有关人的起源的观点之间的区别。一种是植物型的，认为人是从地里长出来的，或者说人是以大地为本原的；另一种则认为人是父母的结合生出来的，这后一种观点主要用来否定前一种。我在这里想强调的是得出或者组成这对对立（我还不能把它当作一种解释）远不如得出第一对那样轻松，因为前面一对的内容（各种家庭关系）是显而易见的。然而在这里，我们却是从具体的细节开始，通过一层又一层的概括慢慢往上去，直至某一抽象的高度，足以使怪异这一概念与畸形这一概念等量齐观，因为两者毕竟同属非正常这一总的概念。从这一点，我们也许能最清楚地看到双项对立这一思想怎样通过我们刚才所描述的范围越来越大的概括从杂乱的材料中理出秩序。

这个神话的意义就在这两对对立的交叉点上，就在它们之间后来被列维-斯特劳斯称为矛盾的那个对立的平方上。我们暂时

---

① 卡德摩斯（Cadmus），古希腊神话中的英雄，腓尼基国王之子，底比斯城的缔造者。

不去考虑这个意义，放到本章稍后部分再谈，因为一谈意义实际上就是在对这个神话进行解释了。目前，我们只想指出这位神话学家自己的认识方法或启发方法是如何与神话思维本身的认识和启发方法一致起来的。在这些对立中，并通过它们（也就是他分离出这个神话的结构的方法），列维-斯特劳斯看到了原始的神话创造者所有的一种科学前思维，一种对更为笼统的范畴的思考，对血缘关系、自然和地生等问题的思考。神话就是原始人思考这些问题的方式之一，而且在神话中理性层次（即统辖这些对立的范畴）和感性或具体的层次结合成为一种象形文字般的或者是像画谜一样的语言，和文明人经验中的梦或者是儿童的幻想相似。

因此在列维-斯特劳斯看来，神话从某种意义上来说和起初的叙事正好相反。这一点也许从被糟蹋的神话蜕化为被他比作编年史或原始小说的故事形式这一情况中看得最清楚了。[19]在这些形式中，神话不再取消时间性和确立间断性，不再把切身的体验仅仅作为构建一套法则所需的象征成分的来源，反而让人注意时间和连续性，从一个结构变成主要人物对结构（意义）的寻求，于是产生了小说这一形式，对这种形式来说，“小说的主人公就是小说本身”。

但是最早的神话在更大程度上不是叙述（或构成一个名字）而是传达（作用像单个的符号）一个信息或价值系统。因此，神话作为潜在的概念范畴的一种复杂的结构，最后不是在更为成熟发达和历史的（或有时间意识的）社会的叙事中，而是在一种原始形态的科学中实现自己。列维-斯特劳斯曾用“原始心智”一语来概括这种原始形态的科学（“心智”一词用得很妙，既指野花，也指思维在其自然环境中滋蔓），它的基本特点在于其分类方法和我们的方法迥然不同，它们依据的是具体的感性认识和基本特征，而不是西方科学那种可以用数量表示的理性认识。

这种原始科学的发展可以用神话内部不断升级的概括所形成的一个个结构来衡量："为了构建这一关于烹饪的各种神话的系统，我们不得不用一些多少都是从感性特点得出的词之间的对立，如生的和熟的、新鲜的和腐烂的等。现在我们看到我们的分析的第二步中仍然有成对的对立项，但性质已不同，因为它们涉及更多的不是性质方面的问题而是形式上的问题，如空的和满的、盛器和内容、内部和外部、包含和排除等。"因此神话从本质上来说是认识论，而不是存在论方面的问题；对神话的分析表明，"神话所利用的差异更多的不在事物本身而在一组共性之中，这些共性的东西可以用几何方式表示，而且都可以通过已经是代数的各种变化方式互相转化"。因此神话思维可以说是一种不自觉的哲学思维；或者，反过来，我们可以从古希腊哲学的诞生中看到"神话思维超越自己并不再拘泥于与具体经验相联系的形象，而是去构想一整套摆脱了这种束缚的概念，这些概念的相互关系现在可以自由地界定自己了"[20]。

我们不禁要问，这种观点到底是隐伏在原始人的思想中的呢，还是在这位神话学家自己的思想中？因为他发现自己用来进行思维的范畴以有形的和可感知的形式反过来否定他自己了。不过我们暂时只谈双项对立这一概念本身。把它看成是一种静止的辩证法，是一个多面概念在一个平面世界中的投射也不算离题太远。双项对立就其是动态的这一点，就其涉及区别审视这一点而言是辩证的；但当它僵化为所有结构的一种静止的、在很大程度上沦为实证主义的成分之后就变成分析性的了，它也就成了一种加法，把各种对立累计在一起。我们可以用另一种方式来说明这一切，即双项对立的两个对立面都是肯定的、都是实在物、都是肉眼能见到的，而构成真正的辩证对立的两面中有一面是否定的、是不存在的。因此，当列维-斯特劳斯在把作为一种实在物的神话和通过证明自己不是神话来界定神话的叙事，如小说，进行比较时，他已接近真正的辩证思想。辩证对立的双方中的一方总是在作品之外；针对历史而言，它是作品的另一面，是它的表面或他性。这一超越与之相关的个别现象的运动和辩证思维的自我意识是一致的，和客观的科学思维把自己的对象假设为实体的做法很不一样。从这个意义上来说，列维-斯特劳斯对原始文化和神话的怀恋不过是他的方法反映出来的形式上的变形；我要补充的是苏联的符号学由于明确把双项对立看成为在场和不在场的辩证关系，所以不会有这种矛盾。

3. 现在我们要从对符号系统的微观分析中，从双项对立的结构中走出来，进入对较大句法的分析。这里的问题是要设计一整套范畴或成分（如双项对立），使句法的各个以经验为根据的范畴可以用它们表现出来。任何层次上的符号——陈述基本上与语言的修辞手段是相同的，这一点，本身是没有什么问题的。下面雅克·拉康把弗洛伊德的理论范畴用于修辞范畴，这也许可以作为一个很有力的例证：

> 再回顾一下弗洛伊德在《释梦》中所作的研究，你就会想起梦有着像句子一样的结构，或者用该书中的话来说，像画谜一样的结构。这就是说它的结构像一种写作形式，小孩的梦就是这种写作形式最初的表意文字式的显现；到了成年时期，这种形式又重现指意成分在声音和象征两方面同时运用；这种现象在古埃及的象形文字和现在仍在中国使用的汉字中都能找到。
>
> 不过这个也只是对手段的解析而已。重要的部分始于解释文本，弗洛伊德告诉我们，这个重要部分就在［用语言］对梦进行的解释中，或者说，就在其修辞手段中。省略和烦

> 冗、倒置或兼并、退行、重复、并列——这些都是句法上的移置；隐喻、误用、换名、讽喻、转喻和提喻——这些都是语义上的凝缩，弗洛伊德教我们用它们来分析主体从中构成其梦境的各种意图；虚饰的或实指的、拐弯抹角的或直截了当的、报复性的或勾引性的。[21]

（这种用语言学的理论来解释弗洛伊德的关于梦的机制的做法后来当阿尔都塞把它用于解释历史事件时就加倍突出了；这些历史事件从因果关系上来说被认为是弗洛伊德的学说中所说的过度决定，构成各种移置作用——从一种结构转向另一种结构——和凝缩作用——当革命来到时，历史结构中一直是分散的各个部分这时便带上浓厚的政治色彩并互相一致起来——这时政治革命本身就被看成是像叙事一样的东西，或者是基础结构中那些最终要“表现自己”的那些深刻矛盾的反映。）

然而这一等同尽管使弗洛伊德的理论能当作一种阐释方法来用，但此时也只是使解释成为可能而已，是根据经验把某个非语言的符号归入这个或那个修辞范畴。但是除非能证明所有各种语言或修辞手段都源于某一个功能，在此之前，这种等同并没有真正的用处。拉康在罗曼·雅可布森那个影响深远的关于隐喻和转喻相对立的理论中就发现有这种统一[22]，这一对立指出了共时存在方式（迭加、共存、聚合）和历时模式（接续、组合）之间一种普遍的对立。拉康式的分析就是试图用这两种基本的语言功能来解释心理活动，把症状的起因解释为隐喻（因为它用一个能指代替另一个），并把欲望的起因解释为转喻。（“是能指和能指的联系产生了这个空当，使能指得以通过它，并靠着指意功能的‘回指’力使事物关系中出现空缺，以便填入准备填补这种关系所造成的空缺的欲望。”）[23]

但是，即使这一基本对立也成了凭经验得出的东西，只能起分类作用，除非能把它统摄于某个单独的、更为重要的功能之下（换句话说，除非能够证明究竟为什么所有的修辞格都逃不出这两个最基本的手段）。我认为这一对立的统一应该到两者各自与言语有关的共同点中去找，特别要考虑语言与实际不相符这一点，也就是语言永远无法真正表示任何事物，只能表示关系（索绪尔语言学）或干脆是空白（马拉美）。因此语言就不得不靠拐弯抹角，靠冒名顶替；本身就是一种替代物的语言必须用别的东西来取代那个空心的内容，它的办法要么指出内容像什么（隐喻），要么描述它周围的情况及其空白的外缘是什么样子，列出四周与它相邻的东西（转喻）。因此，语言就其本质而言，不是类推的就是拜物的；用弗雷泽①（在描述原始巫术的各种形式中同样的普遍对立时）的话来说，语言的运用不是顺势的就是传染的。[24]把这两个比喻还原到它们的最初状态这一点和拉康的关于基本缺失的理论十分吻合，并且还提出一些意想不到的办法来解决各种老难题。因此，像最近由皮卡尔②对巴特的攻击[25]重新挑起的关于传统的与现代的文学研究方法之间的关系这一棘手的问题便可以用这样一种假设来解释，即内在文学批评方法是隐喻的，因为它试图用对作品的结构的描述，用一种与作品相似的新的“元语言”来取代作品，而老的文学史方法则本质上是转喻的，因为它总想唤起围绕那个不可能再复现的创作时刻的具体环境、各种影响以及历史时期，以期使这些不复存在的东西魔术般

① 弗雷泽（James Frazer，1854—1941），英国文化人类学家、民俗学家，专门从事人类思想文化的发展研究。代表作《金枝》12卷（1911—1915）详尽地描述了原始宗教、巫术到科学的发展过程，对神话批评的形成起了重要作用。

② 皮卡尔（Raymond Picard），法国文学批评家。主要作品有与巴特进行论争的《新批评抑或新骗局?》（1965）。

地短暂重现。

但说到底，隐喻和转喻这两个概念是不能分割的，不能在我们眼前不断地变来变去。作为一种最基本的双项对立，它们最多不过是作为索绪尔语言学的发端的“同一”与“差异”这一基本的辩证关系的基础。

4. 对能指的构成在句法层次上最详尽的分析要数 A. J. 格雷马斯和巴特、克劳德·布雷蒙①和茨维坦·托多洛夫②等批评家一起进行的叫做“情节语法”的分析。这种分析与乔姆斯基的生成语法大抵相同，它提出将文本的各个表面的叙事层次约简为格雷马斯称之为“行动单位模式”的深层结构。正如格雷马斯所说，这个深层的“行动单位模式”本质上是一种“句法结构的延伸”[26]，而且可以被认为是包含了一种语法的双重隐喻。在这种语法中，那些老的范畴（主语、谓语、宾语）在种类繁多的话语这一舞台上又重新担任起某种重要的角色，他说：“如果我们还记得在传统句法中，所谓功能指的不过是单词扮演的角色——如主语是‘执行动作的人’宾语是‘承受这个动作的人’等等——那么根据这种观点，整个论点便成了会说话的人自己让自己观赏的一幅图景。”[27]因为对格雷马斯来说，各种话语，无论是哲学的还是文学的，说理的还是动情的，所共有的正是这一基本的“戏剧”结构。他说：“这幅图景的特点就在于它是永远不变的：行动的内容总是在变，行动者也在变，但叙述图景却永远是一样的，因为其永久性是由那些基本角色的固定的分工决定的。”[28]

---

① 布雷蒙（Claude Bremond），法国结构主义叙事学家。主要著作为《叙事的逻辑》（1973）。

② 托多洛夫（Tzvetan Todorov，1939—），法国结构主义文学理论家、叙事学家，原籍保加利亚。主要著作有《〈十日谈〉的语法》（1969）、《文学与意义》（1967）等。

正是为了把叙述图景的表面内容（它涉及一般的叙事中的人物，同样也可以涉及哲学概念或抽象事物）和这一深层的基本结构加以区别，格雷马斯才提出行动单位这一概念，它既可以被理解为一种功能（如执行某类行动的可能性），也可以被理解为一种性质（如赋予某些特性）。这一区分能使我们立刻用一种不同的方式来阅读作品文本，并看到表面现象之下有更为重要的机制在起作用。因此，举例来说，某一叙事作品中的某个人物或行动者有可能实际上包含两个不同的、相对独立的行动单位，或者说故事情节中的两个行动者，两种独立的人物性格和两个不同的人物不过是在两种情况中结构一致的某一行动单位的两种交替的体现而已。

格雷马斯把行动单位可能起的作用初步分为以下几种：一是用作主语或宾语，在这种情况下，叙述图景的基本内容是渴求获得某物；二是用作授予者或收受者，在这种情况下，基本内容则以一种交流为其形式；最后是用作行动中的帮手（adjuvant）或对手（opposant）。这后面的两个作用可以看成是情态的或辅助的，它们所起的句法作用和单独的句子中诸如“费尽九牛二虎之力”或“不费吹灰之力”这类表达法非常相似。

在这个问题上，似乎用谈过程的语言比用谈本质的语言，把“行动单位的约简”说成对作品文本进行的一种操作比把“行动单位模式”说成一种静止的结构更能说明问题。这种约简从语言学中借用了交换或者叫系统变化的基本技巧；根据这一技巧，分析者有条不紊地用一个又一个可供选择的可能性去取代作品中的各个成分，直到他最后得出一组再也不会变化的功能。因此，假如表层叙述的具体内容是死者用他自己的领带勒死的话，那么我们可以用一系列的不同情况来代替它（如吊死、刺死或用枪打死），而这些情况本身又构成伤害（如监禁、掠夺、杀戮、强奸）

这一更大范畴的具体内容。托多洛夫还特别提出了一系列可供参考的方法，说明表层叙述经常用这些方法构成某一基本语言功能语法意义上的一种语气。因此，在《十日谈》中，热恋激情可以看作为祈愿交媾的动词，而清心寡欲则可被认为是表示这一祈愿的反面的动词；此外，条件式经常表现为神话故事或中世纪传奇故事中常见的那些艰巨的使命，而虚拟式的伤害则可能表现为一个赤裸裸的威胁，等等。[29]

在此我们必须强调一下我们已经看到在形式主义中一个相似的情况下也起作用的倾向，而且我们必须把这个倾向理解为这种方法在结构上固有的一个缺陷。这就是把历时发展的事情转变为共时的范畴，用静止的概念代替生动的事情，用生造的新词语代替动词。格雷马斯本人也曾提到过这种倾向，说它犹如笼罩在语言分析之上的一团妖雾，“使我们一张口谈关系时，就把各种关系像施了妖术一样，立刻变成独立的实词，或者说变成一些我们必须提出新的关系才能否定其意义的词项，等等。结果，凡是我们能够想到的用来谈论意义的元语言到头来不仅是一种指意的语言，而且还是一种用来表示实际存在的语言，把所有的意向活动凝固为一套表示概念的术语”[30]。

在我看来，正是这个原因使得把行动单位的约简纯粹用于分类这一点（即根据这些用法中占主要地位的不同的抽象范畴来区分叙事种类的用法）不那么尽如人意。实际上，格雷马斯的模式，和生成语法一样，暗含一种分析和综合的双重活动，并构成萨特在有关另一问题上所说的一种既进又退的方法。因此，只有当分析者在摆脱了基本的深层结构之后，能够回过头来从中得出不单单是原来的文本，而且还有连这个范本也不得不受其影响的所有其他的变体时，这一模式才能说是完全用上了。结构主义者称之为**联结**的正是这种能够孳生的机制。因此，最为理想的是这种分析事先有大量的文本。

不用说，在某一特定的文本中，行动单位的约简可以起一种双重作用：横向的是，把非常分散的，像中世纪传奇这样又长情节又曲折的片断组织起来，并最好表明故事结尾时某件特别离奇的事情不过是故事开头时某件较为明显的事情在结构上的一种重复或颠倒；纵向的是，表明在语篇的各个层次上有同一种机制在起作用，有的地方表现为行动，有的地方表现为一个形象，还有的地方则表现为一种心理活动或一种文体风格。我们在后面将会看到格雷马斯给意义的这一基本核心又提出了一种不同的机制，这种机制抛弃了现在这个模式中与戏剧所做的比较。

要像格雷马斯本人在研究有关一个小男孩希望了解什么是害怕[31]这样一个故事在立陶宛流传的那种变体时所做的那样全面说明叙事联结或产生故事的机制，需要界定这个机制基本的结构范围，或围墙（clôture）。这些范围可以用内部或外部两种方法加以说明。从内部来说，这个结构范围就是有关这个模式中固有的全部交换和结合的总数；而外部的范围则要由历史来定。历史预先选好一定数量的能起结构作用的可能性，并加以实现，但同时排除另一些可能性，认为它们在某个特定地区的社会和文化气候中是不可能存在的。因此，在信奉罗马天主教的立陶宛，这个故事绝对不可能有这样一种合乎逻辑的变体，即其中父亲的身份和上帝的身份这两个功能合一于一个行动者或人物身上，因为神甫做父亲是不可想象的，所以只能用一些较为复杂的办法来代替，如让兄长当神甫，要不就是让父亲把儿子托付给一个正好是神甫的人代养。

现在我们可以提出用这种模式来研究某一个作家的全部作品（这就是莱奥·施皮策和让-皮埃尔·理查德的旧式的文体学的用

武之地，格雷马斯在他的关于贝尔纳诺①的著述中给了我们一个这种文体学的例子)[32]，也可以用来研究文学史上某一个文体风格统一的时期的不同作品（这种情况下，这些材料就有一个艺术史家要解决的如何划分时代的问题，还涉及到与吕西安·戈德曼这个名字相联系的那些同源体)。

情节的语法这一概念说明在文学中，就像在思想史中一样，我们可以用某一特定的模式（或者叫基本的情节范式）来看待整个一代或一个时期的作品；然后这个模式便发生变化，并以尽可能多的方式表达出来，直到它筋疲力尽的时候被新的模式所取代。这一概念有利于把新奇和创新这样的观念（我们已经看到形式主义者把这些视为文学创作中十分重要的动力）建立在文学作品的结构之上，而不是其作者的心理活动之上。

巴特那个不合常理的倒置把历时性区别于真正的历史（使它有点像是非常稳定的、处于时限中的共时性)，其意义也就在这里。在谈到“新小说”和它所取代的卷入文学的关系时，巴特说：“依我看，我更倾向于把两者之间的交替看成是时装中最为典型的那种纯形式的花样翻新：一种言语筋疲力尽之后就转向它的反面；这里差异是动力，但不是历史的动力，而是历时的动力。只有当这些小节奏失调时，当这种不同的形式演变意外地被一整套历史功能阻挠时，历史本身才进行干预。需要解释的是持久的东西，而不是‘轮转’的东西。我们不妨用一个比喻作为例子来说明这一点，我们可以说亚历山大格式的诗歌的（稳定的）历史比三音步诗的（短暂的）风尚更重要。形式越持久，它们就越接近那种可在历史中被理解的状态；在我看来，这才是今天一

① 贝尔纳诺（Georges Bernanos，1888—1948)，法国作家，虔诚教徒，主要小说《在撒旦的阳光照耀下》(1926)、《罪行》(1935)、《一个乡村教士的日记》(1936) 都贯穿着善与恶的斗争这一主题。此外，他还著有多部小说和大量政论文章。

切批评的对象。”[33]

当然，这就是说结构主义者认为实物或表面现象的历史这种观念已经被模式的历史这一观念所取代。过一会儿我们还要回过头来谈这一看法。

5. 在前面几节中，我们已经看到对能指从结构上进行分析有两种方式（我们曾把它们分别称为语音的方式和句法的方式）。结构这个词用得最恰当的地方正是这一方面；同时，拉康的精神分析中称为“象征阶段”的也就是这个方面。这个概念在促使我们过高估计能指的重要性这一点上起过很大的影响，本节将专门讨论这个问题。

拉康认为象征阶段就是儿童在逐步学会语言时从一种生物学上的无名状态中脱离出来后所进入的阶段。它是非个人的，或者说是超个人的，但又是使自我意识得以形成的东西。因此，正如我们马上就会看到的那样，意识、个性、主体等都是由更大的语言结构或象征结构决定的，后来才出现的现象。拉康选择了爱伦·坡的《被窃的信》这个故事的回旋式的情节作为说明这一情况的例子。在这个故事的情节中，同一件事就像犯了重复强迫症一样出现两次，每一次中人物所处的位置都不同。故事的核心就是那封信，它象征着总的被中止或被延迟的交际，也可以说它象征着能指的独立性；这能指我行我素，无视赋予它的新意义和让它起的新作用，好像这个世界上一件自由漂浮的东西，凡有新的意义，就被它吸收进去。这封信被女王藏在最为明显的地方，即国王面前的一张桌子，它先被厚颜无耻的大臣偷走，接着杜宾（Dupin）又从大臣那里把信从大臣所藏的最为明显的地方偷走。这样大臣本人就成了他所处的、与基本的语言回路有关的处境的一种功能。他，还有其他的人物，都没有自己的实质性的性格，没有本质的存在；相反，他们的存在来自他们在语言情况或象征阶段中所处的位置。[34]

不过，是列维-斯特劳斯用能指相对于所指来说更为重要这一理论重新阐述了这个过程。只有在这个时候我们才能看到本来只是一种方法的东西（把能指孤立起来以便进行结构分析）如何慢慢变成几乎是一种形而上的关于能指更为重要的前提，这也就是他在谈到萨满教①时首次提出来的所谓“能指的过剩”这一概念的意思。列维-斯特劳斯认为萨满教能“治好”病是因这萨满教的巫师在他的宗教仪式中和神话的符号系统中提出了一个空的由纯能指组成的体系，使得病人的那种捉摸不定的、未曾表达的而且也是不可表达的感受能够突然表达出来，得到宣泄。这就是他所说的“象征性的效验”，他说：“这种治疗就在于把一种一开始只是调动情绪的情况变得可供思考，把肉体不愿忍受的痛苦在精神上变得可以接受。”[35]但是，必须指出的是这一分析涉及的不是我们正在谈的这一思想的内容，而是其形式。病人的思想得到放松，并不是因为萨满教巫师提出了什么特别令人满意的妙谛。相反，其所以会出现这种情况首先是因为有了一个使思想（而不是无言的病痛）得以表达出来的空的符号系统。

“能指的过剩”这一概念意义远远超出了萨满教的范围（尽管列维-斯特劳斯通过把它和精神分析这种现代“萨满教”进行比较之后已经有意扩大了它的范围），这些意义涉及到我们与将会遇到的一切新的符号系统的关系。列维-斯特劳斯说：“只有象征功能的历史才能使我们正确对待人的这种思想状况，这就是说世界永远不可能充分表示它的意义，我们的思想总是给那些它能够附加意义的东西安排太多的意义。”[36]从此以后，思想活动本身

---

① 萨满教（shamanism），流行于亚洲和美洲北部一些部族中的一种原始宗教。萨满巫师靠巫术为人驱邪治病、预言未来。

成了一个形式问题。例如，我们把结构主义作为一个自成一体的体系来研究时，更多的不是去验证一些理论和假说，而是去学习一种新的语言。这个语言中到底有多少东西要学要看我们在对它进行研究的过程中能够从老的术语中把多少东西搬到新的术语中去。同时，这也是为什么这样一种新的体系能够产生智能大爆炸的原因，为什么可以用它来确定我们所说的思潮这样一种概念。遗憾的是释放出来的这种智能只有一小部分变成新的理论，大部分的工作仅仅是不知疲倦地把老的术语全部转变为新的术语，不停地使已经麻木的知觉和思维习惯通过强迫使用新的、不熟悉的思维方式，通过全面应用新的思维范式得到恢复和更新。[37]当出现新发现时，我认为这是新模式使那些老的术语所遗忘或被认为是想当然的现实部分得到放大并重新成为焦点的结果。不过，这种发现也只能算作一种转变而已。

“能指的过剩”这一概念也可以用来解释文学本身的功能在起变化这一问题。大家都很清楚，即使到了 19 世纪，作家仍被看成是一种特殊产品的提供者。根据这种看法，如果说狄更斯有什么“风格”的话，也不过是一种包装形式，一种套式，是对狄更斯根据自己应发挥的社会作用所提供的那些以小说为形式的产品的一种令人讨厌的或令人愉快的“补充”。可是今天，小说家提供的显然就是“风格”本身，或者是“世界”，或者是世界观。小说家慢慢地开始放弃让这些东西通过一系列互不相干的作品自然形成的做法，而试图在单独一部无法再称为名副其实的“小说”的巨著中一下子把它们体现出来。因此，如果我们认识到小说家是在精心构建一个符号系统，一个我们从历时角度来理解的共时总体，那么风格也好，世界观也好，或者别的什么概念中的矛盾显然都迎刃而解了。正如小说家本人在认识到自己无意识地制造了一个模式或符号系统，并且有意识地决定这样做下去的时候，他的活动势必改变方向一样，读者的活动也不再是通常所说的小说的消费者那种活动，而变得像一连串宗教信仰的改变。阅读过程现在必须包括学习一种新的符号系统；我们再也不能说自己在读一部比如说是D. H. 劳伦斯的小说，而应该说是通过这部小说去了解劳伦斯的整个体系；另外，我们也不是把这部小说作为真实世界的表现来评价它的好坏的，而是作为一种能指的过剩，使我们能够把真实世界和真实经验中杂乱无章的东西重新组织成一个新的由各种关系构成的系统。这一组织和萨满教巫师的治疗同样有效，起着几乎是一样的作用。（下面当我们来研究《泰凯尔》杂志周围那些人的目的时便会看到这种把文学视为构建模式的观点并非结构主义的唯一的观点。）

思想活动如果最终不是跟实物或实际的指涉物相联系，而是和调整所指以适应能指相联系的话（索绪尔提出的符号这一概念本身就暗含了这一倾向），那么“真理”的传统观念就变得过时了。巴特毫不犹豫地提出用“以内部统一性”为证据这一想法来取代它。他说：“如果说整个修辞所指不过是一个构建物的话，那么这个构建物必须是统一的；这个修辞所指的内部或然性和这一统一性是成正比的。在明确论证或实际试验这样一些很高的要求面前，内部统一性这个概念看来是一种令人失望的‘证据’，尽管如此，我们即使不给它以科学的地位，也越来越倾向于给它一种实用的地位。现代批评中有一种试图用寻找主题的方法重建创作时的境界（这种方法适用于内在分析），而在语言学中，证明一个系统的实际存在的是它的统一性（而不是它的‘用处’）。在无意从历史上低估二者在现代世界的生活中具有的实际意义的情况下，对它们的‘效果’进行分析远非要排除马克思主义或心理分析的理论，因为这两种理论的‘或然性’绝大部分也来自其系统的统一性。”[38]我们应当注意巴特在谈“统一性”时，他似乎也想到了与之有关符号系统的范围和复杂性，即它吸收尽可能多的所指的能力及它作为一个系统应有的内部一致性。不管怎么说，这是一种和我们将在本书结尾部分谈到的格雷马斯把真理作为一种译码的观点不太一样的标准。

突出能指这种观点（我们已经看到它是一种形而上的预设）在结构主义关于模式的理论中得到了理论上的实现。我们下面很快就会看到。如果主体是一个与人无关的系统或者是语言结构的一个功能的话，那么这个主体提出的各种自觉的问题和哲学上的答案也都因此而贬值。特别要指出的是结构主义意味着彻底否定笛卡尔和萨特的我思的各种意义。

然而，结构主义却并不因此就回到正统的唯物论所固有的彻底贬低自觉意识的立场，因为对正统的唯物论来说，精神不过是物质的产物。在建立新的结构主义模式论方面，阿尔都塞的作用比任何人都重要。他的理论的新意主要在于他把基础结构和上层建筑这一对立又置于思维这一封闭的领域，也就是上层建筑之中，如果真像我们前面所看到的那样，不同的哲学思想不过是以一个特定的范式或模式为基础的有规律的变化的话，那么重要的就不是每一种思想本身（好比大上层建筑中的一种上层建筑），而是这个模式的认识极限，这个模式于是成了思维的基础，成了“理论实践”的基础，成为思想史的基础结构。阿尔都塞把这种实际存在的模式或观念的基础结构称为 problématique 或问题结构，它能“决定”在其范围内进行的思维活动，因为它可以说就是思维、思维给自己提出的各种认识问题及其解决办法的极限。这也就是我们前面在一个不太一样的情况中所看到的所谓“围墙”，或者叫决定一代人的思想的那个模式或范式所固有的认识上限，意思是这一代人会整个置身于一个特定的问题结构中，而且这个问题结构与历史情况是一致的。这样，真正的历史变革便在更大的程度上被认为是一种新的问题结构突然取代老的问题结构，而不是发展，因为有了模式之后，脑力劳动不外乎应用它或研究它。因此，正是通过问题结构所起的调节作用（特别是在问题结构转变的这种时刻；阿尔都塞按照巴什拉尔①的提法也把这种转变时刻叫做“认识论上的断层”），上层建筑领域才能感觉到外面的真实历史的世界中发生的地质变化。这种历史变革的观念在语言学中对我们已不陌生，雅可布森曾给它取名为突变。上层建筑中的这些突变显然是无法对它们进行分析的，至少不能用它们自身的内在历史来分析，因为它们是外部某个地方发生的地震造成的无法理解的后果。理论家能知道的只是每一种哲学观点或哲学思想与它立足的那个基本模式或问题结构之间的关系。寻找思想背后的模式这一工作就是德里达所说的“解构”。

这一结构主义模式论的创新之处在于它把历史上向来没有多少关系的两个领域，即正规的哲学和思想史，又结合到一起；或者换一种方式来说，它为思想史的方法和应用打下了一个系统的甚至可以说是哲学的基础。从此以后，思想史就不再仅仅是潮流问题和各种思想之间表面上是否相似的问题了，而是对思想背后的客观的系统进行相当严密的和有计划的研究，像这样的研究，巴什拉尔或科瑞②这样的科学史家早就进行过；他们的原材料自然地分成两类，一类是解决办法或不同的变化，另一类是基本模

① 巴什拉尔（Gaston Bachelard，1884—1962），法国哲学家，提出对认识进行精神分析，认为科学的发展无须经验主义或实证主义认识论，主张思辨哲学，对法国学术界，包括《泰凯尔》派有一定影响。

② 科瑞（Alexandre Koyré，1892—1964），法国科学史、哲学史家，原籍俄国。曾师从胡塞尔。主要著作有《伽利略研究》（1939）、《天文革命》（1961）、《从封闭的世界到无限的宇宙》（1957）等。

式。这种结构主义模式论的最好的阐释之一是 T. S. 库恩①的《科学革命的结构》一书。这是独立提出的一套理论，因此本身就证明存在着一个建立结构或模式的问题结构，这一问题结构以一种与正规的结构主义理论或潮流的影响没有多少关系的方式决定了我们这一代人的思维方式。不过，要对阿尔都塞这一解释的唯心论性质进行评价，最好是把它比作和它十分相似的 R. G. 科林伍德的关于“绝对前提”的理论。作为一种理论，它的优点在于解决了索绪尔的言语和语言之间那种比较不稳定的关系，办法是使后者（模式或系统）成为一种总的情况，而前者只是对它的一种可能的回应。

6. 现在，当我们根据结构主义对系统，或问题结构，或象征阶段的重要性的这一强调重新估价意识或主体的地位时，不可避免的是“无意识”这个词，它指出了需要我们去探索的那个领域。对于结构主义者来说，无意识与意识的关系既不是物质与精神的关系，也不是身与心的关系，甚至主要也不是所指与能指的关系。拉康认为，无意识的内容不为主体所知这一事实是“无关紧要的。……这一能指链结构表明的是，只要它的语言和我以及其他主体的语言是通用的，我就可以用它来说和它所说的东西很不一样的东西。在说的时候这一功能比伪装主体的（大部分为难以确定的）思想更值得强调，因为它指出了主体在探求真理中所处的位置”[39]。因此，拉康的无意识并不完全像我们通常所理解的弗洛伊德的伊德（id）那样是一个隐秘在内心的欲望和本能的集中地，会偶然闯入意识部分或通过改头换面的梦巧妙地进入那

① 库恩（Thomas Samuel Kuhn，1922—1996），美国科学哲学中历史主义学派的代表人物。认为科学发展不是连续的积累过程，提出科学循环往复的发展模式。主要著作有《科学革命的结构》等。

里。相反，拉康的无意识是完全透明的；它之所以是一种无意识状态完全是因为它比我们每个人的思维范围不知要大多少，还因为我们的思维都来自无意识。拉康说："以为无意识之所以存在是因为存在着无意识的欲念，存在着某种发自内心深处的、本能的，因而需要上升到较高的意识层次的朦朦胧胧的、难以摆脱的、丑恶残忍的甚至是充满兽性的无意识的欲念，这种想法是错误的。恰恰相反，欲念是因为有了无意识，也就是说有了在结构和效果方面都不受主体约束的语言之后才存在的，还因为在语言这一层次上，总有超出意识的东西，而欲念的作用恰恰就应该在这里。"[40]因此，对拉康来说，心理的或情感的深度不在主体和他本人的内心世界（他自己的内心世界，或过去，或别的什么东西）的关系之中，而正如我们马上会看到的那样，在他投射的那种与语言回路所包含的他者的关系之中；只有在这个时候，才构成与他自己的关系，犹如和另一个自我或和镜像的关系。

因此，意识是类似语言学中一种"转换者"的东西（这是雅可布森用来指那些表明信息发出者的地点，并且把它们的参照物和环境对调的人称代词的一个用语）。[41]

我已经是字母中的一个词。丹尼斯·罗歇就是这样把主体，或意识的这种感受说成是一种构建而不是一个实体，是各种关系集中的地方而不是老的意义上的一种自我。[42]因此，在某些结构主义者看来，对神经病和精神病之间的区别存在着一种道德上的重新评价。现在二者显然是完全不同的两种现象。神经病成了自己意识不到的一种压抑，它试图通过盯住某一个能指，通过为自己选定这样或那样一个超验的所指，或者是一个上帝，来阻止从一个能指到另一个能指的飞跃。而精神病则是写出某一特定的范式可能有的所有变化："大家都知道弗洛伊德认为妄想症的各种不同的表现来源于对一个基本的命题：'我爱他'的不同的否定方式。……因此，妄想症患者的精神错乱（或文本）以及从中产生出来的各种主题都取决于表述的语法形式的确立方式。……如果弗洛伊德告诉我们说观淫癖、裸露癖以及施虐狂、受虐狂这些变态心理都是同一本能的不同的对立形式，那么我们也许就可以把它们看成是改变某一特定的表述的不同方法。这样，施虐狂和受虐狂的结合便是突出文本和语法功能而不是任何仰仗主体的某种基本的‘天性’或莫明其妙的决心的东西的结果。不存在什么施虐狂或受虐狂这类天性，只有说法可以变换的一个单独的表述的特殊效果。”[43]

结构主义思潮最为声名狼藉的一点——在马克思主义者（阿尔都塞）和反马克思主义者（福柯）① 那里都能找到的强烈的反人本主义思想——必须从观念上理解为对过去的关于人性的种种断语的否定，对人（或其意识）是一个可以理解的实体或研究领域这种观点的否定。[44]但是，从伦理学或心理学的观点来看，必须指出的是，对象征阶段及其伴存的对老式的主体或个人和个别的意识的蔑视这样一种支持，并非像其某些代言人让我们相信的那样毫无问题。特别是如果象征阶段是一切意义的源泉的话，那么它同时也是一切陈词滥调的源泉，是所有那些充斥我们的文化不登大雅之堂的“意义效应”的源泉，是海德格尔所谓的不真实的所在地。这也许是这一理论由于强调对资本主义出现之前，甚至是以个人为主体的思想出现之前的材料，如民间传说和神话进行结构研究而被忽略的一个方面，使我们忘了在我们这个社会上与不复存在

① 福柯（Michel Foucault，1926—1984），又译傅科、富柯，法国哲学家、社会历史学家、思想史家。在代表作《癫狂与文明》（1961）、《词与物》（1966）、《知识考古学》（1969）、《监督与惩罚》（1975）、《性史》（1976）等中从社会制度、权力机构、知识结构等方面对西方文明史、思想史、社会发展史等作了与众不同的解释，是对各种传统观念的颠覆。

的社会或原始文化的“神话”或“野蛮的心智”相对应的东西既不是乔伊斯也不是胡塞尔，而是畅销书、广告口号和巴特式的“神话”。[45]因此，我们被语言所掌握这一点，也就是说我们以为自己在写语言而实际上是被语言“写”出来的这一点，并不是对资产阶级主观主义的一种彻底的摆脱，而是我们必须每时每刻都要努力突破的一种限制。因此，象征阶段只能说是站在它所取代的那个幻想阶段的有利地位上所取得的心理上的胜利，因为主体的消亡，即使能够算作未来的社会主义世界的集体结构的特点，实际上和后工业垄断资本主义在思想、文化和心理方面的衰败这一特点没有什么两样。

但是我们也可以不把结构主义这一基本精神看作自己可以成立的一种内部发现，而看成结构研究中一种更为重要的倾向，即强调解码的动因。

的确，有代表性的比喻，如地质大变动、知识的考古学，都反复强调结构主义研究的这一特点是，超越已知事物的表面现象，推演出现象背后的实际存在，推演出性质完全不同的现象或意义。谁也没有像列维-斯特劳斯那样清楚地说明过对解码的这一强烈的兴趣。在谈到“从小就让我喜欢上地质学的那股强烈的好奇心”时，他提到：“沿着朗格多克①一条石灰岩的一侧寻找两个地质层的交接线。……在每个村子你看到的是一堆杂乱无章的东西，使你可以随便选择你希望给予它的任何意义。但是透过那些农业实验、地形变化和历史，甚至是史前的各个阶段，难道这个先于其他意义，主宰并在很大程度上解释其他意义的意义不是在其他所有的意义中很重要的吗？那条灰白色的、模糊不清的交

① 朗格多克（Languedoc），原法国南部一省，深受罗马文化的影响。现为法国一行政区。

接线，那种在岩屑的形式和一致性方面几乎察觉不到的差别证明了一件事，那就是在我今天看到干旱土地的地方，很久很久以前曾有两个大洋在这里汇合过。为了跟踪它们万古滞留的迹象，你不顾道路崎岖和艰难险阻一直往前，越过陡峭的山崖、凹地、灌木丛和耕地，你似乎不知道自己在做什么。然而，这种不妥协的目的是要重建一个更高一级意义（支配性的意义），尽管它无疑还很含糊和遥远。但是其他每一个意义都不过是这一意义的部分或变形的转移。让奇迹发生吧，因为奇迹有时是会发生的。让这条模糊的断层线的两边各出现一株种类不同的绿色植物，选好最适合自己生长的土壤。与此同时，也让岩石本身中隐约闪现两块复杂程度不同的菊石，并且各自以自己的方式证明一跃就是好几万年过去了。这样，时间和空间竟突然交融在一起；即时的活生生的多样性与各个时代并列在一起并且使它们永存。……我觉得自己沉浸在一种更为深刻的领悟力中，发现不同的时代和地点互相呼应并用最终协调一致的语言说话。”[46]

对现实这种犹如密码般的奥秘本质的偏爱说明列维-斯特劳斯为什么坚持认为，和（以有意识的行为为研究对象的）历史学不一样，人类学的研究对象是无意识及其规律，这些规律是它从供它使用的资料中通过解码得出的。[47]这还说明为什么马克思和弗洛伊德在理论上不仅对列维-斯特劳斯，而且对整个结构主义都有吸引力。原因是弗洛伊德的理论代表了“一种以地质学构成其原理的方法在个人身上的应用”[48]；此外，弗洛伊德主义和马克思主义都和地质学一样，坚信“人的认识就在于把一种真实转变为另一种真实，真正的真实根本不是表面上呈现出来的样子，真理的本质可以从它使你感到困惑的程度来衡量…… [切身的体验和真实] 这两类情况之间的转换是不连续的，为了达到真实，我们必须抛弃存在经验，目的是为了以后使它重新能够在一个排除了一切感情成分的客观的综合中结合进去”[49]。

这里我们又一次见到了我们在别的地方已经更加详尽地论述过的[50]那个有关象征的理论和有关符号的理论之间的对立，那种认为能指和所指、各种不同的符号系统相互之间，以及符号和它的指涉物等都似乎是类似的观点，与另一种坚持认为这些层次之间基本上是无关的、坚持认为不仅是符号，甚至连符号系统本身都是任意的观点之间的对立。在这种情况下，我们不妨把我们认识上的主次关系颠倒过来，同时把弗洛伊德关于无意识的概念看作符号具有任意性这种理论的最有影响的说法之一，或者用拉康表示法来说，看作他那个著名的有关精神的公式[51]：$\frac{S}{s}$中把能指（S）和所指（s）分开的那一条“杠”。不管怎么说，显而易见的是在文学分析中，这两种观点——有关无意识的观点和语篇各层次之间存在着一种任意关系的观点——本质上都是用来说明一种独特的阐释活动的方法，在这种阐释活动中，前面的不带偏见的阅读被后面的带分析的阅读所取代，已经预见甚至指出这两种方法从一开始就存在的根本性的区别。因此，如果说老的、“内在”批评方式的二次阅读仍然忠实于它只是希望说清楚并使之更为精确的那个初步印象的话，那么新的、结构主义的解释方法在二次阅读中注意的则是在对文本的“普通的”阅读中被忽略的那些不起作用的、似乎是不重要的成分。这种解释由于完全是超脱的、不带感情色彩的，因此它可以一点一点地研究和分析文本，就像精神分析医生一点一点地分析别人的梦一样，并且还注意到一些细节，如正面人物有一专横跋扈的母亲（还有一连串的离婚），而一间谍则有一妹妹，并让她在化装舞会上扮演他的妻子。这种解释所具有的让人出其不意地感到惊奇的效果（如我们原以为这是一个惊险故事和爱情故事，但实际上讲的不过是两种不同的亲属关系）全靠我们在初次阅读作品时就忽略了构成主要的双项对立的那些细微的指意成分。

当然，关于能指和所指之间存在着本质区别的理论对福柯和德里达来说，最终都可以成为激烈批判西方哲学和形而上学的传统的武器，这一传统一贯强调经验与知识、语言与思维之间的一致性，并且一直在绝对的存在这一理想以及把理念当作最终的单义概念这一幻想的旗号下起着作用。[52]正由于这一原因，开始时原为一个主要以口语为基础的语言模式的应用却要在关于书写的理论中得到最终的实现。

Ⅲ

1. 对所指这一方面的研究就是所谓的（有别于语言学的）结构语义学或符号学语义学；但是它并不因此就不是一项有悖常理的任务。所指这个概念本身似乎意味着它早已结合到一个有权独立存在的能指系统中去了，也就是说已经作为所指化入并重新被组织或吸收到它自己的符号系统中去了。在说话这一起组织作用的、能使所指变得明确的行为发生之前，我们无法不把所指看成“一堆杂乱无章的概念，与一大块无一定关节和外形的海蜇非常相似”[53]。因此不管用什么方法，只要谈到它，即使是为了描述的需要而把所指单独分离出来，总好像有它已经找到一定组织形式的意思；换句话说，我们原以为是所指的东西，即原来在某个层次上对于某一类能指来说确实是所指的东西，却在一种无穷退行中自己变成了另一个层次上对于更低层次的所指来说的指意系统。在这个问题上，我们暂时还只能指出能指与所指这一对子在结构上是多么不对称，前者似乎可以作为一种不固定的独立的结构存在，而后者则是肉眼永远也看不见的。

2. 然而，罗兰·巴特在结构主义潮流中的特殊地位是由一种不容易说清楚的情况造成的，因为，众所周知，结构主义有指派角色和特殊任务的特点；在这种分工中，列维-斯特劳斯得到了人类学，拉康和阿尔都塞两人分别负责对弗洛伊德和马克思重新进行解释，德里达和福柯各自担负改写哲学史和思想史的任务，而格雷马斯和托多洛夫则致力于将语言学和文学批评本身变成科学；在这种情况下，梅洛-庞蒂要是还活着的话，就很可能主管哲学。这样，剩下来让罗兰·巴特扮演的角色看来基本上就只有社会学家了。的确，正是巴特对一个充斥着广告宣传和意识形态的文明社会的虚构的事物和文化现象从一种基本上是社会学的角度进行了研究；例如他的《神话》，这是一部由当时的报刊中选出的最精彩的东西组成的奇妙无比的图书（有拳击比赛、某人的新的《菲德拉》[①]、比利·格雷厄姆[②]在冬季赛车场、蓝皮指南或牛排炸土豆条的神话、脱衣舞、新式汽车等）；又如他在《服饰体系》中研究时装的结构；在《符号帝国》中，他研读了以遍及日本群岛各地的人肉以及格局雷同的花园，滑动开闭的屏风和学生戴的防护帽，茶道和半导体收音机等为词写出的那幅巨大的卷轴；最后还有他提出的把文学符号和文学视为社会现象的理论。

当然，大家主要还是把巴特看作一位文学批评家。上面我们对他所作的多少有点神奇的描述主要是想说明文学作品的结构本身具有某种固有的多重性，说明文学的文字结构中有某种东西是可以供别的、真正是社会学方面的符号系统借鉴，甚至作为其范式的。这一点，只要我们把巴特必须与之打交道的那类所指，也

① 《菲德拉》（*Phèdre*，1677年上演）是拉辛取材于古希腊神话的悲剧，描写古希腊英雄忒修斯的妻子菲德拉与养子希波吕托斯之间的私情败露后，一个被忒修斯处死，另一个服毒自尽的故事，揭露法国宫廷和贵族社会腐化堕落的生活。

② 格雷厄姆（Billy Graham，1918—），美国传教士。常在世界各地万人大会上或通过广播、电视等媒介进行使命性布道。

就是他的主要研究对象，或者按老的说法叫做使他着迷的问题或原材料，分离出来，就非常清楚了，因为我们已经看到，只有内部结构非常特别的所指才能这样和它的能指分开，以供研究。

我觉得巴特的最典型的认识对象的特点是所指的事物表现出一种二重性，即由在安全不同的层次上起作用的、不能互换的也无法比较的两个功能构成的结构。似乎只有这样一种结构模棱两可的所指，一种似乎能体现两类不同的能指并且处于它们的交叉点上的所指，才能使大家意识到表面上一目了然的符号实际上也并不是那么清晰和容易看清的。巴特在一部近作中非常清楚地阐明了这种二重结构：如时装涉及的东西，即一件件衣服，同时表示上流社会和新款式这两个方面（至少在时装杂志中是这样的）。每一件衣服都有两种可能的用途，而且可以同时起作用，即一方面使人产生自己也是有钱人、和他们过着一样的生活的假想，另一方面又作为时新的一个标志，时刻体现着当时流行的一切。

不过，巴特的早期著述也暗含着同样的二重结构。例如，在关于米什莱①的那本书中，巴特提出任何时候的历史著作都同时有两个方面：一方面是顺序的和正统的历史叙述（巴特没有谈这一方面），另一方面是各种大小主题的一种组合或相互作用。用说明巴特本人这一时期的特点的一个比喻来说，就是横向和纵向两个方面的交叉。另外在《论拉辛》中，这位批评家在把戏剧作为一种社会仪式和一种司空见惯的东西之间造成一种能力，在把标准语言作为代表社会实际的一种固定下来的符号和那些由弗洛伊德所说的强迫症以及由象征性满足和心理空间构成的深层次的、个人的领域之间造成一种能力。实际上，巴特最近对《萨

① 米什莱（Jules Michelet，1789—1874），法国作家、历史学家，主要著作有《法国史》（1833—1867）、《法国革命史》（1847—1853）等。

德[①]—傅立叶—罗耀拉[②]》的研究表明，他又开始讨论符号和人体之间的对立这类问题了。因为这三位显然毫无共同之处，但被放在一起的作家都试图创造新的语言或符号系统（萨德对纵欲行为所做的各种数学组合，罗耀拉为激发内在的和戏剧的想象力而提出的机械解决办法，傅立叶制定的对各种冲动及其和谐的相互作用进行分类的方法），但这些符号系统都是空的，三者都需要用语言来表达的生理内容或实质作为补充。

但是，巴特是在他的《S/Z》这部评论巴尔扎克的《萨拉辛》的著作中找到这种二重结构最为明显的证据的，表现形式就是故事套故事。巴特对它的研究既提出了一种批评理论，又是对一件引人入胜的东西的深思和细考。巴尔扎克这部中篇小说在给我们讲述它自己的同时，也讲到了它的主题，讲到了艺术和欲望；这两个方面在大故事的框架和里面的小故事中都在主次颠倒的情况下同时存在。在大框架中，叙述者讲故事为的是勾引听故事的人，而在小故事中，一位艺术家毁于他所思慕的人桑比内拉，在最后的悲剧性的结尾中，仅留下有关这个人的两件艺术作品：一尊塑像和一幅肖像。这股激情就是自恋情结和阉割情结：那位堕入情网的艺术家实际上在他爱上的那位去势的人身上看到了自己的影子，因此象征性的阉割或克制性欲这类表示在这里被说成是艺术创造的本源，就像它在这个故事的其他地方成为兰蒂家族神秘的好运（桑比内拉成为出色的歌剧女主角）的根本原因一样。因此，这个故事谈到了古典艺术的起源和资本主义的开始以及它们之间的关系。然而它对自己所在的那个大框架也并不是毫无影

① 萨德（Sade，1740—1814），法国作家，以品德败坏及所写淫秽小说而闻名。

② 罗耀拉（Loyola，1491—1556），西班牙人，天主教耶稣会创始人，1528年后曾在巴黎居住多年。

响的；恰恰相反，它既影响到讲故事的人，也影响到听故事的人，使二者最后在一种没有性欲并继续使人失去性欲的气氛中，在他们的欲望没有得到彻底满足的情况下分了手。

对于这样一部作品，我们显然要涉及格雷马斯会称之为目的轴和交际轴相重合的那种情况，也就是说某一篇章同位义素或叙述层次涉及对某一客体的欲望，另一个则涉及信息的发送。我们下面即将看到，这种情况的反面（即由信息代替事物本身，并变成似乎是关于一件不复存在的事物的信息），是所有结构主义阐释方法的典型特征；把它像荷兰派绘画的纵深结构一样在这里提出来，对它进行一番研究是非常适时的。

所指一旦被如此分离出来供研究（如果的确可以办到的话）之后，那么它自己也就自然而然地变成了一个符号系统。正如索绪尔告诫我们说："不管我们研究所指还是能指，语言不会涉及先于语言系统的思想或声音，而只能涉及这个系统所产生的概念或声音两方面的差异。"[54]我们不妨下这样一个结论，即我们之所以能够谈论所指，要么是因为它仍然带有被能指组织在一起的痕迹，要么是分析者本人把它暂时组织到了一个新的符号系统中，为的是让我们看到它。

因此，我们在所指中又一次看到了那个用于组织能指或语言本身的表示差异的对立和差异中的同一所组成的结构。例如，在巴特对米什莱的研究中（尽管这一结构在此尚未明确提出），我们已经看到用一组又一组的双项对立来组织一些基本主题的做法：如赦免与惩罚、基督教教义与革命等；一方面是迷惑、麻醉、无生命、"死亡"的组合，而另一方面则是流血、女人、英雄人物、活力。这些组合任何时候都可以变得更加复杂（要是能够看到后来的巴特怎样把它们变成符号学上的公式，那想必是很有意思的），不过它们构成的基本上就是索绪尔所说的不停地在叙事本身这条串联轴上起作用的纵向的联想层面。因此，在巴特看来，那些主要的事件都因这些双项对立而变得更加精彩和紧张激烈。他写道："米什莱认为血是历史的本质。请看罗伯斯庇尔①之死吧，这里有两种针锋相对的血：一种十分贫乏，稀薄得需要像电池充电一样进行一次人工补血；另一种是热月党②（按：热月即历史上的太阳月）妇女的血。这是一种优质血，集中了优质血的全部特点：热烈、殷红、纯净、富足。这两种血誓不两立。最后女人血舌噬了神父猫。……罗伯斯庇尔之死反映出来的这种干涸的（电流般的）血和富足的（女性的）血之间的全面对抗……在米什莱笔下被描绘成一种肉体上受侮辱的景象：一个衣衫褴褛、几不蔽体、冻得瑟瑟发抖、耷拉着脑袋的男人，被置于一群身披红绒、营养充足、兴高采烈、满面红光的有钱女人的众目睽睽之下；这就是说无生命力的这种血在沸腾的热血面前毫无抵抗能力，只有彻底认输。"[55]

巴特后来的发展清楚地表明原先（甚至对巴特本人也是如此）看上去一定是像对心理的或实际存在的问题的研究实际上是对一种话语，也就是对人体本身的描述。[56]米什莱在人体描写方面，以及在对他笔下的历史人物的古怪外表所有的那种特别的敏感或像对周期性偏头痛那样的反感方面，确实是非常突出的。巴特写道："米什莱所用的形容词是很独特的；它能恰到好处地点出某个人物的基本特征，使我们再也无法靠换一个别的形容词来改变对这个人的看法。米什莱一面称干瘪的路易十五、冷冰冰的西埃耶斯，一面就通过这名称对物质本身的一些基本现象，如液

---

① 罗伯斯庇尔（François Marie Isidore de Robespierre，1758—1794），法国大革命时期雅各宾派的领袖。热月政变后被处死。

② 热月党（Thermidor），法国大革命时期将公历的第七、八月称为热月。1794年热月九日（公历七月二十七日）推翻罗伯斯庇尔的一派称为"热月党"。

化、黏稠、空乏、脱水、电流等作出自己的判断。"[57]按老的批评术语的说法，这一纵向层面就在无意识中，而现在则在人体中。的确，对巴特来说，风格是一种个人现象，一种改不掉的习惯和"不为人知的、隐秘的情欲的装饰音"[58]，它完全来自人体。不过，只要我们把无意识和人体两者都理解为所指的基本形式，这两种说法之间实际上并不矛盾。

一切感性认识都是一种语言的构成，这种说法是有一定的道理的。这一点比其他任何原因更能说明梅洛-庞蒂晚年为什么对当时刚刚兴起的结构主义持赞同态度。我们只要想一想下面这些情况也就明白了：梅洛-庞蒂的心情好比一个训练有素的博物学家看到杂乱丛生的灌木突然自我分类，使每一种叶子独特的外形成为各自所属类别的明显标志；也好比一幅陌生的风景画在一个外行看来不过是乱糟糟的一片，而对一个有鉴赏力的内行来说，却犹如一种尚无具体词句的语言，但从画中清晰的草木已可以看出它的结构和规律。毫无疑问，这就是德国浪漫主义者在研究有机的语言的奥秘时隐约感到的东西，也是巴什拉尔的研究方法背后没有公开的理论依据。巴特偶尔也用这种方法，不过对其价值似乎还不置可否。[59]他说："巴什拉尔把水看成是酒的对立面无疑是正确的。从神话的角度来说，这是对的，但从社会学的角度来看就未必那么肯定了。由于经济上和历史上的种种原因，这一功能已落到牛奶头上。现在牛奶才是酒的真正的对立面……凭着它的分子密度、它表面那层皱衣富有奶油因而也具有镇静作用的特点，（牛奶）成了火辣辣的烈性东西的对立面。酒有杀伤力，像外科手术，能使事物蜕变并遏止生命；而牛奶则像整容术，能将东西联在一起，封好，使之恢复原样。此外，牛奶像儿童般的天真一样纯洁，这是有力量的表现，这种力量不一定非表现为猛烈的分离或集合，而是平和的、洁白的、清澈的和真实处于平等地位的。"[60]正如所指这东西永远不可能完全彻底地分离出来成为纯一的东西一样，要想在这一方面区分自然的和人为的，区分属于真正的巴什拉尔式的"对事物的精神分析"的东西和在感知层次上起着文化上或观念上的神话这种作用的东西，都是办不到的。巴什拉尔所从事的工作尽管影响很大，也发人深省，但它缺少的最主要的东西就是语言理论；他把感性认识和语言表达混为一谈，殊不知一切认识方法本身就已经是各种各样的语言了。

然而，正是所指的这种似乎基于无须用言语表达的和与人体有关的东西，似乎基于体质和有机的体液的纵向深度说明巴特自己的语言的意思为什么特别密集、丰富。巴特的风格是试图让所指获得另一个声音，试图在所指在文本的首要的能指中找到最后的和正式的结构之前就指出其结构这样一种风格。他的风格是喜好用名词和形容词，喜好造新词或旧词新用。他非常清楚地知道："概念是构成神话的因素；假如我要解释神话，我必须提出概念。字典中有一些，如善良、慈悲、健康、人性等。不过，它们既然来自字典，从根本上来说就不可能是历史的。我最需要的是一些临时应急的概念，用于有限的一些特殊情况。在这种时刻，新造词或旧词新用是不可避免的。中国是一回事，一个法国小资产阶级不久前对中国的看法又是一回事；可是除了中国性这个词外就没有别的词来表示这种由小铃铛、黄包车、鸦片馆组成的典型景象了。"[61]因此，新造词是用于指出实质的词，就像形容词（镇静催眠的、静电的）的作用是赋予整个所指这一大结构某一特征，也像定冠词和大写字母通过强调和重复使事物组成新关系。（"作为语言，嘉宝①独一无二的地方在于它是精神方面的东

① 嘉宝（1905—1990），瑞典女影星，曾主演《克利斯蒂娜女王》（1933）、《安娜·卡列尼娜》（1935）等20余部电影，1941年息影，1954年获奥斯卡特别奖。

西，而奥黛丽·赫伯恩①的则是物质方面的。嘉宝的脸是思想，赫伯恩的是情节。”[62]）

说穿了，这种风格的目的就是要从文本的表面内容中产生新的、似乎是编造的东西，下面所举的尼禄的“爱抚”（来自对《布里塔尼库斯》② 的讨论）就是一例：“尼禄③是一个大权独揽的人，因为大权独揽不到高度集中是不会罢休的。这一‘过程’置人于死地的替代物是下毒。流血是一件高尚的、戏剧性的事情，剑是修辞上死亡的一种手段；但是尼禄希望干净利落地除掉布里塔尼库斯，而不是大张旗鼓地把他处死；和尼禄的爱抚一样，下毒巧妙地介入；另外，也和爱抚一样，它只产生效果，不产生手段；从这一意义上来说，爱抚和下毒同属直接的一类，使阴谋和犯罪之间的距离大大缩短。尼禄下的毒手本来就快速果断，它好就好在不拖泥带水，而是赤裸裸的，不喜欢演血戏。”[63] 因此，在这种华而不实、佶屈聱牙的风格中，意思不是一点一点展开的，而似乎是靠词汇本身的物质性从侧面引出的，结果形成了不稳定的概念，即所指本身的各种表现形式；同时它们又使语言的另一面变得模糊，不停地在我们眼前分解，变换。这种矫揉造作的风格的作用就是让大家看到它是一种元语言，通过自己的非固定性来表明事物本身从本质上来说是无定形的，是昙花一现、稍纵即逝的。

巴特在其早期著述中就已经提出了一套理论来说明我们在前

---

① 赫伯恩，又译赫本（1929—1993），美国影星，生于布鲁塞尔。曾在《天堂的笑声》、《罗马假日》等 20 余部电影中任主角。

② 《布里塔尼库斯》（*Britannicus*，1669 年上演），拉辛取材于古罗马史的悲剧，描写克劳狄一世（公元前 10—公元 54）之子布里塔尼库斯（41？—55）被其同父异母兄弟尼禄（37—68）下毒杀害的故事。

③ 尼禄（37—68），古罗马暴君，最后自杀。

面谈到的那种双功能现象。这套理论（所谓“文学符号”理论，但这一用语必须比它在索绪尔的理论中理解得窄得多）是在他的最有影响的理论著作《写作的零度》中提出来的。文学，作为一种程式化的活动，一种他后来称之为“主体意识规范化”的东西，正是那些既有一个意思，同时又带有一个标签的、模棱两可的双功能事物的典型。巴特写道：“我是法国一所公立中学的五年级学生；我打开拉丁文语法课本，读到里面借自伊索或菲德洛斯①的一句话：‘因为我的名字是狮子’。我停下来想：这句话意思有点含糊：一方面，这几个字的意思是够清楚的：‘因为我的名字是狮子’。然而另一方面，这句句子显然还在对我说别的意思：既然是对我说的，对一个五年级学生说的，它的意思很清楚，即我是一个语法例子，用来说明定语必须一致这条规则。”[64]因此结构复杂的文学不像语言研究的一般对象那样显而易见，而是一件更高级复杂的构建物：在文学中，能指/所指的正常关系因另一种与整个规则的性质有关的指意活动而变得复杂起来。这样，每一部文学作品，除了其自身特定的内容外，也说明整个文学总的情况。那句拉丁文句子也一样，除了它实际的意思外，它还说：我是文学。这样，它等于告诉我们它是文学作品，并使我们参与到文学的消费这一特殊的社会历史活动中去。因此，在19世纪小说中，一般过去时和第三人称叙述都是标志，用来提醒我们面前看到的是正规的文学叙事；而这些特殊的标志或“符号”的性质却与这种语言在某一特定的历史时期内的整套语言规则有所不同（这些规则似乎还“够不上文学”）；另外，它与我们前面所说的风格也不太一样，这种风格“几乎超出了文学：有各种

① 菲德洛斯（公元1世纪），罗马寓言家、作家，曾将伊索寓言改写成散文流传后世。

比喻、一种魅力、一套来自作者本人的自身和过去的词汇”[65]。

这样这些文学“符号”的历史就使我们有可能用一种历史的方法来研究文学，既不同于语言史，又不同于风格的发展史。相反，就文学“符号”揭示了任何一个时期都存在的读者和文学产品之间以及作者和产品之间必要的距离这一点而言，它倒构成了文学惯例本身的一种历史。巴特是这样总结他的发现和提出这种符号的历史轨迹的：“先是一种手工艺匠所具有的那种文学创作意识，精益求精、煞费苦心去追求达不到的境界（福楼拜）；后来是决心把文学和有关文学的思考结合到一部著作中去的可贵精神（马拉美）；接着是希望通过不断地把文学创作推迟到明天一样地拖着，通过一再表明自己要写，但最终只是把这一声明变成文学来成功地避免文学中的赘述（普鲁斯特）；然后是通过蓄意地和系统地无限增加词义，决不停留在任何一个明确的所指上面来破坏文学的诚意（超现实主义）；最后是这一过程逆转，即尽量使意义纯化，以求文学语言能够达到一定的浓度，得出一种洁白无瑕的写作风格（但又不是简单无知）——我想到的是罗伯-格里耶的作品。”[66]

这一理论基本上是对萨特在他的《什么是文学?》一书中的基本观点的引申和阐发。在那里，该书是靠其结构提出，甚至可以说是选择其基本读者的；而这里，真正选择读者的恰恰是文学“符号”，这里有一整套符号或指示结构，通过它，畅销书能使自己一眼就被自己的读者看出，共产主义小说能让自己特定的读者群认出自己，正统的、先锋派文学则将自己的特性以及所需的阅读方式和应保持的距离同时公之于众。不过，巴特和萨特之间在方法上的区别在于前者区分了这样两个方面：一方面是根据内容作出的选择（这基本上是萨特的方法的实质），另一方面是这些本身并无意义的特殊“符号”的作用（这就是说一般过去时并不表示不同于其他过去时态所表示的过去，而只说明有“文学性”）。这种表示关系的语言（最赤裸裸的往往就是某个圈子内部通用的词汇）就是英美文学批评中通常所说的“语气”；然而英美文学批评却坚信其读者群一贯比较单纯，从不把这种符号系统和实际的风格截然加以区分（而实际的风格对巴特来说似乎具有诗歌在萨特的理论框架中的作用，因为它取消了符号，最接近语言作为一个实体应有的真正的浓度）。

巴特的理论之所以有新意就在于它得出了和萨特的那部著作中预计的结果不太一样的结果。在萨特看来，只有当文学面向每一个人时，只有当通过社会革命读者群不分虚实的时候才能有真正的文学。对巴特来说也是如此，文学“符号”是一股强烈的政治和道德恶感的对象[67]：就其标志我隶属某一社会群体这一点而言，它也表明其他所有的群体均被排除在外——在一个由不同的阶级组成的、充满暴力的世界上，即使是最无害的群体隶属关系也带有侵犯别人的消极作用。然而客观情况使我不得不属于这个或那个群体，即使这些群体都是希望最终消除群体的群体。我的存在这一事实本身说明我做了把别人排除在我所隶属的群体之外这种不该做的事。因此“符号”的作用是一种历史的必然，并表明我已堕入而且接受了阶级社会。正是这一原因，我们这个时代的文学本质上是无法实现的事情，是一种自我拆解。它一方面自称有普遍性，然而它为此所用的词语却说明它们与使普遍性无法实现的思想有密切联系。

然而在巴特那里，文学“符号”这一概念尽管继续用来预示萨特提出的那个最终的理想风格，但至少在逻辑上也提供了另一种较为临时性的解决办法的可能性。这一解决办法就是从作品中强制性地消除文学“符号”，也就是采用一种“白描”的写作手法，接近一种文学语言的“零度”；在这一状态中，我们觉察不到作者和读者的存在，严格的中性和简朴的风格充满了对文学实践中固有的缺点的宽恕。[68]在我看来，这种状况无异于社会生活中的一种绝对的孤独，其中一种毫不含糊的政治观点可以把我们和压制性的社会制度联系在一起的一切（包括自身内部的和外部的）都受到压抑。

这一概念的价值可以从它所具有的观测能力这一点来衡量，因为在巴特提出这个概念的时候还没有真正的“白描”的例子。他所举的当代文学中的主要例子是加缪的《局外人》，但在我们看来，这部小说的风格也很俗套，并充满修辞手段，恰恰是充满标志的写作的典型。（从另一意义上来说，这一评价当然只能起到证实巴特的关于不可能有文学这种直觉的作用：因为写作不可能一直是白的，开始时没有特色的东西渐渐地变成了一种特色，没有标志的本身成了一个标志。）此后，罗伯-格里耶便被视为更加彻底的和更加令人信服的消除符号的化身，因为至少他的作品中是找不到主体的。但是我却更倾向于可在尤韦·约翰松①的小说中，或者是乔治·佩雷克的《事物》中找到的政治性更强的那种中性风格。

巴特的总的观点的改变（我尚不愿称它为认识论上的断口）可以通过这一狭隘的文学符号理论被一种基于叶姆斯列夫②提出的“涵义”和“元语言”之间的区别的更为复杂的理论所取代这一点得到证实。在这两种语言现象中，都涉及两个不同的但互相之间又有一定联系的符号系统，只是元语言把另一个语言作为自己的对象，并且作为另一个语言的能指，使另一个语言成为它的所指。这样，巴特所作的评论都是元语言，因为它窃取了另一个

① 约翰松（Uwe Johnson，1934—），德国小说家。“47小组”成员，受法国“新小说”派影响。主要作品有《对雅科布的种种揣测》（1959）、《两种观点》（1965）等。

② 叶姆斯列夫（Louis Hjelmslev，1899—1965），丹麦语言学家，“哥本哈根”学派主要代表。主要论著有《语言理论导论》（1943）。

更为主要的语言（如米什莱或拉辛的语言）的结构，并使它以一种新的和不同的形式出现（在这种形式中，正如我们所指出的那样，新造词和旧词新用的作用就是要提醒我们要和一种元语言打交道，而不是主要语言，或者是对象语言）。然而在涵义这一方面，根据叶姆斯列夫给这个词所规定的有限的和专门的意思，应该是整个语言系统本身才是某种更为基本的所指的能指。这样，那个主要语言系统实际上有两个所指：一个是，其正常内容，也就是当文本展开时我们不断接受的东西；另一个是，由作为一个整体的形式给予我们的总的信息。因此，对福楼拜的风格的批评应该是一种元语言，但是福楼拜自己的语言这个整体构成它自己的涵义系统，因为它说明文学本身，并一次又一次地对我们说：我是一种工艺师型的文学，我是风格工艺师的杰作。

下面我们还要谈到元语言这个概念。这里，我只想说尽管把有关的文学符号的局部理论和语言学的总的理论相结合可能很有好处，但我总觉得我们能够更加直接地看到涵义这一现象的个别的表现，因为我们可以明确地把它们当作个别的符号和标志，而不是什么总的信息或内容。然而这一转变最为严重的后果还在于新的术语本身就排除了零度符号的可能性，而这种可能性，虽然是一种幻想，却仍然保持了其政治含义。以为结构主义（相对于萨特的存在主义和“卷入”文学而言）是一种不带政治色彩的现象，是高卢法国的思想意识的一种反映，那就太简单化了。且不说别的，这首先就等于忘记了围绕《泰凯尔》[1] 杂志形成的那个

① 《泰凯尔》（*Tel Quel*），由小说家、文艺评论家菲利普·索勒尔（Phillipe Sollers，1936—）于1960年创办的影响极大的文学期刊，活跃于法国思想界、学术界和政治界。核心人物多为结构主义的代表人物和政治、学术方面的激进分子，如巴特、德里达、克里斯蒂娃、福柯等。主张用一种革命的写作理论和实践改造旧的语言、文学、哲学和社会。1968年出版的《泰凯尔：总体理论》集该派主要观点之大成。

富有战斗力的左派团体。不过，随着结构主义新的地位的逐渐确立及其对法国的大学制度的渗透，看来那种老的、绝对的、孤独的可能性已不复存在，而且所谓零度这一概念本质上的政治对抗性也会慢慢冷下来，成为老的科学客观性：一度被认为是一种无差别的状态现在却一点一点变成一种没有记录的、不起作用的空白。

3. 当我们几乎是不知不觉地从把能指作为一系列的双项对立这一概念滑向把能指视为解决这些现在被认为是矛盾的对立这样的概念时，我们就在把所指和能指分开这个问题上，也就是在假设能指本身就是从它转化而来的那个更深的和独立的层面这个问题上迈出了重要的第一步。我们可以暂时不去回答巴特的双重目标本身是否能按这些要求被重新审视这个问题。的确，我们首先是在列维-斯特劳斯所从事的工作中看到这种变革的作用的。因此，当我们再次回顾对俄狄浦斯神话的分析时，我们看到构成这个叙事的双重对立（过高估计对过低估计、家庭对大地）证明自己是原始思维中一种更为重要的矛盾的表现，即一个人怎么会是两个人的产物而不是大地独自的产物。列维-斯特劳斯正是在这个问题上提出了他那个有着许多可变因素的公式作为一种形式，使特定的神话素材通过它把不太可行的开头转变为令人满意的结果。[69]

然而，在纯思辨的层次上，或者在上层建筑的层次上被认为是不一致的东西，从具体的社会整体这个角度来看则可能被视为一种矛盾。列维-斯特劳斯对俄狄浦斯神话的解剖是一种假说，正因为他把这一神话的社会内容加以抽象化（而且我们也许还记得列维-斯特劳斯用了恩格斯的权威论述来为人类学家不从技术和经济组织的角度而从婚姻规则和民族结构的角度来描述上层建筑这种做法进行辩护）。

这就是列维-斯特劳斯在把注意力转向卡杜维奥①印第安人文面这类现象时所出现的情况。整个考察的内容十分丰富，无法在此详述。我只想指出一点，即列维-斯特劳斯认为这些时而对称，时而又不对称的面部装饰花纹是一种“与两重性的两种矛盾形式相对应的复杂的现象，其结果是由一件实物的轴心和它所代表的图案的轴心之间的第二位的对立所造成的妥协”[70]。这一对立，虽然在视觉形式方面可以按其自己的方式并用其自己特殊的图形手段来解决，但在本质上却反映了卡杜维奥社会中三合一和二合一这两种不同的社会组织形式之间的对抗，这一点是卡杜维奥人所解决不了的：“既然他们意识不到这一矛盾，无法理解它，就只好臆想它。”[71]因此艺术，还有神话故事都可以被看作是一种文化无法具体解决的东西的形式化，或者用我们现在通用的话来说，就是这种观点认为艺术是一个符号系统，是在能指这一级上一个基本上被认为是一种对立或一种矛盾的所指的表现。这一观点必定导致我们去思考“对立”和“矛盾”之间的关系这个问题，也必定能在对把这些矛盾理解为从自身产生出更有意识的语言的机制所作的说明中找到答案。格雷马斯对“指意活动的基本结构”的研究就是为了作出这种说明。这就是我们所说的相对于列维-斯特劳斯的“烹饪三角形”而言的“语义四边形”，它是为用图式表示整个意义产生的可能性这样一个结构，甚至是整个意义系统如何从任意一个起点 S 推导出来而设计的。

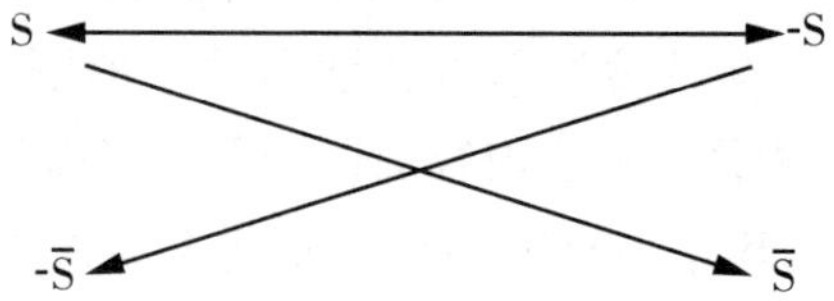

① 卡杜维奥（Caduveo），居住在巴西南马托格罗索的印第安人和他们的语言。

就拿格雷马斯那个现成的例子来说[72]，如果我们把 S 作为某一社会的婚姻规则，这个语义四边形就能让我们得出这个社会常规的和可能发生的两性关系的全部内容。这样，－S 便可被视为代表那些被禁止或被认为是不正当的两性关系的一个符号（如乱伦），而简单的否定$\overline{S}$表示那些婚外的两性关系，即有效的婚姻制度所不允许的或不承认为合法的两性关系：这些包括女方主动通奸。这样第四项－$\overline{S}$便可被理解为那些不正当的、被禁止的关系的简单否定，换句话说它代表那些既不算不正当也不是明文禁止的两性关系，如男方主动通奸。

因此格雷马斯的四边形基本上是对矛盾和相反这样一些传统的逻辑概念的阐发。我们可以说$\overline{S}$就是简单的非 S，而－S 则必须更加肯定地看作为反 S。确实，从这一意义上来说，我们的出发点（选定 S 的内容）实际上是一个双项对立，因为它必定包含其自身的反 S 这一概念，也就是其辩证的对立面。换言之，婚姻法的条文在其本身的结构中就包含了应被禁止这样的思想。因此格雷马斯这一机制的第一个作用就是要求我们必须把任何表面上看来是固定的、独立的概念结合到双项对立中去，这种双项对立是这个概念在结构上就决定了的，也是它本身能够有意义和被理解的基础。

这一机制中不言而喻的下一步就应该是对某一特定项的对立面（－S）和它的简单否定（$\overline{S}$）之间的差异进行不自觉的思考。从这个意义上来说，“阐明”这个机制就意味着反复试验一项又一项，以便找出它们之间的差距。这种阐发就和叙事形式完全一致起来了，要求人的头脑处理一连串的能想象得到的可能性。但它也可以采取另一种形式，即想出一个调和的概念来消除这个差距（来“解决”这个无法解决的矛盾）。最后，这一机制当然也可以作为一种静止的价值系统，让来自外部的基本素材（如某一情节必需的东西）既在这个四边形结构中找到自己的位置，同时又转变为这一系统内部象征性的指意成分。这基本上就是格雷马斯指出的在贝尔纳诺的作品中所发生的情况，他还指出贝尔纳诺的语义系统说明了生与死之间根本的象征对立。当我们用贝尔纳诺的作品的具体内容来代替这个抽象的结构时，我们就能得出下面这张关系图表[73]：

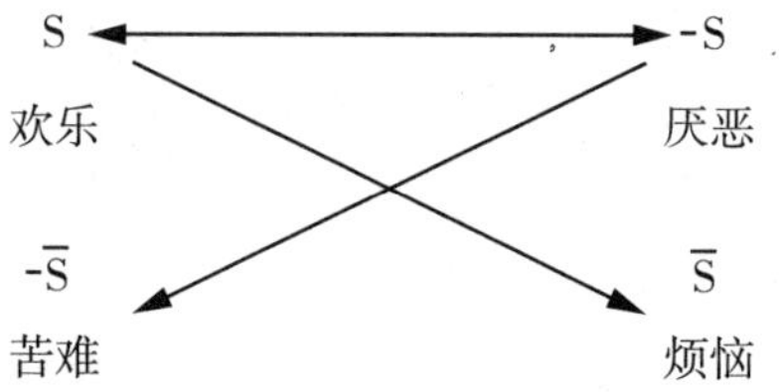

然而，就贝尔纳诺小说中的人物和情节可以说是一直在以各种方式试图弥合这些义项这一点而言，我们可以指出一些复合的结构或一些可能出现的调和。按理说，这后者应表现为四边形的四项之间可能组成的全部二元关系，但我们可以特别强调“中性”这个概念，作为那对基本对立的一种调和以及它的两个否定项的结合；这个结合自然后于那对基本对立，但它是后者的零度和休止状态。在贝尔纳诺的作品中这无疑将表现为某种根本的、决定性的麻木不仁。对于这个四边形的另一主要方面来说，文学和神话中都有许多起协调作用的人物，如小丑、魔术师等[74]，他们的作用主要是把肯定的和否定的结合在一起，通过他们自身复杂的个性或通过他们机灵的动作来解决这一对立。因此，想象中的景象本身就是一种合乎逻辑的证据或证明：听众如果能够想象出这样一个起协调作用的人物，那就等于他已经默认有可能用具体的办法来解决他的抽象问题。

然而，实际上我们却常常只能说出一个特定的概念应有的四个位置中的三个；最后一个，也就是$-\bar{S}$，则是要我们破译的一个密码或解开的一个谜。因此，前面提到的列维-斯特劳斯那个著名的烹饪三角形[75]便可以很方便地用我们那个“基本结构”的四个基本项中的三个来表示：

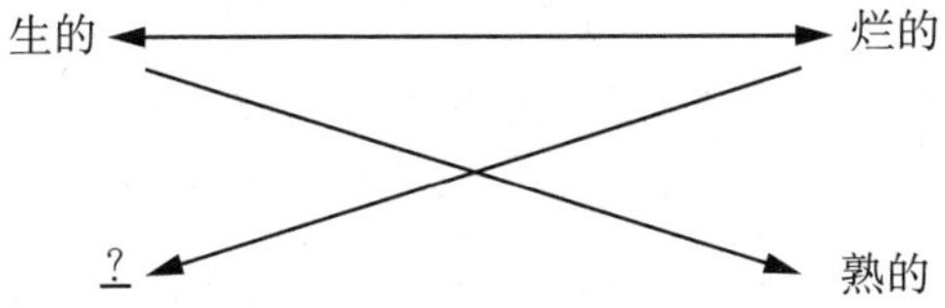

这里，这个模式可能朝两个不同的方向发展。它可以用具体的内容（熏肉、煮肉、烤肉）来代替抽象的术语，使它以特定的方式从这个基本系统中获得意义。另外它也可以表现为寻求待补的那一项（新鲜的），我们现在可以看到这一项不是别的，正是辩证法中常见的“否定之否定”。事实上，正因为否定之否定是具有决定性的一步，能产生新的意义，我们才如此频繁地遇到上面这种不完整的系统（只有四项中的三项）。在这种情况下，否定之否定就成了这个机制应该完成的首要任务。

为了举一个文学批评中的例子，我们可选狄更斯的《艰难时世》，不仅因为大家对它很熟悉，而且它也比较短，还因为，而且主要因为它作为狄更斯唯一的一部说教小说或“主题”小说，其思想内容早已由其作者以双项对立为形式为我们定下。在《艰难时世》中，我们看到了可以说是两种针锋相对的思想方法的对抗；格拉德格林德先生的实用主义（“事实！事实!”）和以茜茜·朱普及马戏团为代表的反事实的一方，也就是幻想。这部小说讲的主要是教育教育者，是格拉德格林德先生从原来非人道的一面向其对立面的转化。因此，这部小说是针对格拉德格林德先生的一系列教训，我们可以把这些教训分成两组，并把它们视为对两类问题的象征答复。小说的情节为了产生$\bar{S}$和$-\bar{S}$这两项，似乎不过是为了给下面这些问题找出答案所作的一系列努力；这些问题包括当你否定或否认想象时会出现什么情况？相反，当你否定事实时又会发生什么情况？格拉德格林德先生的那种思想方法的后果逐步让我们看清了这种否定之否定，这种不要想象的做法可能有的各种表现：他的儿子汤姆（偷窃），他的女儿路易莎（通奸，至少是未遂的通奸），他的模范学生布利策尔（告发和总的精神毁灭）。这样空缺的第四项便成为关注的中心，情节就是设法给予它想象的存在，就是试用一系列错误的办法和不能成立的假设，直到叙事素材得到恰当的体现。找出了这项之后（格拉德格林德先生的教育、路易莎拖到后来才获得的家庭幸福），这个语义四边形就完整了，小说也就结束了。

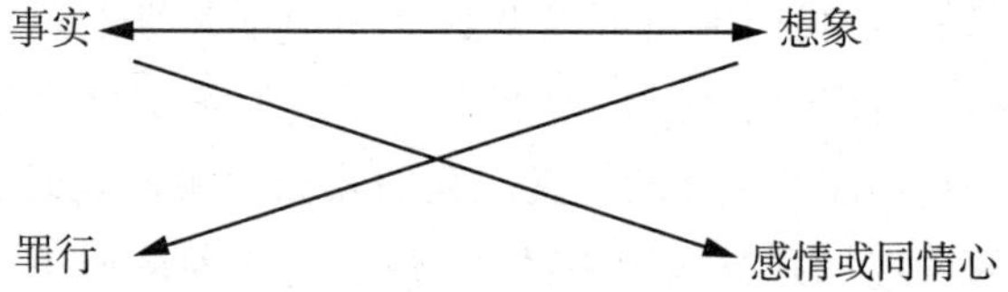

Ⅳ

> 那么我们必须承认，并且不能反对说，运动是一样的又是不一样的，因为我们不是按同一意义来使用“一样”和“不一样”这两个概念的；我们说运动是“一样”的，指的是它与自身的关系，因为它具有同一性；我们说它“不一样”，因为它与自身以外有了联系，与同一性也就无缘了，有的只是自身以外，因此完全应该叫“不一样”。
>
> ——柏拉图：《智者篇》

上面这一节告诉我们最终不可能用任何在方法上或概念方面有意义的办法使所指脱离能指。有了这一认识，就出现了结构主义的第三阶段。这一阶段把注意力转向整个符号本身，或者说转向构成符号的过程；能指和所指实际上都是这一过程的阶段，即指意的过程。然而，能指和所指在概念上难以分开，这一点在方法上倒很有好处，因为指意本身作为一种现象正是在二者分离的一瞬间，在二者之间我们尚未来得及看见就立即消失的十分短暂的空当中才能找到。不过，只要有关的事物不是静止的，不是通过其外部来研究的，而是一种感知，是对自身和自身以外不断的相互作用的一种认识，那么对指意的强调就表现为一件非常神秘的事情，即用语言体现意义的奥秘；这样，对它的研究就是一种内心活动。那些研究这个问题的人所写的东西特别晦涩难懂，原因就在这里。这种诡谲的意思可以被理解为巴特所指的那种符号，是一种表明一定的程式和高深莫测的办法，是一种通过程式化的语言顺时展开来强调事物本身的神圣性的办法。因此拉康的风格像马拉美的风格，德里达的风格像海德格尔就不足为怪了，他们在各自的时期的发展过程中都把文本的本质说成是启发。

1. 拉康体现在他的小组讨论中的、并以治疗过程为其目的的理论明显是启发性的，我们至多也只能大略谈谈对它的总的趋势的看法。我们已经指出，这一理论就是用语言学的范畴来转述弗洛伊德提出的形态结构，以便弗洛伊德研究过的所有那些显然是经验方面，甚至是存在方面的问题（欲念、焦虑、俄狄浦斯情结、死亡本能）最终都能用语言学的模式重新加以阐述。

精神分析对于指意及其体现的重要性可以从下面这一事实看出，即精神分析的研究对象更多的不是具体的事情本身，如性欲本身，而是性欲形成的过程或没有形成的原因。因此，通过精神分析的认识本质上已经是对同一和差异、存在和不存在以及对某一类指意既在又未在的朦胧状态这些问题的一种更强的意识。[76]我们记得拉康认为幼儿（infans：无语言的）学得语言标志着他进入了象征阶段（symbolic order）；这种情况的发生使拉康得以像列维-斯特劳斯把天然和人为对立起来那样把需要对立于欲望，因为二者从某一意义上来说都不过是供使用的概念而已。纯粹的肉体上的需要和天然状态一样是不存在的，它在通过象征阶段时立刻变成欲望，从而被赋予一种社会意义，而且更主要的是以其各种不同的形式与非我联系在一起。

使拉康的观点复杂化的是，他认为语言既是产生主体的本能冲动或无意识（“它所在，我所为”就是弗洛伊德本人的典型）同时也是他所进入的那个象征阶段，也就是他最后用来确定自己的地位和作用的那组坐标。因此，俄狄浦斯情结最后是靠拉康称之为“父亲的名义”这种心理来克服的；拉康的意思是主体会发觉自己不愿成为自己的父亲（本来也只是想象中的愿望），而只要在那个象征界中起他父亲所起的作用，或用他的“名义”；在象征阶段中父性本身就被界定和标明一个特定的功能。想象阶段和象征阶段的对立可以理解为两种情况之间的区别，即在前一阶段中，主体把精力花在自身的形象上，而在后一阶段中，他最终不得不承认对于语言这一层次来说，意识处于次要地位。

至于语言和无意识互为你我的问题也许最好从拉康那句有名的纲领性口号：“无意识就是非我的话语”入手进行探讨。这句口号在我看来就是一句句子，而不是一种思想，我的意思是它指出了内心活动的地方并把自己作为阐释的对象，而不作为某个概念的表述。[77]无意识被认为是非我的话语这种观点立刻给我们提出了一套范畴，我们的任务就是按照它们可能有的全部排列把它们重新组合起来。大体上我们可以说使用语言的情况不仅包含了先于非我的全部经验的他性这一抽象范畴，不仅还要有一个实际存在的、具体的他人，而且除了这两者以外，还包含一个第三者，即本人自己的另一自我，或者说是自己的形象（可一直追溯到婴儿时期的镜像阶段，即幼婴首次发现自己还有一个自身以外的形象的时候)。当我们开始考虑非我的语言经验也表现为这些不同的方面时，我们就渐渐认识到言语这一行为包含着最为复杂的（想象的）投射和相互自居等心态，在言语行为中他性本身就为我们通常所说的无意识空出了一个重要的位置。

然而，拉康的这种理论的含义是我们必须去切身体验这些东西，而不能光是抽象地了解它们。的确，梦或妙语之所以重要，正因为我们只有靠再次参与它们构成的表意过程才能真正理解它们。同样，当我们再来看拉康的小组讨论的内容时（例如那次用来演示如何从数字或基本单位中产生语言系统的讨论会的内容[78]），就很难避免这样一个印象，即不管这种方法中意识或我思的真正意义是什么，拉康的做法主要是激发前意识，并使它表现为对同一和差异的一种直觉，或者是对我们所说的指意活动的一种直觉。

但是，我们至此还只谈到了这套理论中与哲学或认识论有关的问题。现在，当我们来看那些被认为更有弗洛伊德主义特色的现象，如各种神经病和欲望的成因的时候，我将不揣冒昧，对拉康的这套理论体系作如下简述：与母亲的关系是婴儿最早的也是获得最大满足的经验，但婴儿必定会被粗暴地剥夺这种关系。这样，与母亲的分离就造成了一种根本性的匮乏感或张大的口(béance)，即一个“缺口”；正是这一造成创伤的经验通常（被女孩和男孩）感觉为一种阉割。要注意的是，正如语言是一种张大的口或通往非我的开口处（语言从来就不是自足的东西，它的结构决定了它永远是一个有意构成的不完整的东西，总在等待着非我的介入），阳物也应该被理解为象征阶段的东西，而不仅仅是男性生殖器本身。因此阳物是一个语言学范畴，是失去了满足的象征；而性欲，就其试图复得那种满足、复得阳物这一点而言，也是对其所失的一种认可。这就是说，神经病在拉康看来主要是无法接受阉割和无法接受根本的匮乏感这一生活中最关键的事实，它是对那个最早的基本满足的一种徒然的眷恋，相信人完全可能以某种方式重新找回阳物。真正的欲望反倒是对不满足的认可，对时间以及时间中欲望的重复的认可，而各种不正常的欲望是试图保存最大的满足这种幻想和虚构的结果。由此看来，拉康的禁欲思想正好和威廉·赖克①的性乐观主义相反，后者关于性高潮的理论相当于结构主义者确实期望的绝对的满足这一神话，相当于德里达所批判的那个关于绝对的此在的神话。下面我们将会看到把神经病视为追求最终的必然这一观点和德里达对西方哲学传统中冀求某种终极的、超验的所指所作的批判之间的关系。在此，我认为把拉康的理论中的阉割看成是一种零度的精神现象，即整个意义或语言系统必然围绕着它组织起来的那个基本的、充满强烈感情的空白，也不算过分荒唐。

2. 德里达在结构主义中的特殊地位是建立在对前面一节中提出的基本问题的否定之上的，这个问题就是所指在与能指的关系方面最终所处的地位，或者用更加通俗一点的话来说，就是思维和语言之间的关系。然而对德里达来说，这个问题是有用的，因为它虽然是错误的，却说明了整个西方哲学中一个很大的问题。正是在这一方面，他所从事的工作最接近海德格尔对历史的批判，尽管他在提出自己的理论时所用的概念并不是海德格尔用来表达他的思想的那些概念，如对存在问题或对存在的思考的神秘感的消失。德里达也借鉴尼采，后者对超验和对西方形上学的批判与他本人的观点有一定相似之处。思维和语言之间的关系这个问题本身就暴露了“此在”这种形而上的观点，并且还隐含了一

① 赖克（Wilhelm Reich，1897—1957），美国精神病学家，原籍奥地利。性开放的倡导者。主要著作有《性高潮的功能》(1927)、《性格分析》(1934) 等。

种幻想：即单义的物质是存在的，绝对的此在是存在的，因而我们可以直接面对事物；意义也是存在的，而且应该有可能"断定"它们到底是语言的还是非语言的；此外，还存在着一种叫知识的东西，我们可用一种明确的或一劳永逸的方法来获得它。所有这些观念从根本上说都是那个关键的有关绝对的此在的形而上论的实质的各种表现；这一形而上的观点促使主体（在这一点上与萨特的那个虚幻的"自在"不无相似之处）坚信无论自己的经验多么支离破碎，别的地方肯定存在着绝对的完整，正是对此在的这种信念构成了西方思想的"围墙"或认识极限；德里达本人的问题就在于他自己也属于这个传统，无法摆脱它的语言和惯例，并且必定陷入困境（与巴特所说的文学的困境十分相似），即用来批判此在这一形而上论的词句和术语本身一经使用便立刻僵化，并成为支持它们原先准备打消的此在这种幻想永远存在下去的工具。

因此就不得不采取对语言做点手脚的办法；通过这种办法，德里达（跟海德格尔一样，而两人又都以柏拉图的辞源辨义为榜样）希望在他所用的词的内部以某种方法专门空出一处，以使他的用语无法明确地归入名词和实词这些使人产生错觉的类别。这也就是德里达提出的差异或延异的概念，旨在强调在英语中分别为相异和推延这两个意思之间的密切关系。差异（诚如我们所见，是构成语言的基础，并且在某种意义上来说与同一是一致的），是一种延异或者说是时间本质意义上的推延，其结构完全是过程，永远不可能让它停下来成为静止的此在，也就是说在我们刚意识到它的时候，它就在我们身旁一闪而过；因此它的此在既是即在又是不在。

这种延异在语言中的表现形式被德里达称为"印迹"。他也正是通过印迹这个概念抛弃了我们在前面提到的词意相对的错误观点。因为要想追溯业已存在的词句背后的东西和业已用语言形式表达出来的思想背后的东西就等于屈服于“万事有源这种神话”的威力，就等于人为地将自己置身于过去之中，而那时还没有这种有机的结合，还只是像世界创建之前的那种乱七八糟的仓库中一样，声音就是声音，意义或思想就是意义或思想。说一切语言不过是一种印迹就等于强调指意是自相矛盾的：即我们要想知道意义的话，这个意义必须已经产生；它永远是过去，哪怕是一刻之前发生的事情。在此，我们不妨借用黑格尔的一句话，这也是存在主义者从他们自己的需要出发非常喜欢的一句话：“本质即已存在的东西。”黑格尔凭借这一观点把静止的知识范畴变成具有深刻历史和时间意义的、不断运动的现象，联系到我们现在所谈的问题，我们不妨把这一观点改说成：“意义的结构本身就决定了它永远是一种印迹，是已经发生的事情。”

这种观点导致的结论是符号似乎总是不太明确的。我们对它把握不准，它自身也模棱两可，一会儿清晰明白，一会儿障碍重重，使我们脑子里交替出现纯声音和纯意义；这一切倒不完全是因为我们对这一现象知之不多，而是语言的结构本身造成的结果。认为符号必定是印迹的说法等于承认任何符号都可以集中表现为物质的一面或思想的一面，也就是说符号既是又不是物质，而且包含着一种必然的外在性。在这一意义上，此在这一神话，和单纯的言语这种神话或说话优于书写的观点是一致的。德里达在一系列对（柏拉图、卢梭、索绪尔、胡塞尔）的研究中给我们指出了我们出自本能赋予口头语言的那种优势最终可以追溯到以为意义完全是清清楚楚的，或者说绝对的此在是存在的这种错误认识上面。因此，德里达的这套理论和麦克卢汉①所推崇的东西

① 麦克卢汉（Herbert Marshall McLuhan，1911—1981），加拿大作家、文化理论家、教育家。主要著作有《机械新娘》（1951）、《理解媒介》（1964）、《媒介即信息》（1967）等。

完全相反；然而后者这一派的主要成就，如沃尔特·J·翁[①]的《词的存在》，连在把写作的演变和性心理的发展阶段联系在一起这一点上都和德里达如出一辙，并且完全可以和德里达的著作放在一起来读，从而看出对同一方面的文化现象一正一反的两种对立的观点何其相似。

根据德里达对口说语言毫无根据的重要性的批判，我们可以看出德里达认为一切语言的基本结构，即使是有文字之前的口说语言的结构，本质上都是书写语言的结构，也就是德里达所说的原书写笔迹（archi-écriture），目的是强调一切语言都具有的，也是作为后来一切实际的书写体系的依据的基本外在性或与自身的距离。别的不说，这至少意味着文本和它的意思之间总有一道鸿沟、对文本的评论或阐释都出自文本本身缺乏意义这一点。不过它也意味着文本可以没有确定的意义；阐释过程，把所指一个接一个地带出来，并让每一个所指继而变成有效的能指或指意系统的过程完全是无止境的。

德里达对形而上学的批判与海德格尔对此的批判十分相似，甚至可以说受到了后者很深的影响，他的这一批判跟《泰凯尔》杂志周围的那伙人一起的政治影响就在这一方面。说实在的，我真想把《泰凯尔》这一圈子里的人叫做左派海德格尔分子（好比马克思本人从中脱颖而出的左派黑格尔主义者一样），因为他们把独裁主义和神中心论与坚持某种**绝对的所指**混为一谈。然而这些与共产党有着密切联系的作家的政治观点和 30 年代初的超现实主义以来的任何人的政治观点一样激烈，一样新颖；这样说一

---

① 沃尔特·J·翁（Walter J. Ong，1912—2003），美国学者、教授、牧师。其研究常融哲学、文学、神学、社会心理学于一体。主要著作有《拉米斯、方法与对话的衰落》（1958）、《词的存在》（1968）、《修辞、传奇故事与技术》（1971）等。

点也不算过分。

这是因为德里达对书写这一概念的解释能力所持的独到的见解可以说已经给马克思主义留有一席之地。不过，就弗洛伊德主义本身包含对语言的书写问题的看法这一点而言，我们可以说它肯定已经把弗洛伊德主义包括进去了。我们只要想一想弗洛伊德用来表示意识和无意识的关系的那本神秘的拍纸簿[79]，就可以感觉到精神分析的模式中有关书写的比喻多到什么程度。相对于他的实际的体系而言，德里达在方法上的特点可以说是由这些东西构成的：对哲学或文学文本进行“荧光检查”、对词汇或句子中出现的与书写笔迹有关的比喻，无论细微到什么程度都决不放过。这成了一条原则，认为这类比喻，甚至明显是无关紧要的，都是很重要的，并且能说明作者与书写的关系，换句话说，能说明作者在西方形而上学的传统的思想框架中相信此在这种神话。为了证明这种看法有各种可能性，我们可以举纪德的“蔑视道德的人”复活后指出自己重新发现老亚当时的话为例：“这‘老亚当’是基督福音要求摈弃的，也是我周围的一切：书、老师、家庭，甚至我自己一直想要压下去的。尽管他很消瘦，而且在那么多的印记下很难看清，我觉得更有必要、也更值得去重新发现他。从那时起我就蔑视教育在他身上画上的那种后天的、普通人的特点。我不得不剥下那一层层刻在他身上的印记。”

> 我把自己比作（可以刮去旧的字迹供重新书写的）羊皮纸；我知道当一个学者在同一张纸后来写上去的一行行字的下面发现以前的、珍贵得多的文本时是何等兴奋。那个隐蔽的、秘密的文本是什么呢？为了读到这个文本是否还必须抹掉后来写上去的那些文本呢？[80]

这样，《蔑视道德的人》就成了一个解读文本的故事：它那典型的景色，那些绿洲以及草木繁茂的诺曼底农庄，这些都是一个可见的文本的许多形式；在这些形式中，以春天或年降雨量出现的自然和表现为耕作方法的人为合写成人本身这个词。这种分析方法的其他方面也并非离题万里，因为这部著作从某一方面来说是对私人财产和私有制的自相矛盾的地方的一种相当审慎的批评，而另一方面，同性恋这个问题则可以说是通过羊皮纸这个形象本身引发出来的，因为文本最深的那一层——“执意从恶”[81]——必须与它上面的各层有所不同才能做到把它和它们区别开来这第一步。萨特曾说过，道德败坏就是失败的滋味；在纪德的作品中（例如米歇尔最后帮助偷猎者偷他自己这种情况），它就是对相信存在着某种绝对的和正宗的此在这种神话的惩罚。

必须指出的是，这一方法（的确在这一点上是忠实于纪德的那个寓言的结构的）本质上是一种形象化的比喻。读过德里达自己的分析的人无不诧异地注意到这些分析似乎经常回复到最老的弗洛伊德式的阐释方法上去，即采用所谓的阳物象征手法。因此德里达在对弗洛伊德早期的“科学心理学计划”的研究中[82]，把意在强调精神的各个部分之间的结构关系“Bahnung”一词（即“穿透”的意思，但在弗洛伊德全集的标准译文版中却被很不恰当地译成“通畅”）解释为一个既表示书写文本的行为，又表示性交行为的双重比喻。这样，弗洛伊德其人便被用来还治其身（尽管他深知写作具有性象征，因为写作时“有汁液从钢笔中释放出来，流向白纸”[83]）。不过，把写作与性行为之间这种象征关系说得最详尽的一个例子在德里达的《论文字学》一书中；在这里，德里达指出卢梭把文字说成只是口语的“替代物”，这种说法实际上包藏了不自觉地把写作和手淫等同起来的看法（卢梭把后者也称为一种“替代”，因为它代替了天性）。

把这种分析说成是比喻并不等于说它是错的。事实上，对卢梭的分析在这一方面是非常有说服力的，而且在两个方面得到证实：一是对卢梭本人的内心世界的独立的研究，二是18世纪文学基本上是一种挑逗的和色情的描写这种普遍情况。然而，以某种概念联想作用为依据来为德里达的方法辩护，认为某一特定的词（如卢梭的替补物和柏拉图的毒药）是各种基本内容的象征体现，因而可以作为探究整个作品的一种征候，那是不对的，尽管不能说是错的。我们不妨这样认为，即那些关键的词，作为一个符号，自身包含着能指与所指之间的根本性的差距，或叫差异或延异，以致我们永远无法获得其"终极"意义，即那个可以成为绝对此在或与自身完全一致的意义。因此符号的结构本身就是比喻性的，因为它是在永无止境的复归中从一个"层次"的所指向另一个层次，接着再向下一个层次推移的无穷的运动。

《泰凯尔》这一派人物可以说正是在这一点上完善了，而不是篡改了德里达的基本思想。的确，可以作为他们的共同努力的丰碑的著述，即让-约瑟夫·古的《钱币学》一书简直就回到了教会领袖们所倡导的中世纪的四层次分析法那种无所不包的体系论上。在这一论著中，让-约瑟夫·古企图说明各种价值系统，无论是经济的、精神分析的、政治的还是语言的，都有一个基本的共同点，即"（价值）的等级结构是怎样建立起来的。这是一条决定等次和从属关系的原则，按照这条原则，绝大多数（复杂的、多形式的）'符号'（产品、行为和姿态、主体、客体）都排列在它们之中某个神圣的权威之下。在某些凝聚点上价值似乎积聚起来，形成资本，集中在一起，赋予某些成分特有的代表性，甚至是它们本身组成的那个丰富多彩的集合体中垄断的代表性。这时晋级的神秘起源已经消失，而使这些成分在起着价值的标准和尺度这一超验作用时有绝对的（独立的和无限的）垄断权"[84]。

对不同的东西的价值分别进行的研究所得到的十分相似的内容，如马克思对货币和商品的研究，弗洛伊德对情欲的研究，尼采对伦理学的研究以及德里达对语言的研究，本身就是决定这些不同对象的东西：黄金、阳物、父亲或君主或上帝，以及口说语言（parole pleine）相互之间的隐蔽关系的一个标志。这些绝对标准的产生的范式就是马克思所说的交换机制的四个阶段：简单阶段（一对一的时期，等于拉康的镜像阶段），高级阶段（一种多形态的价值系统），概念阶段（出现了共同价值这一抽象概念），以及最后一个货币的或绝对的阶段（这时黄金已从商品流通中排除，成为绝对的标准，就像父亲被杀，转为父亲的名义，也像拉康的精神分析中象征性的阉割把性欲定在生殖器阶段一样）。这一过程中另一个重要现象，也就是使我们的说明具有政治和革命内容的现象，是这一发展过程本身的淡化和消失，使资产阶级能够掩盖价值来自真正的劳动这一事实，把性成熟的其他各个阶段都笼统地说成是变态、消除弑父的一切痕迹，把一切表现为书写文字形式的语言等同于口说语言的“替补物”。

德里达的理论中所隐含的，但在《泰凯尔》小组的观点中所公开的那种政治性表现为“对起源抹杀后的实际结果的斗争”[85]；这样说是为了认识这种观点在马克思主义的框架内的价值和极限。我在其他地方[86]对庸俗马克思主义所采用的经济模拟论，即基本上套用马克思主义经济学的术语，和那种试图把思想意识重新基于阶级斗争的具体实际的真正的革命努力作了区分。在这种情况下，《泰凯尔》的政治态度本质上可以说是一种在各个层次上反对存在着超验的能指或最终的实在的意义或绝对的此在这种观点的富有战斗性的无神论。它也可以被认为是萨特在写《存在与虚无》时所从事的工作的继续，只是存在本身的说法和概念现在已被抛弃，而且《泰凯尔》派的人物还提出了一种对时间或过程的认可，对一种整体性的文本生产或实际上就是产生现实本身的印迹的形成的认可，来取代萨特这部著作的道德结论，即相对来说一成不变地坚持不存在。朱利亚・克里斯蒂娃①是在文学领域中最系统地阐述这些观点的一个人，她建议用把文本视为一种自生机制、一种无止境的文本生产过程的观点来取代过去关于文学形式的那些形而上的观点。

因此，对这种生产力的压制便来自对上面谈到的永无止境的复归过程，也就是意义从能指向所指无穷的接替的一种担心。资产者或神经病患者（萨特所指的"不正常的人"）是无法接受延异的这种纯时间性的，他们最终必定要求助于任何一个层次上某种有关超验的所指这种使人安心的理论，可能是有关上帝，也可能是有关政治权威、阳刚气概、文学作品或者就是意义本身的理论。因此，在《泰凯尔》派身上集中了拉康和德里达的各种分散的思想，形成了一股力量，即使不算真正具有革命性，但至少在资产阶级的传统中是有很强的批判力的。

但同时，我们也必须指出作为这股力量的基础的理论体系本质上是自相矛盾的。就在否定一切最终的或超验的所指，否定一切能够决定现实的最根本的内容的概念的过程中，德里达最终也创造了一个新的概念，即文字这个概念。从文学的角度来说，我们可以说德里达本人的一些分析（更不用说是让-约瑟夫・古的那种复杂的引申了）之所以有力，是因为它们把文字作为一种特殊的内容分离出来并如此对待它；这样，文字就成了最基本的阐释或解释的标准，一种被认为是比它在阐释活动这个等次结构中所支配的下面各层次上的其他内容（经济的、情欲的、政治的）

① 克里斯蒂娃（Julia Kristeva，1941—），法国结构主义符号学家、女权主义者，原籍保加利亚。主要著作有《关于中国妇女》（1974）、《诗歌语言的革命》（1974）、《语言中的欲望：文艺符号学研究》（1980）、《爱情故事》（1983）等。

更为重要的标准。否则我们就无法解释下面这样一段相当典型的德里达式的论证语言的威力："文字、字母、有意义的记号等在西方传统中一直被认为是精神、生命、神谕和理念之外的躯体和物质。而心与身的问题无疑又来自文字的问题，这时前面一个问题似乎（倒过来）把自己的比喻用到了后面一个问题上面。"[87]这种颠倒是骗人的东西，因为它只提供了对各种可能性的简单选择；因为很明显的是，如果强调心身问题，那么我们就可以把整个关于印迹和延异的概念看成是生命必须有所体现这一基本思想的表现形式之一（语言层次上的）而已。在此，我们必须在表示同一事物的两种方法之间、两种相似的标准或阐释方法之间作出选择，那就是语言的标准和生命或有机体的标准。这个时候的选择颇似一种形而上的选择，德里达关于印迹的概念也颇似原本试图批判的那类本体论之一。

但是我并非暗示德里达这套体系与马克思主义是格格不入的。事实上，在强调此在或直接意识的结构是自相矛盾的，是永远已经存在并到位的，并似乎永远在时间和存在上先于它们自身这一方面，德里达的思想和阿尔都塞关于"永远已经确定"的思想是一致的。阿尔都塞说："马克思主义抛弃了本源说及其种种有机论思想这种观念上的神话；作为其指导原则，马克思主义确认每一件具体'事物'的复杂结构都是确定的；这个结构既决定该事物自身的发展，也决定认识该事物的理论应用的发展。因此我们无须理会那些最早的本质，而只须涉及永远是事先确定的东西［un toujours－déjà－donné］，不管对其了解可回溯到过去什么时候。"[88]由此看来，"印迹"便成了马克思那个一直招致非议的论断的一种有力的、象征的表示方式；这个论断就是："不是人们的意识决定人们的存在，相反，是人们的社会存在决定人们的意识。"[89]①这一决定表现在"已经确定的"之中；作为已确定之物，它总是超越意识，无论你把它设想得多么周到，就像它能在语言的地矿中找到文字这种可见的表现形式。这一点可被认为是所指最根本的基岩，即那个自身永不构成概念或能指，因而也是前面谈到的那种不自觉的神学般的固恋永不可及的基础结构或"社会存在"的层次，但这个层次却为能指的无限复归和飞迁垫了底。不过，如果真是如此，那么德里达批判的那些实质更确切地谈应该叫超验的能指，因为它们相当于对单独一种符号或思想范畴的固恋。但我们提到的所指的最本质的一面却不能用这种方法来实现（尽管庸俗马克思主义的经济主义试图做到这一点），因为它总是超越个人的意识，是个人意识产生的基础。

然而，这一困境本身还只反映了结构主义的立足点的问题，这在本书序言中已提及：即用各种语言系统来说明现实，用新的语言学术语来重新表述哲学问题，这一选择必然是一个专断的决定，必然使语言本身成为一种享有特殊地位的阐释方法。指出今人与前人越来越多地使用语言模式这一点即使不是赶时髦，也符合"时代精神"；另外也应该老老实实地承认一切皆语言的观点无可辩驳，但也无法辩护。

德里达深知这一点，以至最后得出的结论是结构主义本身也摆脱不了此在这类神话的影响。他说："此在这种形上说的基础已被符号这个概念所动摇。不过人一旦想证明……超验的或特殊的所指是不存在的，而且到了这一步，指意的范围或活动又是无止境的，那么他就必须放弃符号这个概念和词，但这一点正是他办不到的，因为'符号'的含义一直被认为是所指的标志，

① 这两句话出自马克思：《〈政治经济学批判〉序言》，见《马克思恩格斯选集》1版，第2卷，82页，北京，人民出版社，1972。

是返指所指的能指，是不同于所指的能指，它的意义也就是这样确定的。现在，如果我们抹去能指和所指之间的根本区别，那么我们就应该放弃能指这个反映形而上学思想的词。当列维-斯特劳斯在《生的与熟的》一书的前言中声称他‘通过直接置身于符号这一层次上已经设法解决了可感的与可知的之间的对立’时，我们可不能因为他这种做法有必要，而且有理有力而忽视符号这个概念本身无法解决可感的与可知的对立这一事实。符号的概念本身是完全彻底地、自始至终地由这个对立决定的。它的生命力正来自这一对立，来自它所建立起来的体系。然而我们又无法不要符号这一概念，我们在批判它与形而上学相通这一点时，不可能不同时批判我们正在对它进行的批判，也不可能不冒这样的危险，即把一个已经和自己的能指相结合，或者同样也可以说已经完全把它排除在外的所指在内在特性方面的差异消除殆尽。”[90]

因此，德里达的思想并不说明它已经轻而易举地超越了它所批判的形而上学，已经摆脱老的模式，进入这种批判已暗示存在某种未知的领域。相反，他所用的哲理语言却沿着它自己构成的思想牢笼的四壁摸索前进，从内部对它进行描述，好似它不过是各种世界中其他世界不可理解的一个世界。

V

1. 结构主义这一要害问题，或者说是对结构主义的结构主义批评的核心问题使我们在符号这一固定不变的概念中看到了时间性这一事实和对它的感受的破坏性，这种破坏性把老的系统的外壳一点一点地破开，并使自己一点一点地展现在人们的眼前。这里，我们不禁要提到结构主义对历史的再创造；而且在我看来，

“延异”这个词是想用来指最小的差别，用来在最小的时间单位内找出时间的奥秘。德里达本人对此一清二楚，如果说他不大愿意用“历史的”一词来说明这个基本作用的话，那是因为他认为黑格尔是个形而上学论者，而“历史”（作为直线型的接续、理想主义的延续以及一系列的“此在”这样一些错觉）依然是西方传统中形而上学思想的一部分。他说：“如果‘历史’一词本身不包含从根本上消除差异这种想法，那么我们就可以说只有差异才能从一开始就具有彻底的‘历史’性。”[91]

这种再创造是和我们对时间的一贯看法的深刻改变相一致的，特别是和用德里达的语言来表达叫做对此刻这种思想的彻底批判相一致的。由于某种尚待确定的原因，真正的历史性只有在抛弃绝对的此刻这种幻想的条件下，在此刻对来自其他方面的时间流动重新开放的条件下才有可能。这再一次说明为什么在这种情况下艺术作品是最好的研究对象。德里达说：“作品的这种历史性不仅在于作品有过去，在于它先潜在于其作者的意图中，而且还在于它永不可能存在于此刻中，永不可能在任何绝对的同时性或即时性中重新开始。”[92]因此，索绪尔的理论中关于同一和差异的问题的最根本的表现形式就是对时间的一种新的、历史的认识，即此刻中在场与不在场并存，在我们眼前从静态中产生出时间。

这样，结构主义就达到了它的外部极限；值得指出的是，时间性从结构主义的角度来说，在此已成为直观的，这是因为它指的是符号内部潜在的时间性，而不是客观事物的时间性，也不是实际存在，或历史的时间性。

这种分离在结构主义关于历史的最详尽的论述中，也就是阿尔都塞的观点中，也有所强调。我们已经指出，阿尔都塞认为观念上的世界必须和真实的世界绝对分开，因此历史这一概念的问题本质上是用什么模式的问题，而不是现实世界的问题。他说："对那种偏见的巨大力量我们切不可掉以轻心；它仍然控制着我们，它是当前历史真实性的核心，企图通过让认识对象表现出它所认识的具体事物的主要'特点'使我们混淆认识对象和具体事物。对历史的认识并不比知道糖是甜的更具有历史性。"[93]

这就是格雷马斯在提醒我们认识尽管以历时事件为对象，却本质上是一种共时现象时用一种不完全相同的方式强调的东西。[94]这意味着就我们能够抽象地"认识"历史这一点而言，这种认识必定已经把货真价实的历时性变成了共时性的东西。因此，真正的历时、真正的历史是我们头脑外的一种不可直接获得的"事物自身"，时间成为一种不可知的东西。

阿尔都塞持相似的观点，但他在使用术语方面也许更加注意连贯性。他指出历时和共时都是概念上的范畴，不可知的是"切身的"历史（个人的经验）和"客观的"历史（集体的命运的渐现）。因此在他看来，历时观作为一种思想方法成了"一种时间的时间，一种我们无法在生命时间或钟表时间的延续中读出的复杂的时间，它必须由我们从生产本身的具体结构中构建出来"[95]——也就是一套虚构的或假设的变化模式。共时观也是如此，在阿尔都塞看来，它是对纷繁的现时和复杂的"主导结构"的一种抽象；在这种结构中，不同层次的现象按相互之间的关系分层次组织在一起。

这样，阿尔都塞的观点既反对经验论或唯实论的历史观，也反对黑格尔的或唯心论的历史观。他把二者联系起来，视为辩证对立的双方，他说："这样，我们就处于明显的经验历史的两极，这里所有历史的时间都是简单的时间的延续，所谓'内容'都不过是在这种时间内发生的事情的空架子，而历史学家则试图通过各种不同的编辑技巧把这些事情编排起来，以便给这个时间的延续‘划分时期’。我们必须与之打交道的当然不是构成一般的平淡无奇的历史的延续和断续这样一些概念，而是每一种历史特有的、复杂得多的概念；这里有新的逻辑形式的介入，而且黑格尔提出的那些只不过是‘运动和时间的逻辑’这些概念的升华的思想除了有很高的近似值外就什么也没有了，而即便是这一点，也是有条件的，那就是根据它们的近似值近似地（象征地）运用它们，因为假如我们真把黑格尔的那些概念看成是可以成立的话，那么它们的运用在理论上就是荒唐的，简直是徒劳的，甚至会是一场灾难。”[96]

2. 由此看来，我们似乎把位置颠倒过来了，这本身就很辩证，因为这时历史似乎对自己的历史性这一点已坚信不疑，以至不再把自己当历史，而突然变成一种非历史的认识对象。这一点在列维-斯特劳斯那里已经比较明显地表现出来，他认为把现代的或西方的（“热的”）社会视为历史，就必然要把原始的或冷的社会视为无历史的，而且还必须提出一个较大的第三项（结构）把两者都纳入。这种做法至少是把观念上的历史和能够作为社会本身的历史变化的能动的、内在的规律的历史混为一谈。其结果是，一方面历史（也就是西方）的出现在列维-斯特劳斯看来完全是偶然的，是根本不应该发生的事情[97]；而另一方面，实际的变化则与事物而不是人类的活动联系在一起，于是历史成了事物的历史：“（神话思维和逻辑思维）之间的区别与有关的思维活动的性质关系不大，而更多取决于这些思维活动的对象物的性质。技术专家们在各自的专门领域中早就意识到了这一点：铁斧比石斧好，并非因为它比后者‘做得更好’。两者实际上都做得很好，只是铁与石头就是不一样。”[98]列维-斯特劳斯赞同卢梭，表明两人基本的哲学观点惊人地一致。

然而，最能说明“历史”成了不过是许多同样重要的思维方式中的一种这个过程的，也许是米歇尔·福柯所做的工作。他的《词与物》一书力求得出我们已经看到结构主义似乎有希望得出的那种模式史。

德里达的理论中最重要的思想是“此在的形而上论”这一批评概念，在福柯的理论中，具有同等地位的概念则是表征这个概念，也就是有关主观意识与客观存在，或者说是词与物之间的关系的一个观念，根据这一观念，前者总是以某种方式对后者的模仿。福柯的目的是想证明：“整个古典主义时期（当然指 17、18 世纪）表征理论和语言、自然分类纲目以及财富和价值的种种理论是相一致的。可是到了 19 世纪初，这种情况完全变了，表征理论作为一切可能成立的体系的总基础这一点已不复存在，语言作为一种自发的现象和以实物为基础的文字体系、作为表征和事物本身之间必不可少的一种联系也随之消失。一种深刻的历史性深入到事物的核心，把它们孤立起来并根据它们自身的严密结构来确定它们，把日久天长形成的规律强加于它们身上；对于交流和流通的研究让位于对生产的研究，对有机体的研究优先于对分类特征的研究；最主要的是语言丧失了其特殊地位，只成为与其自身丰富的过去相一致的历史的又一种表现形式。不过随着事物逐步以自身为中心，努力寻求自身发展中可被理解的规律，同时抛弃表征这一层面，西方认识史上第一次出现了人……从此产生了各种离奇古怪的新人文主义思想和一种对人进行总体的、半实证主义的、半哲学的审视的‘人类学’的全部轻而易举的解决办法。不过想到人还只是一种新发明，不足两百年，只是我们的认识中的一褶，而且在后者获得新的方式后将会消失这一点，还是令人宽慰的。”[99]

我们可以这样来总结这种新的历史理论，那就是看看它所指出的有关语言的命运，这也是这一理论的主线：从文艺复兴（那时世界基本上就是《圣经》、文本、文字符号）开始，经过古典主义时期（主要将语法等同于逻辑）一直到现代（主要是历史语言学或发生语言学）。这说明历史表现出话语逐步消逝的特点，而现在，随着结构主义的出现，历史似乎快要回到突出语言（或总的象征界）来压倒历史或我思这些过时的思维方式这种观点的地步。

这种范式已为大家所熟悉，不熟悉的是用作例证的材料（语言学、生物学、经济学），因而使这本书也许就更为有趣。福柯较早的一部书《疯狂与非理性》，虽然不如本书系统，却在提出癫狂史这一点上更为令人瞩目。然而几个关键“时期”都是一样的：中世纪，这时疯人像吉卜赛人一样自由游荡于欧洲，乘着真正的“愚人之舟”穿梭于河道，船上的愚人则被认为具有神赐的特权和智慧（莎士比亚的剧作中仍可见到）；古典主义时期，这时刚刚出现的理性思想同时产生了其可怕的对立面，这时首次使疯人与世隔绝的最早的疯人院与笛卡尔的我思是同时出现和存在的；浪漫主义时期，这时在夏朗东①，疯人成了19世纪慈善业的对象，癫狂也不再被认为是罪行，而是一种疾病；最后是当代，这时大狂人尼采、荷尔德林②或安托尼·阿尔托③都似乎被认为是绝对经验的化身，掌握着人的品质和思维的极限的奥秘，甚至

① 夏朗东（Charenton），法国地名。位于法国西部，盛产葡萄。在那里有关押犯人的监狱和精神病患者的疯人院。

② 荷尔德林（Friedrich Holderlin，1770—1843），德国诗人。主要作品有《许佩里翁》（二卷本，1797、1799）和大量诗作，还翻译过索福克勒斯的《俄狄浦斯王》、《安提戈涅》。

③ 阿尔托（Antonirl Artaud，1896—1948），法国演员、诗人，戏剧理论家。20世纪20年代曾卷入超现实主义流派的演出和创作活动，后受象征主义影响，形成所谓“残忍戏剧”理论，并著有《残忍戏剧宣言》（1932）、《戏剧及其替身》（1938）等理论作品，对西方荒诞派戏剧有较大影响。

是存在本身的奥秘。

这两部著作中显而易见的方法问题与所述各时期的内容并无多少关系，但与一个时期向另一个时期的过渡有关。福柯用于描述相邻两个时期之间这种突变的比喻（地震、大动荡、地震学上的断裂）是对下面这一问题的认可，而不是答案："也许提出问题的时间尚未成熟：我们很可能要等到思想的考古学这门学问基础更牢固、更确切地估算出自己直接和正面地进行描述的能力，并描述它所研究的各种独特的体系及内在联系之后，才能看到它从外部绕过思想并对它避开自己的方向提出疑问。眼下，只要在这些突变所处的或隐或现的经验层次上来理解它们就足够了。"[100]然而模式理论应当以其特殊地位认识到，模式的形式是不受其所获感性材料的众寡的影响的。

实际的情况似乎是同一和差异这种理论除了指出绝对差异外并无其他任何作用这一点在此已暴露无遗，我们必须接受一种极端的突变观念，把它看作从一个内部统一的共时时刻向另一个时刻的剧烈的、无意义的转移。福柯的理论框架使我们看到为什么必然如此。换句话说，我们不能把历史降格为许多认识方式之一，然后又希望从历史的角度来认识这些方式之间的联系。这使我们想起蓬日①所说的树的情况：树一再想逃避其树性，却以长出更多的枝叶告终："人们不可能通过树本身的途径来摆脱树。"语言作为超验的所指只能把历史视为一种特殊的话语模式，面对在历史看来不过是从商业资本主义到后工业资本主义的生命周期这一系列形式，语言只能目瞪口呆。

---

① 蓬日（Francis Ponge，1899—1988），法国诗人。作品多描写生活中实物。主要作品有《肥皂》（1967）等。

Ⅵ

1. 我们曾提出最好把结构主义理解为一种哲学上的形式主义，是现代哲学中无处不在的那种脱离具体内容，脱离各种能指理论的普遍趋势的极点。即使是弗洛伊德和马克思两人是否能成为结构主义大师这样的问题，也可以通过对结构主义的基本倾向的这种认识加以澄清，因为他们都身处黑格尔之后西方分类哲学解体的时期，因而他们的理论忽而被认为是新方法，忽而又被认为是新内容：一方面是历史唯物主义和精神分析阐释法，另一方面又是辩证唯物主义和性本能的理论。我们已经看到，结构主义试图将这两种方法加以结合，把它们看作能指和所指之间的差距的一对表现形式，同时结构主义又往往忽视这两种方法的具体内容，或者用象征手段对其加以解释。

结构主义的形式主义倾向还可以从另一方面，即罗兰·巴特对文学科学和文学批评之间所作的区别中明显看出，这是弗雷格①和卡尔纳普②两人较早对一句特定的话的“意思”和“意义”之间所作的区别的翻版，即这句话的固定的结构形式及一代又一代的读者赋予它的意义或变化无常的评价。这样，作品便成为一个等式，我们可以随便选择任何内容或译码来充当其变量。[101]毫无疑问，巴特本人一直是信守这一规则的，他在批评实践中运用各种不同的批评方法，时而用精神创伤来解释作品，时而用弗洛

---

① 弗雷格（Gottlob Frege，1848—1925），德国数学家、哲学家，现代数理逻辑奠基人。

② 卡尔纳普（Rudolf Carnap，1891—1970），德国哲学家，逻辑实证学派创始人和代表人物。主要著作有《世界的逻辑结构》（1928）、《语言的逻辑句法》（1934）、《概率的逻辑基础》（1950）等。

伊德学说中的“图腾与禁忌”，时而又用拉康的有关理论，或是《泰凯尔》派的文本解释法。这些不同的选择一方面反映了这位阐释者炉火纯青的阐释技巧，但也说明这一方法本身的概念在结构上存在着某种根本性的缺陷，某种近乎不可思议的任意性，因为否定任何特定的内容等于可以滥用任何方法。

与此同时，结构主义和当代其他主要的形式主义（实用主义、现象学、逻辑实证主义、存在主义）一样，也通过它所否定的特定的内容的性质，强调了对一切内容的排斥。结构主义独有的错误在于，它把自我或者主体当作实体。就其试图将主体重新融入纯关系、融入语言或象征的体系而言，结构主义可以被理解为对初见端倪的生活的集体性的一种误解，对由我们的个别存在构成的并非计算机自动化而是大生产化的商业网早已存在的集体结构的一种模糊的反映。从这一意义上来说，对自我及其各种主张的批评显然是一种反唯心论的冲动，然而它又是和建立一种新的客观科学或称符号学这种较为实证主义的要求并存的。这些实证主义的努力，例如试图在人脑结构中找出双项对立思想的根源，都不如我们下面要谈的这一理论体系的其他结构方面的结论那样发人深省。

现在让我们回头再看搁置已久的列维-斯特劳斯对俄狄浦斯神话所作的分析。我们还记得四类基本内容（乱伦、家庭内部的谋杀、残疾、妖魔）组成了两对对立，一对涉及血缘关系（过分强调血缘关系、忽视血缘关系），另一对涉及人与自然的关系（人有时成功地摆脱自然的控制，有时却不成功）。在另一节中，我们又指出列维-斯特劳斯认为神话本质上是通过想象解决实际矛盾的一种方法。因此，俄狄浦斯神话被认为是对以血缘系统为一方和以自然为另一方的矛盾的调和，是对亲属关系规则无法完全涵盖有组织的生活这一点在思想上的一种令人反感的反应，这种反应可以被认为是一种艺术升华和对赤裸裸的兽性的掩饰，与文面的性质是一样的。这个神话“于是表明一个自称信奉人是地生的社会不可能从这种理论转向承认我们每一个人都是一男一女结合所生这一事实。这是个不可逾越的困难，但是俄狄浦斯神话却提供了一种逻辑方法，在两个问题之间架起了一座桥梁，一个是原有的问题，即人是一个人还是两个人所生，另一个则是派生的问题，可以大致说成为：同样的东西是同样的东西还是不同的东西所生？这样，一种相互关系就逐渐脱开：过分强调血缘关系与忽视血缘关系之间的关系和试图跳出地生说与无法做到这一点之间的关系是一样的”[102]。

这种解释确有独到之处，远非对个别具体神话问题的局部解释。因为从本质上来说，上述对立是自然与文化之间的对立；并且就俄狄浦斯神话是文化本身对其起源的一种干预而言，就创造神话并非文化本身可有可无而是必不可少的构成部分这一点而言，得到这样解释的这一神话也涉及其自身的存在问题。因此，说到底，在列维-斯特劳斯看来，对这一具体的神话的解释（和对一切神话的解释一样）表明：“所有神话共同的特点，即夸张，它是一个层次和另一个层次或其他几个层次相乘的结果；另外，这个特点就像在语言中一样，起着表明指意活动的作用。……如果有人问这些指意（它们互相指意，但最终必须与某样东西相联系）最终的所指是什么，那么本书（《生的与熟的》）所作的唯一的答案便是神话通过它自身所属的那个世界来说明构成它们的精神。”[103]因此，构成巴特的理论的基础的那种双功能性（即符号既有某种意思又表示其作为符号的自身存在）在此简化为一种“内容”就是形式的彻头彻尾的形式主义：神话讲的是神话的构成，正如诗歌讲诗、小说讲小说家一样。只有这样，列维-斯特劳斯才能避免将外部的内容，即吸收的外部“意义”这一异体，引入那些他用来对神话进行结构分析的纯粹表示关系的式子中：只有这样，他才能避免进行解释，不过他这样做的最终结果是把结构主义的形式（语言模式）又转变为一种新的内容（语言作为最终的所指）。

我们还可以用文学批评中的另一个例子来证明这不单单是个人的失误而是对整个系统一种必要的结构上的歪曲。因为至此我们尚未谈到这种新的文学批评中最明显的结构主义特征，尽管其情节结构规则似乎是形式主义者开始进行的研究的继续。结构主义批评的最典型的特征就在于把形式转变成内容，在这种转变中，结构主义研究的形式（故事的结构犹如句子、犹如说话）成了有关内容的说法：文学作品谈的是语言，把语言的作用作为其基本主题。因此，托多洛夫在一系列有影响的文章中指出像《一千零一夜》这样的故事集的根本主题必须被看作讲故事这一行为本身，指出人物的心理活动中（或者是作品立足的心理基础中）唯一不变的东西就是对讲故事的和听故事的着魔：人物之所以成为一个结构单位是因为有故事可讲；从它们最终的命运这一点来看，“叙事等于生命，没有叙事便是死亡”[104]。同样，当我们来看《奥德修纪》这样一首远古史诗时，并且如果把语言的概念扩大到不仅包括叙事，而且也包括祈求、夸口、海妖的歌、谎言（独眼巨人的故事），那么这首诗歌中几乎所有的东西渐渐都似乎成为对语言本身、对说话这件事的一种前置突出。在这一方面，预言更具特殊意义，因为预言总是把将要发生的事先说一遍，它使我们在实际发生的事情中看到的不是它们具体的存在，而是对语言的证实，是已经讲过的事情：“每件事都是预言的；每件预言的事都发生。”[105]

现在，当我们来看像《危险的关系》① 这样一种较为复杂的文学形式时，也会发现类似的结构：书信体小说充满了各种各样的标志，它们大多数采取的是一种从所说的事情到所说的话的巧妙的转向；在这一过程中，写信的人把我们的注意力引向他自己的活动或者是他的通信人的话，引向写作本身。这样，写作和阅读的行为便上升到小说中的故事的地位，直到最终取代这些书信本当叙述的“真实”的事情。

然而托多洛夫却从这一无可争辩的结构特点中推导出具有普遍意义的结论，这也是用结构进行阐释这种方法的共同特点。他说：“因此，拉克洛代表了文学的一项基本性质：《危险的关系》的最终意义又是关于文学本身的一个命题。每一部作品、每一部小说都通过自己的情节结构讲述自己构成的故事，自己的历史。拉克洛和普鲁斯特的作品只是把存在于一切文学创作中的这一事实公之于众而已。这样，我们就能清楚看到那些企求获得一部小说或一个剧本的最终意义的努力都是徒劳的；一部作品的意义在于讲述自身之中，在于谈论自己的存在之中。因此小说总是把我们带到它自己面前；我们可以说它开始的地方实际上就是它结束的地方；因为小说的存在本身就是它的巧妙安排的最后一环，在此，被讲述的故事，生活的故事正好在讲述的故事、文学的故事开始的地方结束。”[106] 总之，我们在此必须承认这样一个事实，即在结构分析层次上又出现了形式回归到自身的现象和我们在形式主义批评中看到的那种荒谬的自我指定：形式主义批评将作品的形成看作自己最根本的内容，而现在结构主义者又把一部作品的内容视为语言本身。这并不是个别批评家的偶然所为或独有的

① 拉克洛（Pierre Choderlos de Laclos，1741—1803），法国军人和作家。他的书信体小说《危险的关系》（1782）揭露贵族社会的黑暗与腐败。

癖好，而是这个模式自身固有的一种形式扭曲。

我们已经发现《泰凯尔》派的批评实践有着一种复杂的隐喻结构，其最终意义为文本或语言。同样，根据交换所作的各种阐释（如雅克·埃尔曼对高乃依的《西拿》的分析[107]，或托多洛夫对《十日谈》中的故事的阅读[108]）也有一种隐含的语言或交际的内容，其程度和结构主义自列维-斯特劳斯在其对亲属系统的研究中将索绪尔的《普通语言学教程》和马塞尔·莫斯①的《简论礼物》相结合以来一直把交换视同语言回路的程度相一致。在格雷马斯把自我指定描述为一种契约的破坏和重新建立时赋予故事叙述结构的隐含的内容中我们看到自我指定以另一种方式在起作用。[109]我们且不说这种描述所具有的政治含义，但就社会契约这一概念在此来自列维-斯特劳斯这一点而言，这清楚地意味着笼统的文化的起源是法则，或者简单地说，是语言。这种投射效果或视觉幻觉也可以在其他关系较远的研究中见到，如拉普朗什和蓬达利对弗洛伊德的有关幻觉的概念的研究；由于这一概念起源于原始的诱奸情景，具有特有的阉割的景象，他们两人最终也把它解释为对起源的思考当然也是对它自己的起源的一种思考。[110]

这并不是说这种解释必定是错误的。正如形式主义者从他们自己的观点出发可以声称每一部作品的基本内容“只不过是”该作品本身的形成，因此，也可以肯定每一句话都从侧面谈语言，也就是谈它自己，都在其结构中包含一种自我指定，都表明自己既是一次语言行为又是总的语言的新创造，这些说法也有一定的道理。

---

① 莫斯（Marcel Mauss，1872—1950），法国社会学家、人类学家。涂尔干的外甥和学生。以对交换形式与社会结构之间的关系的比较研究著称。主要著作有《论馈赠》（1925）。

对这一现象作出最全面的解释的是罗曼·雅可布森，他在完成了从形式主义思想到这种新的结构主义体系的转移之后，把这种自指现象看成是整个交际行为中一种特定的不平衡造成的结果。他把交际行为的结构归结如下："信息发出者将信息发送到信息接收者。为能实现此行为，信息必须有一特定语境（另一不甚确切的术语为'指称对象'），必须为信息接收者所掌握，并必须为语言的或可用语言表达的；信息还必须有一套为信息发出者和接收者（或称信息的编码者和解码者）全部或至少部分共有的代码；最后，还须有一种接触，即信息发出者和接收者之间的具体渠道和心灵联系，确保两者进入交流并继续下去。语言交际中这些不可分割的因素可图示如下：

语　境
信　息
信息发出者……………………信息接收者
接　触
代　码

这六个因素中的每一个因素都决定一种不同的语言功能。"[111]这就是说，任何一句话的性质主要取决于强调哪一个因素而不是别的因素。因此，强调信息发出者的便产生出一种"表情的"或"情感的"语言，而强调信息接收者的则被视为一种呼语或祈使语（即"效应"功能）。趋向语境的侧重指称或明指，而侧重接触或交际渠道的则被雅可布森根据马林诺夫斯基①的理论称之为一种"寒暄"语（"大量程式化套语的交换……整个对话的目的只是为了延长交际……"[112]）。根据这样一种说法，那么语言的

---

① 马林诺夫斯基（Bronislaw Malinowski，1884—1942），波兰社会人类学家，功能学派的创始人。主要著作有《超卜连群岛》（1915）、《原始社会的犯罪与习俗》（1926）、《科学文化论》（1944）等。

"元语言"功能就是强调所用的代码的功能，是"每当信息发出者和/或接收者需要核实他们是否在用同一代码时"我们所采用的一种"注释"手段；而"对信息本身的倾向（Einstllung），为强调信息而强调信息，则是语言的诗学功能"[113]。

对语言行为或对象如此全面的结构认识使我们得以从历史的和情景的角度来看我们所说的叙事的自指性（如用语言本身作为最终内容来解释叙事），而不是把它看作一切文学所具有的静止的和永远不变的性质。自然，对雅可布森来说，对信息这个因素的"倾向"才是真正的诗歌的真正的特点；不过这似乎更多的是方向性指示，而不是有历史根据的主张。在对叙事进行分析方面，任何一种结构分析现在都必须从历史的角度来认识自指这一现象，或者说使这种解释立足于一定的历史情况。这样做之后，我相信就能看出这种从形式到内容的地质转变是较近期的一种文学和语言现象，不过这种现象在现代从某种意义上来说已是绝对的。于是，我们也可以指出，即使在那些自称内容较旧或较为传统的当代作品中自指性如何不知不觉地也占据着主导地位。我想到的例子有西默农①的小说，这些小说在其指涉方面（西默农的"心理学"，他"对人心的了解"）以及在看上去可以无限重复的情节结构的呆板性这一点，被认为都是相当保守的。这一众所周知的提法使梅格莱处于一项特定的人物或心理的案例研究之中。然而重要的是，他最终破案靠的不是演绎推理或归纳推理，而是发挥想象力，梅格莱的结论都取决于他是否能够在脑子里重现有关的人物犯下他正要调查的罪行的情景。因此梅格莱是在想象，

① 西默农（Georges Simenon，1903—1989），比利时小说家。一生写有大量犯罪心理分析小说和侦探小说，如《拉脱维亚人皮埃尔》（1930）、《圣福利安的吊死鬼》、《我的朋友梅格莱》等。此外还有《雪是脏的》（1948）、《玻璃笼子》等。《西默农全集》（1967—1973）多达72卷。

甚至可以说是在创造他面前的人物，使他成为某些行为可能的执行者：这岂不等于说，小说家本人和他笔下的人物的关系与梅格莱和他想象中的罪犯的关系是一样的吗？梅格莱的“答案”足以再写出一部小说，它实际上不过是西默农当初在构思这部新书，脑子里浮现出主要人物（罪犯或嫌疑犯）时所具有的基本灵感的翻版。这并不只是说梅格莱本质上就是西默农本人，而是说这部作品的创作本身就是作者在创作过程中的无意识的自画像，是那种追求真实、追求某种真实的指涉物的欲望不知不觉撞上一面镜子时的一种奇特的结构上的偏差。因此我们可以说西默农的小说的基本内容就是写小说这一活动，只不过这一内容被侦探小说的形式所掩盖，被用“想象力”和“心理洞察力”等概念取代“写作”本身这一点所隐瞒。

鉴于这种情况发生在结构主义中，我们不难理解这种从形式向内容的滑动为什么会发生。模糊不清的原因正是语言这一概念本身，它既指语言的抽象的结构，又指实际说话时具体的社会关系。这两层意思之间微妙的相互转移也许在拉康的精神分析学中看得最清楚，在这一理论中，我们以象征阶段（也就是纯粹的、非个人所有的语言系统本身）这个概念为基础，然后暗中重新向它引入语言回路这种情况下所有的具体内容，作为自我和非我的一种关系。因此，这种解释的真正的内容不是来自语言分析，而是人际关系。此外，指出语言的特殊结构恰恰在于，它与它所包含的非我的固有关系这一点作为反对意见（“那条规定‘我’和‘你’，即说话人与受语人，总好像在一起的符号学规则”[114]）也是没有什么用的：因为说所有的语言行为都是人际关系，作为一个命题，并不就等于说，所有的人际关系都一定是语言行为。

Ⅶ

我总是说："怎么？我什么也没看见。"然后他就会说："再试一次。"于是我又把眼睛贴到显微镜上，可还是什么也没看见，只是时而有一种模模糊糊的像牛奶一样的东西——这是调节不好出现的现象。你本来应该看到轮廓非常清晰的植物细胞的一种活跃的、无休止的规则运动，可我老是对他说："我看到的东西像好多牛奶。"他说这是因为我没有调好显微镜的结果，所以他就过来帮我，实际上是为他自己，重新调节。我再一看，看到的还是牛奶。

詹姆斯·瑟伯①：《我的一生与艰难时世》

1. 用眼睛作比喻似乎经常为描述认识论方面的问题提供一种特殊的语言。因此马克思和恩格斯就常常把唯心论的错觉，如独立的文化甚至整个独立的上层建筑这种观念，描述为使事物在眼睛的视网膜上颠倒过来的一种倒置作用的结果。[115]现在我想用一个相关的比喻来说明上面谈到的这些现象：一种无法历史地对待自己的材料的观点，而对于这种观点来说历史不过是许多话语中有可能使用的一种；另外一点是形式转变为内容，形式主义用自己的方法填补结构上内容的空缺这种更有代表性的趋势。

我一直认为瑟伯在上述引文中所描述的事很有代表性，而且不只是对结构主义而言。瑟伯最后告诉我们说，在一番折腾和在

① 瑟伯（James Thurber，1894—1961），美国幽默作家、漫画家。作品有小说集《卧室中的海豹》（1932）、《男人、女人与狗》（1943）等。

这位已经气得“开始像莱昂内尔·巴里穆尔①那样全身发抖”的植物学教师的手中受到折磨之后，他突然发现自己看到了“由星星点点的东西组成的一个色彩斑驳的星座”。可是那位教师对后来画出的示意图却不像那位学生自己那样满意。他大喊道：“那是你的眼睛！你把反光镜调到了反射的位置！你画的是自己的眼睛！”[116]

一种哲学如果自身不包括有关其自身特点的理论，如果不在意识到它所涉及的对象的同时也给某种起码的自我意识留有余地，如果在认识它应当认识的事物的同时不对认识自己作出某种基本解释，那么它必定落到画了自己的眼睛还不知道的下场，我相信这一点是不言自明的。我们只要想到维特根斯坦关于语言的游戏理论就可以举出一个与此无关的例子：在此我们可以明显看到不多一会儿这位哲学家所谈的已不是纯粹的语言，而只是英美派哲学家独特的语言习惯，他们像苏格拉底一样，不按任何规则像翻旧口袋一样挖空心思去找实际例子。

有人无疑会争辩说，结构主义确实有一套自我意识的理论：这就是我们一直拖到现在才开始讨论的元语言这一概念。元语言正是自我意识在语言中的表现形式：它是语言谈论自己，是一套以符号系统本身为其所指的符号。因此它是符号学认识到自己是一种方法的工具，并且作为方法以不同的面目出现在整个结构主义之中（例如在阿尔都塞那里，它表现为相对于简单的意识形态的“理论实践”）。

然而我本人却更倾向于把它描绘为对一个在结构上无法产生

① 巴里穆尔（Lionel Barrymore，1878—1954），美国名演员，是巴里穆尔戏剧世家的一员，曾在《自由的灵魂》（1931 年获奥斯卡金像奖）和《八点开晚饭》等影片中担任主要角色，深受观众欢迎。

自我意识理论的体系的一种自我意识。它不可能起到真正的自我意识的最基本的作用，如做自己该做的事，把观察者的作用也纳入实验，制止使巴特在下面一段话中感到很为难的无止境的倒退："人类的知识只有通过一系列连续的元语言才能参与这个世界的形成，每一种元语言就在确定下来的一刹那异化。我们可以再一次用正式的语言来表达这个道理：当一个分析者用他自己的元语言来谈修辞意义上的所指时，他便激发了（或重新启动了）一种无止境的知识系统。因为假使有人（别人，或以后他自己）要研究自己的写作并试图揭示其潜在的内容，那么这个人就必须采用一种新的元语言，但这样做他就会暴露自己：这样总有一天结构分析会成为目标语言并被纳入一个能够解释它的更加复杂的系统。这种无限的建构并不复杂深奥，它说明研究为什么只能在短时间内，甚至根本不可能具有客观性，同时还证实了我们也许可以称之为人类知识的赫拉克利特式的特征，任何时候只要它根据自己的对象不得不把真实与语言相等同就能证实这一点。这就是结构主义正希望理解，也就是说希望表达出来的一种必然：符号学家就是用他命名和认识这个世界所用的话来宣布自己未来的死亡的人。"[117]这样，对共时性的肯定便化成落入相对历史主义的痛苦，而其所以如此，是因为一种模式理论不瓦解它立足的那些前提是不可能把自己当作一种模式的。

正是元语言这个概念的这种独特的退行结构说明了结构主义者的文体特点。他们都这样那样认为自己在对某种更为基本的对象语言进行评论，而这种对象语言虽从未确定，却最终被认为就是语言本身。巴特在《S/Z》中采用了评论形式，德里达出于我们已见到的哲学原因，一贯只愿意把语言当作对别的哲学家的语言（实际上是对他们有关语言的思想）的一种注释来使用[118]，这些不过是所有的结构主义思想共有的注释性的和第二位的结构的最突出的例子而已。因此他们热衷于用数学形式进行表达，热衷于图表和便于观察的格式，这些都是结构主义的“图式文字”，目的在于表明有一种最基本的对象语言是评论的语言永远不可能企及的，这种对象语言就是语言本身。他们的文风也一样：不管是晦涩的还是明白的，不管是列维-斯特劳斯的高雅的仿古风格还是巴特的让人难受的新造词语，不管是拉康那种自觉的和过于花哨的炫耀还是阿尔都塞一本正经的近于恐怖的虚张声势，在这些风格中都有一种与自身的距离感，也就是我们经常所说的文体层次上的不幸的自觉。由于他们自己的原因，他们永远也不可能达到黑格尔的基本语言所具有的那种从容的深度。结构主义者的职业两重性（他们既是结构主义者，又是某一特定领域的专家）只是反映了这种文体和本体的根本消散。

2. 这种认识论上的不确定性的直接后果倒不在理论方面而在实际方面，因为我认为大部分结构主义研究具有的纯经验的框架这一特点就是由这种不确定性造成的，米歇尔·福柯是对这一框架阐述得最清楚的人。[119]在这种情况下，老的专业学科不能融入结构主义似乎在其他时候提出的那门更广泛的具体科学。相反，它们在一种很不自然的竞争中共存，这就是为什么列维-斯特劳斯对那些针对他认为是纯人类学的观点从哲学的角度提出的批评感到十分恼火，也是格雷马斯对那种把语言学这门独立的学科的独特的方法扩大到显然无关的心理学或政治学等领域的做法感到恼火的原因。

在一般情况下，我们可能注意到防止这类问题产生和公开提出及自行解决的正是对某一具体的文本所作的细致和严密的分析。这种形式的研究将本书中着重提出的那些理论上的矛盾无限期地推迟甚至完全遗忘；因为在对个别的具体作品进行分析时无须理会这些矛盾，还因为它们只是在考虑一个文本和另一个文本之间的关系或一种分析方法与另一种分析方法之间的关系时才成为问题。这就是整个经验主义的基本要旨和动机，无论它是传统的英国派，还是尼采（按照吉尔·德勒兹①的说法，尼采基本上是个反黑格尔、反辩证论的思想家），还是现代的逻辑实证主义：在辩证意义上用抽象的、特殊的去取代具体的，将单独的材料孤立起来，使它与整体的关系永远不必予以考虑，因为从来就看不到整体。这种方法的实际优点在于，它可以在不考虑某个领域的基本的哲学前提上那些令人烦恼的并且多少是玄学的问题的情况下照样在这个领域开展研究。但是它在思想方面的结果是防止专业化的学问最终回归到它必然立足的具体的社会和历史情况中去。这样，一种本来想用辩证论方法来使自己区别于奥格登和瑞恰兹之类的思想家所主张的经验主义方法的思潮在实践中最终证明他也应该受到类似的哲学上的批评。

3. 符号的理论在肯定指称对象的同时又将它括起，因此当我们试图确定指称对象的地位时，同样的本体消散，同样的抽象的和具体的碎裂也会有所表现。特别是当我们提出那些马克思主义必须解决的问题，如上层建筑与基础结构的关系时，这个问题就显得特别重要。我们还要不要考虑语言本身在社会生活中的地位这个问题？这个问题在苏联马尔争议事件期间曾引起过激烈的争论，但被斯大林勾销而不是解决了（“简言之，语言既不属于基础也不属于上层建筑”[120]）。可是在我们这里，却必须批驳这个问题，因为它等于使语言成为实在。世界上只有具体的语言和语

① 德勒兹（Gilles Deleuze，1925—1995），法国哲学家。其研究涉及哲学、文学、社会学及当代政治，为法国 20 世纪 60 年代以来极有影响的思想家之一。主要著作有《尼采与哲学》（1962）、《康德的批判哲学》（1963）、《普鲁斯特与符号》（1964）等。另与瓜塔里（Felix Guattari，1936—）合作著有《资本主义与精神分裂：反俄狄浦斯》（1972）等多部。

言系统，或者更确切地说，只有具体的语言材料和语言行为，只有业已具体地存在于我们周围的世界并且与这个历史的整体的其他成分保持着各种不同关系的不同的符号。但是对语言（或意义）这个概念本身的否定不就等于否定了结构主义这种研究方式本身的出发点和基本前提了吗？

结构主义最主要的几位理论家都说过指称对象根本就不是问题，因为它总是以新的符号系统的形式重新纳入语言。这样说只是转移了问题，但并未解决它。我们完全同意基础结构本身就是一个名副其实的符号系统，或者是这类系统的组合这种观点，但是尚待确定的是，这些系统与马克思主义认为构成上层建筑的那些较为明显的语言系统之间的关系的真正性质。这里既有共时也有历时的问题：因为这不仅是“同时”协调两个或更多的系统的问题，而且也是在每一个系统中分别和同时发生的变化之间的协调问题。

结构主义在试图解决这个不仅是理论性的而且对实际研究的方式和方向也有非常直接的影响的问题时，似乎提出了两种较为悬殊的策略。第一种方法是两种方法中较为满意的一种，它使我想起了萨特有关基础结构或社会制约因素的概念，他认为这是一种情况，文化方面发生的事情都是对这种情况的一种反应。这也是列维-斯特劳斯把神话或原始艺术视为对某种实际的社会矛盾的一种假想的解决这种观点；我在别的地方曾指出，从实际需要出发这种说法在我看来与马克思主义是完全一致的，因为它要揭示在阶级斗争或经济发展的关键时刻思想上的事物的作用。[121]阿尔都塞的方法要求思想与理论根据这个难题本身的基本层次上产生的变化和重新组合重新作出调整，这和列维-斯特劳斯的观点看上去也是一致的；但它还有一个好处，那就是表明一种可被接受的而且也能解决问题的方法在理论上却不是完美无缺的，因为它本身的情况使我们必须正视这一难题中的变化和“真实世界”中的变化之间的关系这个尚未解决的问题。列维-斯特劳斯也未真正解决这个问题，当我们想到列维-斯特劳斯所说的矛盾应当更确切地叫做悖论时，也就可以理解这一点了；这种悖论是人类思维无法解决的难题，正是它多少“反映了”社会生活中某种最基本的矛盾。不管分析中能得出什么结果，这种“反映”或关系的性质这一理论问题仍然存在。

结构主义者在对待这一问题时用得最普遍的一种方法却是“同源现象”或“同态现象”这个概念。前面一个用语是由吕西安·戈特曼普及起来的，他的工作虽然不完全称得上这里所说的结构主义，却也提出了这种在一个现象的不同“层次”之间进行结构比较的有重要意义的技巧，例如拉辛的悲剧和波尔·罗亚尔女隐修院①的思想之间，19 世纪小说的形式和市场体系的结构之间等等。在我看来，这种有关各个结构层次之间的相互关系的静止的观点，尽管在方法和具体分析上更为严密，却与泰纳和斯宾格勒②的著述中所提出的那种总体的阶段风格没有本质上的区别；不用说，对每一个时期的初步研究都试图以类似的方法去发现这一时期的思想体系的特点，去精确地了解这些思想体系和同一时期的社会和经济生活中盛行的其他一些同样特殊的体系之间的独特的关系。

当然，抽象地宣称这些不同层次的结构是“一样的”并不能解决任何问题。实际上，从已经具有语言特点的文化产品中推断

---

① 波尔·罗亚尔（Port Royal）女隐修院，法国天主教西多会隐修院，建于 1204 年左右，1709 年解散。17 世纪在院长安吉里克·阿诺德主持下，曾为冉森主义（或译詹森主义）和文学活动中心。

② 斯宾格勒（Oswald Spengler，1880—1936），又译施本格勒。德国唯心主义哲学家、史学家。主要著作有《西方的没落》（二卷本，1918—1922）等。

出语言结构要比从经济领域中容易得多。这些一致性往往只是匆匆忙忙地将前者投射到后者身上而已，因此随后得出的两者“一致”的结论也就不足为奇了。即使不是这种情况，但认为这种一致性不适用于具体的实际本身而仅仅适用于从中推导出来的抽象概念这种危险依然存在。就这种理论能够让知识分子相信只要凭小聪明他们就能在自己的头脑中炮制出对历史实际的分析这一点而言，它能通过使意识摆脱基础结构和社会基础的反抗来加强他们这种职业上的理想主义。因此，作为一种方法，寻求同源体的做法在思想上和理论上都会遭到批评。

4. 从认识论的观点来看，有人指出结构主义倒是从来没有摆脱过康德批判哲学的种种困境，不管它自己是否意识到这一点。[122]在我们即将结束我们的述评的时候，不自觉地回顾一下这一哲学传统看来并不是没有一点好处的，因为从某种意义上来说，我们知道这个故事的续篇是个什么样子，而且也很清楚一种具有历史感的、辩证的思想如何能将康德对思维范畴所作的静止的描述转变为一个不断展开的思维过程中的各个历史时刻，以及至今不可知的“自在之物”如何按这种新的观点突然成了构成经验的主客体关系结构中的一个明确的表述。卢卡奇是这样来描述黑格尔的辩证思想如何去改造这些老的静止的逻辑范畴的：“认识到最为抽象的范畴的指意能力提供了一种在运动中和相互关系中描述这些范畴的手段；认识到在这一意义上形式逻辑‘缺乏内容’，只是形式逻辑的指意能力方面的一种极为特殊的情况，认识到正因为如此，有关客观现实和人的主观认识的各种问题构成了（一种新的）辩证思想的对象……这种成就只能是黑格尔一个人的。”[123]当然，这种哲学上的反复只能被认为是一种奇妙的辩证的把戏，要说有什么可取之处的话，也只是纯形式的东西，没有任何实际内容。

因此我们才对格雷马斯最近对他认为应该称为语符学而不是语义学或符号学的那门学问所面临的任务所作的思考产生兴趣。这门学问，因其将意义的产生这一点作为其研究对象，就不得不接受我们在前面多次谈到的那种从能指到所指、从语言对象到元语言的无穷退行。现在它干脆把这种无穷退行也包括到它对意义的本质的看法中去："因此指意不过是这种从语言的一个层次到另一个层次，从一种语言到一种不同的语言的换位，意义也就不过是这种'转码'具有的可能性。"[124]

真实就是转码，就是一种代码调换为另一种代码——我本人却更倾向于说（根据格雷马斯一个类似的说法）真实—效果包括或源自这样一种概念变换。这将是对获得真实的方法在形式方面一个非常精确的定义，即使它不会说明这一真实的内容是什么，也不一定会暗示这种转码每一次都能产生同样有力或"有效"的真实—效果。然而这一定则的优点，按照德里达的看法，是能够把结构分析从结构这一神话本身，从事物都有一种永恒的空间般的结构这一神话中解放出来。它将用括号把"事物"括起来，并把分析实践"仅仅"看作一项发生在时间中的活动。这样，它将首次把结构主义的方法描述为一种真正的"阐释学"，尽管这是一种和这一术语从法国的利科①和德国的伽达默尔②那里获得的神学含义不相干的阐释学。的确，这里预见的这种阐释学将通过揭示先在代码和先在模式的存在，通过重新强调分析者本人的地位，把文本和分析方法一起让历史来检验。哲学史上并不一定有

① 保罗·利科（Paul Ricoeur，1913—2005），法国哲学家。当代阐释学代表人物，其研究涉及神话、宗教、历史、语言学、文学诸领域。主要著作有《恶的象征》(1969)、《弗洛伊德与哲学》(1970)、《阐释理论》(1976)。

② 伽达默尔（Hans-Georg Gadamer，1900—2002），德国哲学家、当代阐释学大师。主要著作有《真理与方法》(1960)、《我是谁？你是谁?》(1973) 等。

注定产生这一新方法的道理，但是在我看来，只有以此或以相类似的东西为代价，共时分析和历史意识、结构和自我意识、语言和历史这些东西的成对的、显然是无法比较的要求才能得到妥协。

【注释】

[1] 可参见阿尔都塞对模式这一概念的抨击（路易·阿尔都塞：《读〈资本论〉》，第1卷，巴黎，1968，148～149页）；拉康对类比这一概念的抨击（雅克·拉康：《文集》，巴黎，1966，889～892页）；巴特对符号学批评和意识形态批评所作的区分（罗兰·巴特：《神话》，巴黎，1957，245页）。应当补充说明的是，预料对某一特定的观点可能从哲学方面提出反对意见（列维-斯特劳斯和福柯都擅长于此）并不一定等于答复这些意见。

[2] 克·列维-斯特劳斯：《野蛮人的心智》，173页。

[3] 参见拙著《马克思主义与形式》，特别是4～5页。

[4] 试与下面这段马克思论蒲鲁东的话作一比较："这个方法的唯一短处就是：蒲鲁东先生在考察其中任何一个阶段时，都不能不靠其他一些社会关系来说明，可是当时这些社会关系尚未被他用辩证运动产生出来。当蒲鲁东先生后来借助纯粹理性使其他阶段产生出来时，却又把它们当成初生的婴儿，忘记它们和第一阶段是同样年老了。……谁用政治经济学的范畴构筑某种思想体系的大厦，谁就是把社会体系的各个环节割裂开来，就是把社会的各个环节变成同等数量的互相连接的单个社会。"马克思：《哲学的贫困》，转引自阿尔都塞：《读〈资本论〉》，第1卷，121页。

[5] 1882年12月8日给马克思的信，转引自列维-斯特劳斯：《结构人类学》，巴黎，1958，372页。

[6] 主要参见路易·阿尔都塞：《保卫马克思》，巴黎，1965，238～243页。"很明显，意识形态（作为一种集体的表现形式）为了塑造人、改造人，使他们适应生活环境的要求，在任何社会中都是不可缺少的。……无阶级的社会正是在意识形态中体现其与客观世界是否符合的关系，也正是在意识形态中，并通过它去改造人们的'思想意识'，即他们的态度和行动，以使

他们适应生活环境并胜任肩负的任务。”（242页）

［7］路易·阿尔都塞：《保卫马克思》，巴黎，1965，189～190页。

［8］路易·阿尔都塞：《保卫马克思》，巴黎，1965，64页，注30。

［9］乌姆贝尔托·埃科：《固定的结构》，米兰，1968，360页，注192。

［10］列维-斯特劳斯：《野蛮人的心智》，173～174页。同时参见其对康德的批判哲学的热情赞赏，见《生的与熟的》，巴黎，1964，18～20页。

［11］巴特：《符号的想象力》，见《批评论文集》，巴黎，1964。

［12］转引自A. G. 威尔登：《自我的语言》，巴尔的摩，马里兰州，1968，239页。

［13］罗兰·巴特：《符号学基础》，见《写作的零度》，巴黎，1964，81页。

［14］《结构人类学》，69页。

［15］罗兰·巴特：《服饰体系》，巴黎，1967，9页。

［16］列维-斯特劳斯和罗曼·雅可布森把他们对波德莱尔的诗歌的细针密缕的分析称为“微观分析”。

［17］《生的与熟的》，91页。

［18］《神话的结构》，见《结构人类学》，特别是235～240页。

［19］《进餐礼仪探源》，104～106页；并见本书上文60页。

［20］列维-斯特劳斯：《从蜂蜜到灰烬》，巴黎，1966，406～408页。

［21］译文引自威尔登：《自我的语言》，30～31页。

［22］主要参见R. 雅可布森和M. 哈里：《语言的两个方面及两种失语症》，见《语言的基本原理》，海牙，1956，55～82页。

［23］《自我的语言》，114页。

［24］詹姆斯·弗雷泽爵士：《金枝》，节略本（一卷本），纽约，1951，12～14页。

［25］由巴特发表带有弗洛伊德主义色彩的《论拉辛》（巴黎，1963）一书引起的这场论战的主要证据是雷蒙·皮卡尔的《新批评抑或新骗局?》（巴黎，1965）和罗兰·巴特的《批评与真理》（巴黎，1966）。

［26］A. J. 格雷马斯：《结构语义学》，巴黎，1966，185页。

［27］同上书，173 页。

［28］同上。

［29］见茨维坦・托多洛夫：《〈十日谈〉的语法》，海牙，1969，46～50 页；或他的《何为结构主义?》（巴黎，1968）中的“诗论”，特别见 132～145 页。

［30］A. J. 格雷马斯：《论意义》，巴黎，1970，8 页。

［31］见《探索恐惧》特别是《论意义》中的《叙事作品的行动单位的结构》，231～270 页。

［32］见《结构语义学》中的《描述的一例》，222～256 页。

［33］《批评论文集》，262 页。

［34］见《文集》中的《有关〈被窃的信〉的讨论》，11～61 页。

［35］《结构人类学》，217 页。着重点为作者所加。

［36］同上书，202～203 页。

［37］这一术语是 T. S. 库恩在他的《科学革命的结构》（芝加哥，1962）一书中提出的。

［38］《服饰体系》，237 页。

［39］《文集》，504～505 页。

［40］转引自《什么是结构主义?》，252～253 页。

［41］见威尔登：《自我的语言》，183～184 页。

［42］转引自马塞兰・布莱内：《诗歌必须以……为目的》，载《泰凯尔：总体理论》，巴黎，1968，106 页。

［43］让-路易・波德里：《文字、虚构、思想》，载《泰凯尔：总体理论》，145～146 页。这里谈的是弗洛伊德 1971 年的文章《论妄想狂的机理》。

［44］“在我们这个时代，尽管尼采仍远远站在那里标志着转折点，但现在强调得更多的不是上帝不在了或已经死了，而是人完了……尼采的思想所宣布的不止是上帝之死，而是上帝死后与这件事密切相关的凶手的灭亡；人脸突然放声大笑，面具的重新使用。……”米歇尔・福柯：《词与物》，巴黎，1966，396～397 页。

［45］有关象征阶段中集体迷信及降格的意识的起源和形成这一问题的

极为详尽的研究，请参阅乔治·奥克莱：《〈神力日报〉：社会新闻栏的结构和作用》，巴黎，1970，特别是239页。

[46] 列维-斯特劳斯：《悲惨的热带》，巴黎，1955，48～49页。

[47]《结构人类学》，25页。

[48]《悲惨的热带》，49页。

[49] 同上书，50页。

[50] 参阅拙著《马克思主义与形式》，222～225页。

[51] 参阅《文集》，515页及后面若干页。

[52] 这一观点较早的一种说法是由吕西安·塞巴格在他的《马克思主义和结构主义》（巴黎，1964）中提出的。

[53] 巴特：《服饰体系》，236页。这一比喻来自索绪尔的《普通语言学教程》，155页。

[54] 转引自德里达：《论延异》，载《泰凯尔：总体理论》，49页。（着重号为本书作者所加。）

[55] 罗兰·巴特：《米什莱自述》，巴黎，1965，105、87页。

[56] 同上书，5、86页。

[57] 同上书，82页。

[58]《写作的零度》，14～15页。

[59]"有时，即便在这些神话中，我也欺骗。我对老是淡化真实已感到厌倦，偶尔我故意过分强调它，结果令人吃惊地发现它非常充实；我对此感到非常高兴，并把神话中的东西当作实体作了一精神分析"（《神话》，267页，注30）。

[60] 同上书，85～86页。

[61] 同上书，228页。

[62] 同上书，79页。

[63]《论拉辛》，91～92页。这是被皮卡尔在他的《新批评抑或新骗局？》一书中提出来加以嘲笑的段落之一。

[64]《神话》，222～223页。

[65]《写作的零度》，14页。

［66］《批评论文集》，106～107 页。

［67］“从道义的观点来说，神话令人讨厌的地方正是其形式有目的性这一点。因为假如有语言的‘健康’这种东西的话，那么它是建立在符号是任意的这一特性之上的。神话让人感到厌恶的地方是它像那些装得天然有用的东西一样，也倚仗伪装的自然，奢用指意形式。这种以自然为全部理由来加重指意活动的分量的用心实在令人厌恶：神话的内容太丰富了，过多的恰恰就是其动机。这种厌恶感和我在遇到摇摆于‘自然’和‘反自然’之间，以前者为理想，以后者为一种保留的艺术时的感觉是一样的。从道义上说，利用两边反对中间是不光彩的。”（《神话》，234 页，注 7）毋庸赘言，巴特所谓的“神话”（他的神话学所研究的现代思想观念）在这里与列维-斯特劳斯所研究的那些原始神话是毫不相干的。

［68］零度或否定结尾（在一个词的词尾变化中）的概念已被形式主义者以另一种形式所利用。见前面 53 页。

［69］参阅《结构人类学》，252～253 页。有关这一公式的示例，请读者参阅艾里-凯贾·康格斯和皮埃尔·马兰达合著的《民间传说中的结构模式》一文（见《中西部民间传说》，第 12 卷，第 3 期，1962，133～192 页）；并参阅路易·马林：《耶稣受难剧的符号学》（巴黎：宗教科学图书馆，1971），107～110 页；以及拙著《马克斯·韦伯：心理结构分析》，见斯坦福·M·莱曼和理查德·H·布朗合编的《人文主义社会学新论》（普林斯顿，即将出版）。

［70］《悲惨的热带》，199 页。

［71］同上书，203 页。

［72］《论意义》（与弗朗索瓦·拉斯迪埃尔合著）中的《符号约束的游戏》，135～155 页，特别是 141～144 页。（此文的英译文发表于《耶鲁大学法国研究》，第 41 期，1968，86～105 页。）有关语义四边形的论述，还可见维戈·布隆达尔：《普通语言学概念》（哥本哈根，1943），16～18、41～48 页；及其《介词的理论》（哥本哈根，1950），38～39 页；还有罗贝尔·布朗歇：《思维结构》（巴黎，1966）。

［73］《结构语义学》，256 页。

[74] 见《结构人类学》，247～251 页。路易·马林在《耶稣受难剧的符号学》一书中对犹大的分析是对这种协调作用的机制，特别是对抵消作用和对这一交换中的中性因素的出色的研究。这样，耶稣受难的叙事中包含了耶稣（其人、其名，即能指）被上帝（即所指）的取代："这个变节分子……通过使能指中性化来实现这一交换"（见该书，140 页）。

[75] 见《进餐礼仪探源》，400～411 页。

[76] 这就是为什么小汉斯的叫喊（"去！滚开！"）的意义，见威尔登：《自我的语言》，163 页及其前后。

[77] 有关本句中表示所有关系的词的歧义性这一点，请见拉康：《文集》，814～815 页。

[78] 同上书，46～53 页。

[79]《简议'神秘的拍纸簿'》，见弗洛伊德：《普通心理学理论》，纽约，1963，207～212 页。

[80] 安·纪德：《蔑视道德的人》，巴黎，1929，61～62 页。

[81] 同上书，171 页。

[82] 见雅克·德里达：《写作与差异》中的《弗洛伊德和写作的情况》，巴黎，1967，293～340 页。

[83] 转引上书，338 页。

[84] 让-约瑟夫·古的《钱币学》共分两部分（《泰凯尔》，第 35 期，秋季号，1968，64～89 页，及第 36 期，冬季号，1968，54～74 页），此处见第一部分，65 页。

[85]《钱币学》第二部分，见《泰凯尔》，第 36 期，74 页。

[86] 参见拙著《马克思主义与形式》，375～381 页。

[87] 雅克·德里达：《论文字学》，巴黎，1967，52 页。着重号为我所加。

[88] 阿尔都塞：《保卫马克思》，203～204 页。

[89] 马克思和恩格斯：《政治与哲学的主要论著》，L. S. 费厄编，纽约，1959，43 页。

[90]《写作与差异》，412～413 页。

［91］雅克·德里达：《论延异》，载《泰凯尔：总体理论》，50页。

［92］《写作与差异》，26页。

［93］《读〈资本论〉》，第1卷，132页。

［94］见格雷马斯：《论意义》中的《结构与历史》，103～115页。

［95］《读〈资本论〉》，第1卷，125～126页。

［96］同上书，129页。

［97］“因为假如产生于新大陆上最最落后的文化的神话能直接使我们进入那个重要的意识层次，而这种情况在我们的文化中，不像在其他的原始文化中那样，却标志着先是哲学，然后是科学的开始的话，那么从这一差别中我们必然得出这样的结论，即这种转化无论在这里或在那里都不是必要的，同时互相交织在一起的各种思想也不是自然而然地互相接续的或者以某种必然的因果关系联系在一起的。”见克劳德·列维-斯特劳斯：《从蜂蜜到灰烬》，408页。

［98］列维-斯特劳斯：《结构人类学》，255页。

［99］米歇尔·福柯：《词与物》，巴黎，1966，14～15页。

［100］同上书，64～65页。

［101］见《批评与真理》，特别是56页。另见《论拉辛》中的《历史或文学》，145～167页。

［102］《结构人类学》，239页。

［103］《生的与熟的》，346页。着重号为我所加。

［104］托多洛夫：《〈十日谈〉的语法》中的《叙事人》，92页。

［105］托多洛夫：《散文的诗学》，巴黎，1971，77页。

［106］托多洛夫：《文学与意义》，巴黎，1967，49页。

［107］雅克·埃尔曼：《〈西拿〉中的交换结构》，见迈克尔·莱恩编：《结构主义：论文集》，伦敦，1970，222～247页。

［108］见《〈十日谈〉的语法》，77～82页。

［109］见《结构语义学》，207～208页。

［110］见让·拉普朗什、J. B. 蓬达利：《最早的幻觉、起源的幻觉、幻觉的起源》，载《现代》，第215期（1964年12月），尤其是1854～

1855 页。

［111］罗曼·雅可布森：《结束语：语言学与诗学》，见托马斯·A·西比奥克编：《语言风格》，剑桥，马萨诸塞，1960，353 页。

［112］同上书，356 页。

［113］同上书，357 页。

［114］托多洛夫：《文学与意义》，89 页。

［115］参阅拙著《马克思主义与形式》，369～372 页。

［116］詹姆斯·瑟伯：《瑟伯文集》，纽约，1945，223 页。

［117］巴特：《服饰体系》，293 页。着重号为我所加。

［118］所以德里达在《论延异》（载《泰凯尔：总体理论》）一文中对其“体系”唯一的一次直接阐述用了一种评论他本人的形式。

［119］尤见其《知识考古学》，巴黎，1969。

［120］约瑟夫·斯大林：《马克思主义与语言学问题》，纽约，1951，33～34 页。

［121］参见拙著《马克思主义与形式》，375～384 页。

［122］利科曾把结构主义描述为“没有超验主体的康德主义”（见保罗·利科：《阐释的争议》，巴黎，1969，55 页）。

［123］乔治·卢卡奇：《青年黑格尔》，柏林，1954，508 页。

［124］A. J. 格雷马斯：《论意义》，13 页。

附录　辩证法的三个名称*

介绍辩证法的文章不计其数，尽管今天写这类文章的速度似乎减缓了。大量传统的“呈现”，还有在这些滚滚而来的证明之后发生的历史变化都表明，进行一次新的尝试或许是有益的，尤其是这种尝试将自表现批判（critique of representation）（海德格尔）和结构主义以来所创立的所有关于思维的新思想都考虑在内。此外，黑格尔的复兴，它在今天与在将来一样充满活力，也预示着诸多不可或缺的“神学研究细节”一定会被包括在内，某种马克思主义遗漏或删减掉了这些细节，这种马克思主义在黑格尔那里尚处在天然状态。

传统的呈现方式一直倾向于将辩证法一方面表现为一种体系，另一方面又将其表现为一种方法——这种划分隐约使人觉得时而强调黑格尔，时而强调马克思。两者都遭到当代甚至现代思想的严肃质疑：因为自尼采以降，哲学体系之理想便一直深受质疑——如果连自我或主体在结构上都是不统一的或离散的，如何还能继续宣称存在一个统一的体系？——作为方法，因为其明白无误的工具化，同时因为其自身必定存在手段与目的之间的严重对立，它也颜面大失。如果辩证法仅仅只是一种手段，那么它的目的会是什么？如果它是一种形而上的体系，那么在形而上学结束之后，它又可能具有怎样的重要性？

---

* 本附录选自 Fredric Jameson, *Valences of the Dialectic*（London：Verso，2009），pp. 3—70。

不过，我们还是想返回到那两个诱惑，它们暗含了辩证法本身某些更深层次的特性；而且我们想要添加一些新的选项，如辩证法同时间性的关系。因为即便表现为黑格尔的形式，难道辩证法就没有打算将时间和变化铭刻在我们的各种概念本身当中？难道它不打算表明对无时间状态过于人性化的渴望如何掩盖了我们在精神范畴方面的不足，而且也遮蔽了此类矛盾那炫目的光芒（马克思将用不同的意识形态学说在日常层面上进行概括的一个诊断）？非辩证法哲学中时间性的省略或许也可以用来确认后者的哪些特征使其成为日常生活意识形态的最“自然的”形式，而且使其成为辩证法注定要最常批驳的那种常识（亚里士多德和康德当时全面论述了常识性思考和主体—客体经验论）。

辩证法的这种非自然性（un-naturanality）向常识提出了带有挑衅性的荒谬挑战，它自身或许会被它的天敌归纳为某种定义。难道这些不是与寻常的、非哲学性的常识一样一方面是教条主义，另一方面又是经验主义吗？一边相信固定的概念，一边又相信真实事物的确定性——这些就是各种最根深蒂固的反辩证法立场的源头，也是形形色色理想主义和实证主义的源头，黑格尔会把它们当作诸多知性（*Verstand*）形式来批判，而马克思的具体化诊断则从一个不同然而相关的方向对它们进行了批驳（两者都不认为知性，或常识，甚或具体化本身可能被永久驱散，仿佛它们仅仅是某种幻象）。

难道我们此时不是已经开始重复那些我们开始时的老生常谈，并且开始接近某种类似于辩证体系的东西？这种接近有一个内容，它相当于时间性和矛盾，而贬低非辩证性态度和哲学这一形式上的任务则开始慢慢地变成辩证方法的一个新版本。事实上，必须要说的是，这一对立本身就是辩证的：用这种或那种方法来解决它正是一种非辩证性的诱惑；而对这一替代的每个方面进行解构，而不是导向辩证法的自我毁灭，应该能够提供一种视角，在此视角下，问题便成为其自身的解决之道。

的确，这是一个我们有理由尝试将我们自己目前的问题本身——对辩证法的呈现——变为一种解决之道的视角，即详述那些不同的词语，利用这些词语，我们力图辨认和分析某些我们尚未论证的东西。因为词性可以提供诸多摄像角度，可以从这些角度去捕捉和审视那些未被怀疑过的功能和含义；是否它们本身实际上并没有它们的那些呈现为无可避免的结构性歪曲形而上学含义。

所以，在说到辩证法时加上表示确定意义的定冠词只能强化那些断言，即这一哲学更具普遍性，它是一个统一体。同时，这种认同也突出了它的独一无二，就是在模仿一个专名；而事实上，除了黑格尔、马克思以及试图发展与他们有渊源关系的思想方法的那些人，对于其他任何思想家，这种辩证法都很少被想起。

但一个表示不确定的冠词便改变了一切；而且主要表现为这样一种形式，其他作家那里的辩证时刻：例如康德或德勒兹，维特根斯坦或柏格森，也就是说，非辩证法哲学甚至反辩证法哲学中的辩证时刻被发现和认同。在有着完全不同的特性的宇宙中，这类认同作为特殊或孤立区域的法则出现在我们眼前；并且趋向于以回溯的方式来确定我们的印象，即定冠词（在先前的理解中）试图传达某种统一的场理论（field theory)，并且要确立所谓的科学规律性。然而，不定冠词一般而言似乎要包含对二元对立的多种局域性模式的发现，事实上我们很快就会看到。

最后，还有这个形容词“辩证的”，它一般用来澄清非辩证困惑时刻，也用来批驳已经成型的思维过程（例如非矛盾法则中某种没有底气的自信）。将某种现象或方法认定为辩证的就是或明或暗地在指责参与者有用常识偷懒的习惯，而且警醒我们注意存在于至少两种思维之间的区别。

这个词语的三种形式恐怕足以组织一个关于辩证法的更为庞大的论述了吧。

1. 辩证法（The Dialectic）

说起这个辩证法，带一个定冠词或有一个大写字母，随你喜欢，它是将所有不同类型的辩证思维都归在一个单独的哲学系统之中，而且很可能在这个过程中便将这个系统确定为真理，并使其最终成为唯一切实可行的哲学——某种诸如“无法超越的思想地平线”之类的东西，萨特要求马克思主义在我们这个时代享有这样的地位。[1]我有时也这样认为；但是没有什么东西是不可超越的（*indépassable*），眼下，我只想让我们大家明白，这样一种地位必定会产生问题。

它首先预设这种哲学是不容置疑的，而不容置疑性自尼采起便受到怀疑，而且自我们称之为理论的东西出现之时起，它便已经是十分靠不住的。如果黑格尔的思想是伟大的传统哲学的终结，是最后一个哲学体系（这是他最喜爱的一个词），昨天还铺天盖地袭来的对黑格尔的攻击以及尖锐的反黑格尔主义流派很可能与对哲学和系统的不信任脱不了干系，就像它们不相信辩证法一样。（它们也与理想主义有相当大的关联，我不久就会回到理想主义这个问题上来。）

i

至于马克思主义，很显然，已经有太多的流派试图将其自身的哲学思想攀附其上，从实证主义到宗教，从实用主义到结构主义，历史主义和存在主义也正在向马克思式的分析哲学和马克思式的社会生物学转变。但是，马克思主义作为一种哲学体系，它最重要的一个形式当然是官方哲学，它在西方被称为正统马克思主义，甚或庸俗马克思主义或斯大林主义，阿尼特·麦克尔逊（Annette Michelson）巧妙地称其为通俗马克思主义；不过，它的正式名称在老牌社会主义国家里实际上是辩证唯物主义。

在这一点上，回忆一下那三个基本点是很有助益的，所谓西方马克思主义[2]正是凭借它们将自身同这一意识形态上的姻亲区别开来，这位姻亲已经在世界三分之一地区作为官方的国家哲学在发挥其效力。首先，各西方马克思主义流派重申自己是历史唯物主义，也就是说，是世界观，这些世界观并不假定自然或科学有辩证之特性。因此，它们也就自然乐意去拥抱精神分析学说，辩证唯物主义向来坚决反对精神分析（在某种程度上，这种对精神分析学说的包容不仅修正和丰富了各种西方马克思主义流派所发展起来的意识形态概念，而且赞同它们将文化和上层建筑置于一个与经济同等重要、同样具有决定意义的平面上——即便从另一个角度看，它们也是趋向于彻底否定和放弃基础、上层建筑之间的区别）。最后，西方马克思主义流派就恩格斯在马克思主义传统发展过程中的作用提出了合理的怀疑，尽管他们也承认他的成就，尤其是他对当时的科学著作以及军事理论了然于心。

我想要强调第一点和第三点中隐含的辩证唯物主义。作为一个哲学体系，或实际上就是唯一的哲学体系，辩证法中带定冠词的辩证法这个概念很显然将你固定在这样一个位置上，即辩证法对一切事物，对任何事物都是万金油，而我故意用了“万金油”这个贬义词。为了可以称得上一门真正的哲学，换言之，这门哲学也必须有专属它自己的形而上学理论，也就是说，自然哲学，它必然包括一种认识论，或换言之，一种科学的辩证哲学。这里，我想对研究之科学概念的辩证法和自然的辩证法本身加以区别，前者在我看来比后者更加可信。的确，西方马克思主义本着《新科学》（*Scienza Nuova*）的“真理即成事”（*verum factum*）精神表明了所谓的维柯式立场：我们只能明白我们造就的事物，因此，我们只能处在一种拥有历史知识而非拥有自然本身的位置，自然是上帝的事。

具有讽刺意味的是，辩证唯物主义对科学和自然的挪用——这当然是恩格斯开的先河——最终却可以追溯至黑格尔本人，他的哲学在苏维埃国家从未得到提倡，即使列宁非常喜欢《逻辑学》。的确，有人认为，自然辩证法这个概念本身就是一个理想主义概念，这一论点本身需要片刻的反思，主要是由于阿尔都塞及其他人在近些时候发起了对黑格尔和理想主义的批判。让我们注意自柏拉图以降的诸多理想主义流派中反复出现行动主义政治学（activist politics）恐怕没有什么用处；最好是从两个不同的视角来理解这个问题，第一个视角便是意识本身这个哲学问题。

这个问题必须同那些所谓处于中心地位的自我、个人身份以及个体性等问题严格区分开来；也必须同精神及其结构（精神分析问题）区分开来；或者实际上是同那些自我意识或自反性（与现代性的意识形态相关的问题）区分开来；最后是同形形色色的唯心论区分开来。理想主义表面上的根深蒂固在这种意义上起自这样一个事实，即人类只能够想象意识的这个元素，我们一直淹没在意识当中（甚至在沉睡的时候）；因此不能在它不是什么这一点上将其理论化——根据是规定即否定法则（斯宾诺莎）。这种不可知论不是在维护作为一种哲学的理想主义，而是承认它的局限性，它必须将一切哲学置于这种局限性之下。

可是，经常以唯物主义的名义批判理想主义的那种唯物主义又是怎么一回事呢？这是我们关于理想主义问题的第二个视角，而且在这个视角下，理想主义者欢庆他们所取得的概念上的胜利，同时也表明，理想主义的立场本身并非一个实质性的立场，而是一种唯物主义批判，它反应性地获取自己真正的力量，并找到自己真实的使命。因为，正如自贝克莱（Berkeley）以降的思想家们所揭示的那样，物质的概念并非前后一致，德勒兹称其为坏概念：根据这一概念，无论理想主义立场在哲学中如何令人难以忍受，唯物主义立场这一替换者都是站不住脚的。我们可以对贝克莱这个有趣的（几乎是德勒兹式的）观察加以补充，即唯物主义剥夺了我们的存在性生活，剥夺了我们的身体对其鲜活性和强烈程度的感觉与知觉，代之以物质本身这样一种无形的和非直接（non-immediate）的、在感官上无法证实的基础。[3]

这个问题最容易的解决办法很显然是将理想主义和唯物主义之间的替代物等同于二元对立，这个解决办法因而支持这样一个结论，即急于在唯物主义和理想主义之间进行抉择是因为受到"非矛盾法则"（law of non-contradiction）的鼓动，所以它本身就可以被判定为是非辩证的。事实是，在这些替换物之间做出的选择仅仅是被强加于渴望成为一种体系或哲学的思想之上：我们在这个前提下转向将要阐述的所谓西方马克思主义的第三个特征，不仅涉及黑格尔，也涉及马克思本人。我要说的是，他们都与建构一种哲学没有关系。对马克思而言，这在历史上已经够清楚了：因为，不是马克思，而是恩格斯创立了马克思主义并建构了这个体系，使它本身可以看似一门哲学，或者至少需要这种或那种哲学来加以实现。

ii

如果这个问题关乎黑格尔这样一位在哲学上著述甚丰的思想家，而且他对各种互为补充的亚领域（逻辑、科学、人类学、法律和政治、历史、美学、宗教、哲学本身的历史，等等）的阐述非常有系统性，这种论断便似乎显得更加荒谬。但是，对黑格尔，我只想声明，《现象学》完成之后，是黑格尔本人将他的思想变成了一门哲学或一个体系；换言之，他，加上他的追随者的共同努力，创造了我们或许可以称之为黑格尔主义的事物，与我们在 1807 年首次出版的这部大作中看到的辩证思想的丰富实践形成反差。这一显著区别有助于我们的理解，事实上，当代对黑格尔的各种攻击全都是对作为哲学的黑格尔主义，或类似事物，即意识形态的控诉。的确，“主义”（ism）这个后缀总是表示这两个方面的意思，此外，也暴露了拉康称之为“大学话语”（discourse of the university）的操作[4]，这就是说，有一种无法抑制的渴望，它要将所有的思想都等同于一个有名有姓的根源（就如同我们谈论黑格尔的辩证法或谈论马克思主义时一样）。

所有这一切都与哲学本身制度性的复生机制（self-perpetuation）是一丘之貉。看到从黑格尔到阿尔都塞或德勒兹这些职业哲学家都迫不及待地将他们宝贵的精力浪费在哲学辩护和哲学辩解上当然很好笑。毫无疑问——皮埃尔·布尔迪厄（Pierre Bourdieu）的著作也在提醒我们这一点——我们当中那些研究其他由来已久的学科的人也同样像我们一样被迫进行着见怪不怪的自我证明；但是过去若干年里出现的理论似乎已经在常规之外，在重复这种迫不得已的合理化之外提供了一个空间，而且正是这些理论主张（如果不是它已经实现的真实性）使我们能够掌握哲学的局限性，在很大程度上包括辩证哲学。我相信理论将被理解为一种永远且不可能的努力，对思想语言进行解具体化（dereify）的努力，它优先于所有的体系和意识形态，它们无可避免地都是这种或那种固定术语建立起来之后所产生的结果。解构因此是拆解各种术语这一理论过程的正确范式，它通过对那种过程所需要的术语做出详细的阐述而成为一种哲学，紧接着成为一种意识形态，然后凝固成恰恰是它试图破坏的那种体系。理论当中专有名词的顽固性——就像我们辨别德里达、阿尔都塞或哈贝马斯的不同文本时一样——仅仅是暴露出理论书写逃离具体化和今天知识市场商品化这一无望实现的目标，即便它是无可避免的目标。

然而，理论提供了一个有利的位置，哲学系统的商品化由此变得清晰可见和不可逃避。这种“哲学的终结”也可以用另一种方式来加以论证，从它渴望封闭以及它作为时下新潮的通俗科学公式之一，亦即被称为歌德尔定理（Gödel's Law）的公式的例证这个角度来论证，该定理应该是要排除任何体系固定自身或将自身的建立包含在其自身公理之内的可能性。我实际要说明（在本书的第二节）的是，黑格尔的哲学不是一个封闭的或循环的目的论系统；我们也不能将**绝对精神**看作某个历史瞬间，更不用说看作“历史的终结”，就如同我们不会将公民社会和君主国中伦理意义上的个人视为黑格尔眼中社会发展的顶峰一样。所以，不能将黑格尔理解为提出了一个封闭的系统，即便黑格尔主义或许的确如此：但我们仍然需要拒绝封闭系统对开放系统这样一种古老的意识形态范式，如果确曾有过这样的范式，它也是冷战的一个发明，其关键部分与“极权主义”一样是一个荒谬的概念。

你或许愿意接受时下反原教旨主义和反实在论的口号——并且参照它们对我们的要求重新解读马克思本人和黑格尔——却不会忽略那些显而易见的东西，即那些最具理论性的口号和计划已经将自身主题化和具体化了——换言之，已经使它们自身开始变为原教旨主义和哲学体系本身了。

说到这种类型的哲学和理论批判，的确，我认为按照它们计划要满足的形式来评判它们的政治内容，对它们进行重新评价，这样做始终是最好的。例如，攻击黑格尔对欧洲左派具有非常不同的意义，对他们而言，这些攻击发挥了批判共产主义和辩证唯物主义的作用，在美国则不同，在美国，反共产主义是冷战主题，而且在美国，“黑格尔”——连同我们一般所谓的理论——其极为不同的功能是攻击整个英美经验主义的传统和常识。哲学在削弱这一传统方面所做的努力当然有它自己的政治意义，不过是一种激进的意义，与欧洲国会外左派（extra-parliamentary Lefts）形形色色的反共产主义极为不同，不管你如何评价后者。

关于将辩证法看成一个统一的体系是不明智的这一点，我说得已经够多了，这不仅仅是因为我们不大可能于各种科学的发展中在这一点上接受一种自然哲学，而且因为在这个理论时代，我们不再受到哲学本身的传统修辞及其哲学式自我证明的诱惑。现在该是探索其他可能性的时候了——一方面是大量的局部辩证法概念，另一方面是辩证思维所造成的巨大断裂之类的概念。

但是，在转向那两个其他的可能性之前，值得提出的不是将对当代理论的更进一步描述，甚至也不是将辩证法的一个更加全面的理论同哲学区分开来，而是将能够表示弗洛伊德和马克思，精神分析和历史唯物主义之独特性的局部特征同哲学区分开来。我并非受到阿兰·巴丢（Alain Badiou）反哲学概念的引诱，他针对拉康时用到的一个术语，也被他用在那些似乎没有系统性或不完整的思想家身上，如帕斯卡尔和尼采。你明白他的意思，但这种表述意在恢复反哲学的某种中心性，这种思维据称已经成为对那一哲学的批判或否定。

但是，在马克思主义的传统中至少存在着这样一个古老的公式，它尚未提出一个新的概念，即便它指出了精神分析和马克思主义超越哲学的系统性封闭的途径。这个公式就是理论与实践相结合；不过它并不是在当代意义上使用“理论”一词，它只是生动地表达了这两类概念的形成方式，概念从来都不能自行存在，而是必须始终对其外部完满的现实保持开放姿态：因此，精神分析的概念性（conceptuality）最终只有通过外在于个体意识的分析性情境本身，通过**他者**一端，即通过分析者才是充分具有意义的：而在马克思主义当中，意义最终只有通过我们确切的阶级状况和行为——个人的或集体的——才能在阶级历史本身内部得以实现。因此，这些理论和实践的统一与哲学概念所暗示的自主性是有所区别的，而且在任何意义上都不能通过哲学而只能经由实践来实现。

iii

至于马克思，在将他的思想改造成一种哲学（或方法）的过程中，无论他发挥了怎样的作用，我们都不能轻率地或带有相对论意味地、非辩证地放弃马克思主义是一个体系这类主张，它会将辩证法与其他哲学之间的争论贬低为一种仅仅是词语意义上的副现象（epiphenomena）。各种主义之间的竞争使这类争论不受意识形态分析的限制，也怀疑双方都与某个团体的动力学及其特殊实践有着某种关联。如果是那样的话，对“马克思主义”的自我认同很显然是选择了一种团体附属关系，是一种政治行为（就好像避免使用这类一目了然的语言也是一种政治策略一样）。同样清楚的是，这个词语会受到欢迎，它会成为一面旗帜，成为一个新的能指，围绕着它会形成新的团体和集体，就像这个词语已经聚合起来的历史关联在特殊的民族情境中也会拒人于千里之外一样。

同时，围绕一个专有名词而形成的这个新能指在消费社会中也不再是一个特别的进步，与它曾经有过的境遇不同：它曾取代了各种不同主义的从属关系，但现在它意味着商品化而非“世界观”（*Weltanschauung*）。的确，被称为马克思主义的事物似乎尴尬地立于这两种历史趋势之间：它表明有名有姓的理论出现了（例如德里达思想或阿尔都塞思想），但同时也显然在寻求避免现代美学或理论商品化以及现代消费公众的市场定位碎片化等传递的知识或半宗教宗派别方面的含义。尽管如此，马克思主义本身内部的意识形态斗争已经产生了它们自己的有名有姓的派别（托洛茨基主义，毛主义），卢卡奇和阿尔都塞只是用自己的名字命名特殊理论运动的两个最著名的哲学家，这些运动仍然声称是代表了马克思主义。这种斗争看上去只是在总结某种古老的宗教分裂分子的思想，同时，齐泽克思想中那些纷繁复杂的以拉康替代马克思的做法也反映出一个巨大的他者问题或革命政治中有感召力的中心领导人问题，还提出了按照那些意识形态内容组织集体的诸多问题。

无论怎样，“马克思主义”这个专有名词的出现都相当于在第一次接受“辩证法”一词时使用了定冠词；在从这第一个视角掉头之前，需要考虑这一实践的最后一个理由。实际上，这一词语的作用是阻碍换码的发生；阻碍用另一种方式重申那些已经用更加贴切的词语和较少历史及意识形态意味的术语描述过的要点：换言之，是阻碍在不引人注目的条件下使那些哲学或政治要点“蒙混过关”，不让它们瞒天过海。萨特曾睿智地观察到，分析并不是辩证的，除非你这么说，并且你这么认为。[5]在某个政治层面上，詹姆斯·维因斯坦（James Weinstein）指出，无论他们在其他方面存在怎样的差异，美国左派的三个重要关头——第一次世界大战前的渡边社会主义（Debsian socialism）、1930年代的共产党以及1960年代的新左派——都具备一个至关重要的共同特征，即都坚信不能对美国民众公开谈论社会主义和革命；这一信念不一定是要挑起这两件事中的某一件。[6]

另一方面，就词语而论，可以说“社会主义”一词与资本主义制度中的“民主”一样都染上了历史的色彩：社会主义背负着与苏联有关的每一件含有压迫性或徒劳无获事物的包袱（如果不是这样，对共产主义者而言，则带有违背社会民主的种种含义）。那么，给这个词一个名称就会立刻引起怀疑，会唤醒所有历史上的异议，将那些异议与完美标准联系起来是不公平的，但尽管如此，实际上它们也不可能被完全抛弃。这恰恰把我们置于一个矛盾当中，不用这个词不可避免地会在政治上失利，而用这个词则等于提前排除了获胜的可能。这难道不是意味着要改变这种政治和意识形态的语言，用另一种语言取而代之，有效地将古老的马克思主义换码为一种新的事物？不过，我认为还有第三种可能性，那就是调用这样一种语言，其内在逻辑精确地将这个名称悬搁起来并且为可能性保留一个开放的空间，这就是乌托邦的语言，它既不排除社会主义一词最终会卷土重来，也不提供一个明确的替换性词语（如“激进的民主”），这个替换性词语可能会以一种完全不同的、受操控的方式被挪用。

iv

但是，对“辩证法”和“马克思主义”提出科学的或形而上的虚荣要求，其有益的一面不在于这些要求声称建构一个绝对的哲学体系，而在于这两种说法的负面功能——坚持保留那些在不对其进行彻底改造，不损失其原创性和最激进含义的情况下不能从义理中省略的东西。关于那个仍然令人反感的概念，即意识形态概念，可以举一个低层面的例子：对于 1960、1970 年代替换“实践”这个更具认可度的概念的努力，只能通过对转换过程中获得了什么、遗失了什么做出详细阐述才能进行评价（最重要的是在这个过程中，对社会阶级的看法发生了怎样的变化）。葛兰西用“霸权主义”代替“意识形态”是一件更加复杂的事情，他的探索不无裨益地丰富了整个辩论。

至于“辩证法”，在就其展开的论战所产生的影响中，最普遍的危险似乎是对常识或非辩证思想的信赖：“知性”（*Verstand*），它在马克思主义中成为更加特殊、更加有限的现象，被称为物化。但在马克思主义中，排外主义的范围更加宽泛：毫无疑问，它被归结在“资产阶级意识形态”这个短语当中，对非马克思主义或反马克思主义主题思想的认同是一项至关重要的操作，它可以从古典政治经济学家缺乏历史性转移到对社会阶级的掩盖上来。

尽管如此，两者都未像在恩格斯对辩证法三原则所做的著名概括那样被主题化，这一概括值得在这里全文引用，作为“辩证唯物主义”的定义，它还远没有过时：

> 量变到质变（反之亦然）定理；
> 对立双方相互渗透定理；
> 否定之否定定理。[7]

诚然，恩格斯的这些定理本身并非完全没有内容（也就是说，它们带有情境的痕迹，在这种情境中，它们的形成是一个政治行为）。在马克思的经济学分析当中，黑格尔式的语言和概念特别被用来包括对各种时刻的回忆；它们故意被当作一种信号来表示黑格尔主义对经济领域的一般适用性，也意味着恩格斯在这里宣扬的作为哲学的马克思主义获得了哲学上的入场券和名望。同时，这些“定理”也有意暗示了它们与恩格斯时代（也是赫尔姆霍茨和其他人的时代）的科学之间有直接相关性，因此便也通过科学的威信为它们增添了高贵的血统以及其对自然的适用性，即便不是出自自然。至于历史和政治，那是一个所有这一切都会被运用的领域：我们需要浏览的第三个领域，目的是大致了解相同规则的运作情况。而且还有许多方式可以将这些“定理”进一步系统化[8]：的确，就像康德将亚里士多德的范畴缩减为他的四组三段式一样，所以，任何雄心勃勃的哲学家都有望论证这些三段论的一体性，并且提出更具一般性的抽象概念，从而将这些三段论归入其下（事实上，我们在下一节就要试着做这样的事）。

但最严肃的问题恰恰是同“定理”范畴一道出现的，对黑格尔的《现象学》中相关章节的任何细心阅读都间接提到了这一点。[9]法则以内部世界和外部世界的概念为基础，一个表象或现象的世界，它们与包含其中的内在本质有关。众所周知，法则涵盖了多种实例，因此需要借助于决疑论（涉及法律研究和法律传统），在“案例中”[10]，应该是对事实中的经验性偶然因素进行整理，使其适应定理的抽象普遍性——如果与心理或主观定理，甚至历史决策方面的定理——“心灵定理（law of the heart）”有关，事情就更麻烦了，它是一种内心的狂乱，肯定涉及个体性和普遍性，不过，或者更糟糕的是理性的诈术，在这种诈术当中，世界—历史的个体简直就是超历史（suprahistorical）**定理**手中的一枚卒子，超历史定理更像是一个巨大的他者或超验主体。无论如何，黑格尔本人的分析似乎表明，辩证法正是要摧毁定理的概念而非创造机会以规划新的定理。（但如果是那样的话，黑格尔本人的一系列形式处于什么样的地位呢？难道它没有以一种形式催生另一种形式的方式暴露出符合定理的规律性吗？）

无论如何，不管恩格斯的这份清单在哲学意义上多么实用，还是应该注意到，它没有将马克思主义者想要包含在他们关于马克思主义的基本定义中的主题思想包括进来，也就是社会阶级、矛盾或基础结构和上层建筑之间的差别。无可否认，希望将其自身描述为马克思主义者的人如何阐述他们心中这一学说的核心“信念”是分拣出马克思主义（它或许不再包括历史必然性）可能出现的变体的必由途径。它是否会包含革命（或者那个概念的缺席表示修正主义或异端邪说）？我们已经谈及意识形态；生产方式又会怎样呢？等等，等等。这些表述牵涉一个必要条件：没有它，某种政治或经济的意识形态便不能真正地被看作马克思主义的意识形态。将所有这些不可或缺的主题重新组织成为一个体系或一种哲学（甚或是一个连贯的“信念”体系）完全是另外一项任务，是行家或思想家的事：但排他性的行动、咒逐以及革除等却正是因为有这类系统存在。

至于辩证法中隐含的对哲学体系的强调，它可以被看作对一种完全不同的辩证需求的歪曲表达，即总体性需求。换言之，关于整体的哲学论断结果成了更深层论断或对总体性本身之渴望的一种症候变化，对此，有大量的错误概念需要处理。此时此刻，足可以说总体性不是结束，而是开始；还可以说作为一个新的全球体系的资本主义正体现了总体性和一元化的力量（所以我们也可以说，直到资本主义出现，辩证法在历史上才成为可见的事物）。

所以，我们得到了一个意想不到的结论：作为系统的辩证法概念有利也有弊；因此，在深层意义上，将关于辩证法的这种明显非辩证的描述（连同其对应物，作为方法的辩证法，或许会在下一节得到确证）从关于这种辩证法的任何真正的辩证描述中排除掉可能是非辩证的。

2. 众多辩证法

定冠词的逻辑结果就是不定冠词：如果我们在非辩证法或反辩证法的思想家如尼采或德勒兹、柏格森或维特根斯坦的著作中将辩证的瞬间分离出来，我们就是在谈论局部辩证法，这是再清楚不过的了。无论如何，这有助于多种辩证法的产生，无论其具有怎样的规模或意义，而且正是这种多样性使辩证法不能断言将生成由某种一元的场域理论（field theory）或“万有理论”（theory of everything）主宰的宇宙定理。牛顿的定理在爱因斯坦的宇宙中只是一个局部系统，它是一组特性，只对我们每天能够感知到的世界中的人类尺度有效，却与两个并生的无限性（帕斯卡尔）无关，它们将这一尺度限定在某一端（微观世界和宏观世界），以同样的方法可以发现，物理学与此类似。在这一点上，先前占据制高点的辩证法则被降低为宇宙某个角落中的局部定理，在一个可能根本不是辩证的世界中的这里或那里得到认同的一组规律，但完全是一个偶然，是一种虚拟性，或者说，是混沌理论（chaos theory），即便不是某种根本无法整体化和非理论化的真体（noumenon）。[11]事实上，（在黑格尔那里）当辩证法断言相对于常识或知性（理解）自己更具普遍意义上的优越性之时，后者被假定为我们的日常生活在一个由客体及延伸物组成的物质世界中的局部定理，辩证法本身是在做这类的归纳工作。

不过，局部辩证法或众多辩证法之类的概念可以从容应对这种形而上学的羞辱，而且可以提出一个与上节的哲学统一体之各种复杂性截然不同的概念性问题。因为我们现在想做的是抽象出一种思维形式，它一定不能有内容，这样才能保证它在我们刚刚假定的多种局部辩证法中始终站得住脚；而且在各种不同的材料中，从经济到审美，从政治到精神分析，甚或自然科学材料中都保持一种可识别的、被认可的形态。但是，我们希望这一形式与恩格斯的三定理内容没有任何关系，甚至不要黑格尔的逻辑“瞬间”；的确，我们希望这个抽象范式尽量摆脱哲学或意识形态的前提条件，尽管我们最终还是要处理对它的承认如何最终导致对马克思主义的全心投入这个问题。对这样一个虚空形式的认同毫无疑问将在黑格尔的基础上逐步加强，即使它无须再与没有任何结果的起点纠缠，后者不得不在其最初与同一和存在的斗争中摸索这个起点。

因为现在似乎有可能从黑格尔的逻辑阶段中抽象出更加虚空的机制，它的形式性足以保证它适用于大量不同的材料和学科、社会以及意识形态方面的内容。事实上，那正是结构主义凭借二元对立所获得的结果[12]，此刻，或许可以庆祝这个突破的实现了，借助这一突破，结构主义者自己对此还一无所知，我认为，辩证思想可以在我们这个时代对其自身进行彻底的改造。诚然，二元对立产生的似乎更加纯粹的形式主义有其特殊内容；它在语音学中获得的语言学起源似乎已经表明，它与语义学有一个基本距离，而且因此与它即刻“被应用”其上的观念性也存在这样的距离。同时，马林诺夫斯基的交换和莫斯（Mauss）的礼物中的人类学源头尽管在不明确的情况下被用于各种政治和心理学目的，但它们仍然保持了对这一事实进行外推的表象：在它们外部发展起来的形形色色的结构主义意识形态现在可以被删除了。

即使意义的最初产生——它就是索绪尔的“无正项差异”这个不同凡响的表述所造成的负担[13]——也可以很容易地转换成关于意识形态生成的问题，而且确实可以转换成社会建构主义（social constructivism）本身。同时，在现代哲学潮流全面反抗古老的亚里士多德常识的斗争中：尤其反对将对事物的看法和概念作为正面实体，作为自立自主的物质，反对认为它们有自己的特质或属性（accidents）以及自己单独的定义，仅仅是后来才插入各种关系和更大的网络及结构当中，在这场斗争中，二元对立原则成为一种基本武器。但是在以过程为导向的（process-oriented）思想中，首先出现的是关系；而在二元对立原则看来，概念是以彼此为参照进行界定的，它们是按群出现的，其中二元的一对只是最简单、最基本的形式。

诚然，在黑格尔那里，这是一个历史性的发现，即在哲学发展的基础上被标准化，而且是作为一个实践发生的，其时，我们从简单的外化思想（“知性”）转向更加内部的复杂思索。在那一点上，同一通过与它所不是的东西区分开来而开始显现。因此，它不仅表示否定性最完满的建构功能若隐若现地进入视野当中，而且表示差异的出现，这个差异莫名其妙地与同一性不可分割，而它本来是与同一性不同的：“这个差异遇到的并不是**其他**他者而是**它自己的**他者……这个他者**自己的**他者。”[14]但这个现在已经绝对辩证的过程在二元对立本身内部露出端倪。（同时，马克思在《资本论》第一卷的著名的开篇一章中对商品形式的分析在诸多二元对立中提供了一个文本演习，它同时也是对它们的解构和批判：是一次关于这个等式和对等必然具备的不对称性的展示，现在被揭示为不同一性的“客观表象”。）

在这一点上，一股历史形式的洪流喷涌而出：善与恶的辩证法，同时也是主体与客体的辩证法；富与贫的辩证法，同时也是男人与女人或黑人与白人的辩证法；左与右的辩证法，同时也是诗歌与散文、高雅文化与大众文化、科学与意识形态、唯物主义与理想主义、和谐与对位（counterpoint)、色彩与线条、自我与他者等的辩证法，实际上，从历史的各个开端到其久远的未来一直如此，如果它有一个辩证法的话（但我们不要省略了未来与过去的对应)。我们可以想出几种办法来处理这么多讨厌的、经验主义的对立。例如，它们都可以折回去消融在一个大的、最初的二元对立当中：某些女性主义哲学家所谓的性别对立，尼采哲学研究家眼中的权力对立，等等。我自己禁不住要把这一生成角色派给伦理意义上的二元对立（善与恶)；可是，同样没有必要以这种方式来概括社会阶层，无论在历史变迁中其机制发挥了怎样的基础作用。

同时，我们必须注意到这样一个命题，它在第一批结构主义发现之后获得了快速的发展，即二元对立是所有意识形态的典型形式，因此，不仅没有被作为所有意义的基础结构得到赞赏，反而受到追查，作为所有伪意识和社会及政治错误的基本机制被清除。不过，持这种观点的方法论结果是，较之其对于各种结构主义意识形态而言，二元对立变得更为重要，而且鼓励与二元对立进行对抗，成为哲学和理论研究的优先对象；而这就是我们目前保证意见一致所需要的一切。

但是，我们现在必须开始催生因这个简单形式而成为可能的种种对立，因为它并非总是将自己表现为某种二元论性，即使众多形而上的二元论（诸如上面列举的某些意识形态上的对立）确实不是这种二元对立的内在真理，似乎也是它的稳固形式。不过双重对立假定平等或对等是存在的，将黑格尔的最小辩证法（minimal dialectic）变成了同一性力量之间永恒的交替更迭，最终不可能对这些力量做出判决：以这样一种方式不停地相互转换，与摩尼教的情形相似，光明的力量与黑暗的力量无法区分，或善与恶无法区分。这类虚构二元论的基本问题——它们隐秘的概念弱点，甚至辩证性弱点，可以说——在于每个项或力量都完全是正面的，而且其本身是绝对自主的这样一种隐含意义。然而，无论如何，每一个都是另一个的对立面，很难弄清楚如果是那样的话，否定性部分可能来自何方，每一个项都需要否定性，目的是自己在一开始也是一个对立面。

形形色色具有显著特征的对立很明显将会得到认同，但这要看最初对立中的每一项拥有何种程度的自主性。的确，即使是形而上学二元论的死胡同也可能到头来催生出比我们最初的怀疑态度更具生产性的发展；而半打多的其他对立形态也提供了明显不同的发展路线，沿着这些路线，某个给定的辩证法可能为我们带来根本无法预测的或一成不变的结果。在接下来的例子和说明中，我们唯一的规则就是严格避免陈旧的对正题/反题/合题的伪黑格尔式戏仿；而我们唯一的预设就是假定任何对立都可能是某种辩证法本身的起点。

i

我们或许就是从纯粹的形而上学二元论或摩尼教无可避免地堕落为传统的对立开始的，在这一对立中，一个项总是比另一个项更有缺陷，或者换言之，在这一对立中，第二个项显示出某种本质性或丰富性，它无法被归于它所谓的对立面。古阿拉伯语法中有太阳词语（sun-words）和月亮词语（moon-words）；似乎是这样一种情形，月亮词语是它的他者的对立面，而那个他者因其自身的自主性不是任何事物的对立面。那么，这似乎就造成了一种特殊的对立，在这种对立中，只有一种真实的对立面存在：它分担了**恶**的不幸命运，恶曾经一度在最初的虚构二元论中放射出自己绝对的光辉（或黑暗，视具体情况而定）；但现在它被贬低为自己的他者的一个单纯反映。

新形式无论如何都将是一个不对称的形式，在其中，我们可以确定一个中心和一个边缘，一个基本项和一个非基本项。在此，我们显然可以瞥见种族主义和仇外主义、性别主义和种族中心主义、法律和犯罪等事物的基本结构。可能是萨特第一个公开谴责了所有这类对立中固有的结构性压迫，他在他的《圣热内》等著作中确认了大量次种压迫；但福柯随后的分析将这些症状一般化、通俗化了，这些症状可能贯穿于传统意识形态二元对立的每一个部分，从形而上学的二元对立，如善与恶，或主体与客体，一直到似乎更常见的二元对立，如南北，上下，艺术与科学，或第一世界和第三世界。种族和性别范畴是今天最常引发意识形态怀疑这个警报系统的范畴；不过，它们好像也在种族与性别对立更具哲学意义的形式方面回归于阶级（或彼此移位）。同时，左与右的现象学对立提醒我们，这种不对称对立的难以根除是由于人体在生物学上的中心性，由于人体的空间经验在存在意义上的独特性。[15]

同时，出现了一个极为不同的哲学难题，即我们已经清楚阐释过的这些例子实际上根本不是真正的二元对立，因为从属项原则上可以归在主导项名下，这样就至少为我们一直批判的伪黑格尔的综合提供了一次戏仿。所以，**奴隶**不是**主人**的对立面，相反，与他相伴而生的是所谓的奴隶制或统治这个更大系统中一个同样不可或缺的因素；只有当个体存在被重新引入，这两个“方面”才能成为独立项。这种重新引入是一种政治干预，而且只有这个时候，这种不对称的对立才会出现在意识形态当中，这一点已经有所提及。那么，它的“解决之道”似乎取决于对这两个词语的删除，或者换言之，在于消除这种对立：例如，马克思向我们揭示消除阶级斗争的唯一途径是去除社会阶级这个重要范畴（以及产生这一范畴的价值体系）时所发生的正是这一经典情形。然而，不仅是晚近社会主义历史上众所周知的“无产阶级专政”，还有种族、性别、民族这些领域中同化主义者和分裂主义者之间没完没了的政治争论，它们都提醒我们，这类“解决之道”都远非仅仅是意识形态问题这么简单。

这些不对称的二元论也引发了否定和否定性的话题——一个在对辩证法的当代哲学批判中至关重要的问题。萨特对主体和他者的分析仍然是辩证的；而福柯将这两个概念都归在“权力”的名下，这似乎造成了权力没有对立面（或它就是其自身的对立面）这样一种局面。我相信这个表面上的僵局至少可以通过这样一个意见得到化解，即这种特殊的对立将被理解为至少两个二元系统的重叠：一个纯粹逻辑上的对立（换言之，在其中我们只和两个等量有关），它上面已经叠置了一个关于基本与非基本或中心与边缘对立的完全不同的形式。在这里，“否定”在于最初的等量之间的区别，而它的意识形态投资——统治本身的关键内容——起自一种方式，以此方式，第二个对立对第一个进行重新诠释。随后，否定的力量从后者转移到了前者。

不过，消除诸如此类的对立在某些情境中并非总是称心如意，在这些情境中，莫名其妙地，具有生产性且需要保存的恰恰是这种不对称本身。我们或许仍然认为这些受到抑制的不对称对立是辩证的，尽管它们静止不动，因为它们导致一种困惑的出现，这种困惑在分裂与合并，在否定的分析工作和综合的诱惑之间交替出现。

在美学领域，这样一种恒久的不对称二元论可以在，例如，在柯勒律治关于想象与幻想之间的对立中觅到其踪迹。这两种功能肯定可以从历史的角度或按年代顺序进行解读，在这种情况下，“幻想”代表了 18 世纪修辞的修饰功能，而“想象”则成为顺应潮流取代了 18 世纪修辞之浪漫主义力量的名称，这种力量是新生的、有机的、自然的。这一解读强调方式和**自然**力量之间的反差，方式指的是幻想如何通过机制和细节，通过“固定物和确定物”发挥作用，柯勒律治如是说；而自然力量则在某种想象中或全面的“创造行动”中得到表现，它的作用是“实现理想化或整体化”。[16]在这一层面上，这个区别很像是一份隐晦的浪漫派宣言，它用起落不平的新古典主义情感来对抗华兹华斯的崇高。而且正是对这两种模式的鉴别同时也使它们对某些历史时期而言，尤其是对启蒙时代的文化逻辑而言具有更大的普遍性，作为年轻一代的浪漫派本身如此批评启蒙时代。在此，不仅一个项使另一个项相形见绌，而且某种伦理的甚至政治的二元也做出了自己坚定的选择，断然拒绝旧的社会体制的诗学，转而青睐于新的和原现代主义（proto modernist）的模式。

不顾幻想与18世纪联想理论之间以及想象与客观理想主义更具德国意味的传统之间明显的密切联系，柯勒律治本人也在思想模式方面夸大他的对立面，似乎对想象的呼唤就是在唤醒（或重新唤醒）一种全新的诗性力量，这种力量截然不同于围绕着幻想那些预先给定的“抗拒”进行机械混合，后者不要求任何的创造性。

很显然，这是一个被想象的视角所框定的解释，突出了幻想的弊端；甚至不如康德关于美与崇高之间的区别来得公正，它与这一区别隐约有些关系。不过，只要考虑到新批评对这种以幻想为导向的现象，例如俏皮话和隽语，所采取的反浪漫派立场，就足以使我们明白这种特殊的偏见可以在另外一个对应的方向上得到纠正。

即便如此，如果将这两种力量理解为对应于心灵的功能——想象对应于较大形式的结构框架，如情节；幻想对应于作品的技巧及其独有的细节——那么，不仅它们之间的比率会一直发挥作用并决定阅读固有的各种浏览过程的幅度或终点；而且具体的文本本身现在也可以被看成类似于这两个轴的独特的或独一无二的“合成”。但这几乎没有为这一“矛盾”产生任何永久性的解决之道，或许使某些体裁模式固定下来。尽管它的基础在于某些恰如其分的形而上裂隙——统一性与多样性之间，或崇高与美之间，形而上的绝对本身与它在物理时间与空间的经验性对应物之间——还是很难弄清楚如何用非辩证或反辩证的方式达到这一对立。

相反，我常常坚持的一种有关的文学二元论却具有这一功能，它可以扩大不可通约物之间的裂隙，将它们的对立展现为某种不一致事物。很显然，“不可通约”一词本身所隐含的正是这种危机感，即借由翻译以及对抗此举的绝对不可能性实现统一的企图。[17]这样一来，结果可能就与我们在上文中详细叙述过的静态或停止的辩证法很相近，在这种辩证法当中，似乎没有第三个项将其自身置于否定性对立的统一体之上；只有存在本身的裂缝似乎能让这种统一化进程暂时中止。

也许可以用小说中情节与风格的不可通约性作为这种辩证法的一个例证，无论是宏观层面的叙事，还是微观层面的语言，两者都不能简化为对方。像在早期小说中一样，不可通约性不是那么显眼，在讲故事的过程中，似乎主要是语言忍受着不可通约性；或相反，在现代主义时期，叙事功能因为语言和风格的凸显而变得黯然失色。但是，当这两个层面具有同等分量的时候（或者，像发生在狄更斯身上的情况一样，一种现代主义的感受力重新发现这位现实主义小说家的风格本身就是一种价值），实际的批评便面临一个难以超越的困境。这并不是说批评家和读者不能在实践中为这一不可能解决的、难以超越的难题发明一种解决之道：的确，那正是批评的职责所在，而且这些“解决之道”有所不同，从假设风格和叙事之间存在同源关系到探察出它们如何以细致入微或烦琐炫耀的方式彼此冲突、相互贬低。但是，这些“解决之道”假设作品是一个绝对的有机整体，实际上，它们预先设定了这个基本困境的存在，所以将其自身从所有的理论性或哲学性解决之道中分离出去，因为它们已经遇到过两个彼此分离的实体，这两个实体只有以某种附加方式或通过机械的同源性才能重新统一起来。

因此，与这种辩证法能表明这个世界本身存在某种本体论裂缝或鸿沟，或者换言之，**存在**本身当中有不可通约的事物不一样，它不是二元的。于是，这种对立的功能与探测不同，它不是辩证地认定两种似乎有明显区别的存在项实际上是相同的，在探测过程中，常识假设，在一个不存在任何问题的真实世界中存在一个由连续现象组成的持续场，一个有奇怪的裂缝或多种场域的持续场，这个场中有不同的法则和动力原理（与引力和电磁的情况相同）。

研究这种本体论不连续性的方法在所有的学科中都可以找到。将物理学中的波和粒子这类太过普通的例子搁置一旁，重要的是找出社会阐释在历史与社会学之间——或实际上是社会学与心理学（见下文）之间——或事件与结构、历时与共时之间无法化解的张力，因为这类方法论上的敌意将其自身以多种方式表现出来，并且产生多种结果。

不过，拉康的心理分析的三界说理论会即刻变得更具戏剧性，并且对辩证法充满启示，三界说理论一开始纯粹是一种不加掩饰的二元论，只是缓慢地进入一个包括多个中心的三界（triad）（拉康在其波罗米昂［Borromean］环形图案中做了生动的表现），最终分崩离析或在后者的内部压力下四处飘散。众所周知，拉康的三界被界定为**想象界**、**象征界**、**实在界**；但正如齐泽克经常委婉地指出的那样，将拉康的思想置于其历史进化当中来理解并不比将它们理解为一个静态的系统更少误导性。[18]读过第一次研讨会文稿的读者的确愿意强调最初将**想象界**理论化为心理现实中一个半自主性区域，他们只是想直接了解它如何受到质疑，如何被以**象征界**之名进行的批判重新定位。然而，**想象界**在我们当下的语境中是一个不错的起点，因为它正是二元论得以兴盛的重要元素：所谓的镜像阶段本身将**想象界**置于自我与他者这样一个二元对立的位置，始终深深地将它植根于这种可视状态。其后对**象征界**的发现——尽管是三者之谜（如《厄尔玛的梦》［*Irma's Dream*］和后来的《失窃的信》［*Purloined Letter*］中的寓言）[19]，并且令人联想到当时占主导地位的结构主义语言学意识形态——并非像它表示各区域中的一次转向和一个全新的动力那样在很大程度上仅仅相当于增加了一个第三界。

但是，那种动力会辩证性地继续扮演自己的角色，因为它强有力的形式依然是由于**想象界**和**象征界**这两个不对称区域之间的交叉，或换言之，由于后者对前者的“批判”（或对前者的过分强调）。在那种张力消失之后，在**象征界**所取得的理论性胜利威胁将成为对语言的结构主义哲学更加正统的庆祝之后，拉康仍在抵抗；就在此时，他的第三个概念，神秘的**真实界**，出现了，它是不能同化为语言的事物。在一个很模糊的地平线上，那个更古老的二元论走到了尽头，这个新阶段本身提供了一个探索领域，它从第十一届研讨班开始将取代另外两界，它的重点在于强调驱动力与部分客体（part-objects），强调“征兆”（sinthome）和性别，强调纽结（knots）（后者之后代表了某种对三界系统的一个遥远的、讽喻性的记忆，拉康借此开始了他奇异的理论旅程）。

我们在此不必进一步追寻拉康的历险（我们似乎已经提到过四话语理论［the theory of the four discourses］，它是对拉康作为一名不可通约物和非连续性方面的思想家所具备的鉴赏力做出的另一种诠释[20]）；可以明确地说，这一轨迹已经为辩证法本身开始了一项新的使命。现在，我们大概可以斗胆推测，当思想接近不可通约性的困境时，类似辩证法的事物总是会开始出现，无论它表现为何种形式；而且此后，辩证法似乎是朝向一个新的、不为人所熟悉的平面的思想转变，试图处理各种独特的、自主的现实（realities）这一事实，这些现实似乎彼此没有任何联系。

但这种特殊的对立（以及与它相似的其他对立）很显然不能仅仅通过将其认定为统一体便可以得到“解决”：的确，它很有可能根本无法解决，而只能以不同的方式被接近，它仍然是辩证的，但它显示的是辩证法的另一副面孔，完全不同于刚才描述过的那张面孔。的确，辩证法（“关于……的辩证法”）的这两个变体也可以被看作二元可能性的两个极端：一方面是对立面的相互认同，另一方面是它们最有可能彼此分离，同时又在各自内部保持着某种微弱的联系，从而可能同时谈论它们，将它们说成是首先加入一种对立当中。

不可通约性这一论点因此主张，这种形式的辩证法假设这一特殊二元论的两端由截然不同的法则和动力学所控制，每一端都不能用于或控制对立一端。这里我们必须再次援引上文中已经提示过的方法论警告，它从黑格尔的“差异”与“分歧”范畴的明显不同中推断出这些结果。这两个显著差异可能实际上会被说成是以萨特（他之后还有波特尔·奥尔曼）提出的内部否定和外部否定之间的两个明显区别为先决条件。[21]换言之，如果这一二元对立的两个构成项之间的关系分解成两个截然不同的项之间一个单纯的外部否定，这一对立就变成静止不动的各种事物，它们各不相同，而且没有任何特殊关系。

很清楚，（内部）辩证法的构想着重强调这两种现象之间的关系，因此避免了异质的多样性难题，只是它会遇到第二种危险，即差异之可能性会在尚未成熟的认同中消失得无影无踪。在不可通约事物的辩证法这种情况中，问题却恰好相反：巨大的差异当然在不可通约性的概念中得到极大的强调，但却有这样一个风险，即由此形成反差的这两个现象可能渐渐离开对方，融入丰富的静态多样性当中。在此于是必须求助于强大的理性来假设不可通约的事物之间可能存在任何一种关系，这就是说，两者之间某种形式的内部否定必须理论化（它也意味着如果外部否定可以相对简单地加以界定，内部否定则要采取令人眼花缭乱的多种辩证形式）。

德里达提出了非辩证法或反辩证法的暂时态（temporalization）——通过不可比性或通过外部否定对内部否定的限制而形

成这种对辩证法的阻碍——或换言之，辩证法意义上不能同化的事物重新合并成为某种新的、被扩充了的辩证法：

> 最后，我们谈论过的所有事物都归结为一个关于“第三者”的问题。这第三个项可以理解为中介物，它允许综合、调和、介入；在这种情况下，既非这一方又非那一方允许这一方和那一方进行综合。但是，这一功能并不限于其在黑格尔的辩证法中所采用的形式，非此非彼和既此既彼的第三项的确也可以解释为其绝对的异质性抗拒所有的整合、参与和体系，因此指定了一个场所，在那里，系统不封闭。同时，也是在这一场所，系统由其自身构成，而且这一构成受到异质事物的威胁，也受到虚构的威胁，它也不再听命于真理。这里尤其令我感兴趣的是它既参与又不参与。[22]

不过，恰恰是一种既封闭又开放，既参与又不参与状态的形成颇具启发性。因为我们同样有理由争辩说，相反地，辩证法是这样一种时刻，系统确定自己的结构是封闭的——或者换言之，它将自己重新认定为一种哲学（因此必然是一个封闭的系统）——它同时也重新开放自我，一切从头开始。

作为哲学或系统，辩证法——“传统意义上的辩证法，通过否定等工作实现了总体化、调和化和重新分配的辩证法”——是封闭的，它通过绝对的对立或不可还原性和异质性得到彰显，这些都存在于辩证法的外部而且不会被它同化。但这种超越常规的性质或不可同化性本身就是一种辩证法——处于“非辩证（non-dialectizable）和辩证（dialectizable）之间”——它可能强化了这一过程的动力学并且使得在它之后出现一种新的、被扩大了的辩证法成为可能，辩证的暂时性之钟再一次开始滴答作响。[23]

对德里达这个深刻见解的阐释或许也可以为解构与辩证法之间的各种差异提供新的理解，同时，它（作为一种结果）再次确定了它们之间的家族关系，也就是说，首先允许这种差异被表现出来并且可以察觉得到的亲缘关系。

因为辩证法似乎像幻灯片一样不时地迅速移走，在这个过程中，解构以令人应接不暇的方式向前移动，如同吉加·维尔托夫（Dziga Vertov）的电影一般。我做这两种比较的目的在于记住它们的否定或批评含义，它标志着一切思维都不可避免地走向衰弱。

辩证法继续发挥作用是因为它置身于某种特殊思想之外——也就是说，关于某个问题的概念性解决办法（问题的范围可能从客体到主体，从伦理或政治到哲学，从实用主义到认识论，到艺术和科学，等等，等等）——旨在表明，所谓的结论实际上掩盖了不稳定的绝对对立的各种运行。将先前的“结论”瞬间（moment of“conclusion”）历史化并且使一种新的、辩证的“解决办法”成为可能的悖论、对抗（antimonies）以及最终的矛盾在某种意义上都将这最后的“解决办法”重新并入“哲学”或“系统”当中，并且表现为一种新的——更确切地说是辩证的——独立的结论。

到目前为止，辩证法与解构交相呼应：两者都试图理解“思想”或概念性“立场”或“解释”在结构上的不连贯，这些都是它们的批判对象。但是在辩证法止步的地方，它在等待新的“辩证”解决办法自己凝固并且成为辩证法可以再次被“应用”（就像它出自那种新形成的系统一样）的思想或意识形态；解构则向前猛冲，不断破坏它刚刚抨击过的不连贯，并且表明那种看似具有分析性的结果本身就是一种新的、随后将被解体的不连贯，是一个新的“矛盾”。因此，解构是一种虚无主义（见对保罗·德·

曼的攻击）的判断，如同福柯意义上的疯癫（*elle ne compose pas*）即它没有产生结果，没有实在的结果，仅仅是吞噬掉了它自己的尾巴，因此在这个过程中吞噬掉了它自己。所以，被吞噬、被破坏的结果之一当然就是辩证法本身，它停步的时间太长了，而且变成了另外一种独立的意识形态，不过是解构的另一个对象。

ii

我们的下一个逻辑可能性将重点衡量这第一个可能性，因为它将一种二元对立带到我们面前，这种二元对立的两个项都可以认为是否定的，是一种否定现象，而且与虚构二元论及不可通约物等所具有的完全肯定的力量形成反差，在这个意义上，这一二元对立不能被看作不对称的，也不能承担中心或主导的角色。这不是将边缘项重新纳入整体的问题，也不是将其并入肯定项或中心项，在该项中，它曾经是缝隙或裂痕，而是在它的对立面，这个迄今为止的肯定项，暴露出一个同样的缝隙。的确，肯定性和否定性的语言（和对立）在此屈从于逻辑和形而上学的巨大压力，以至于要在一个没有任何肯定性事物供否定性否定的情况下，似乎很难保持否定的存在资格。但是，这或许正是最初索绪尔关于一个“无正项”的单纯关系这一悖论所表达的悖论，其中，认同或意义都由纯粹的差异来定义。

在这一点上，坚持这一对立的诊断功能似乎尤为适宜，这组对立的辩证法出现在马克思理论中的不同地方，但直到列宁之前，关于它的争论尚未完全展开。因为在这第一组例子中，“对立面的统一”将对争论的目标进行划分，对那些对手的政治策略进行划分，列宁认为这些策略遭到了严重的玷污而且没有任何实际效果。尽管如此，《怎么办?》（1902）中的论点依然振聋发聩而又自相矛盾。因为在该书中，列宁将经济主义和恐怖主义背靠背同时抛出，而且在某种程度上发动了一次有力的批判，将渐进主义的社会民主主义（以及以工会为基础的工人主义）和极左分子的“国会权力以外的”活动也包括在内；他所谓的“服从自发性”构成了这两者的特征：

> 乍一看，我们的主张似乎有些自相矛盾，因为两者之间的差异看起来如此巨大：一方强调“单调的日常斗争”，而另一方则呼吁个体做出最具自我牺牲意义的斗争。但这不是一个悖论。经济学家和恐怖分子都对自发性的不同极端俯首帖耳：经济学家听命于“单纯的和简单的”劳动运动这一自发性，而恐怖分子则顺从于知识分子激情澎湃的愤怒这一自发性，两者都是要么不能将革命斗争与劳动运动结合起来，要么没有机会这么做。[24]

应该说这一争论不应该理解为是对任何一方观点的驳斥：列宁并没有贬低工厂问题或组织工会的意义，就像他拒绝学生和知识分子在其过激行动中的英雄主义一样（他自己的哥哥，这一点以后还会再提起，因为策划暗杀沙皇亚历山大三世被处决）。但是正是因为这两种社会动力学都被外推为一种政治和政治策略，他在此斥责其为糟糕对立面的联合。我们可以将这个辩证过程看作对两种截然不同的症状做出的诊断，它们合起来成为一个单独的动机，即“自发性”；或者，根据亚里士多德的方法，我们可以将这两个政治裂痕或背离看作两个极端，如果坚持那个黄金均值，在此即是列宁的政党概念（团结知识分子和工人阶级），它们是可以避免的。诚然，前者更接近于古老的命题—反命题这个综合模式所假设的综合时刻，而亚里士多德式的方法仍然是陈旧的，一成不变的。这些分析当中更具严肃的辩证意义的依然是一个

“悖论性”命题，即遭到抨击的这两种立场在某种意义上是“一回事”。但这不仅是各对立面的联合，而且是否定项的联合。

我们可以观察同样的局部辩证法在路易斯·阿尔都塞对现代社会主义历史的分析中的另一个版本。阿尔都塞也聚焦于左派历史中表面上的严酷对立，即社会主义者和共产主义者之间的对立，这一对立在不同时刻都采取了社会民主和斯大林主义（或者用意识形态的术语，人本主义和教条主义[25]）之间表面上不相容这一形式。这两个极端，以列宁为例，他将它们背靠背地说成是同一个硬币无法接受的两面，这样说的基础是它们都受到渐进主义（或沃尔特·本雅明所谓的进步）意识形态的浸润。社会民主主义在其第一次世界大战前的全盛期相信在其政党的选举力量的基础上可以由资本主义逐渐地、和平地过渡到社会主义；后来又相信可能在资本主义内部实行一种渐进的改革，资本主义可能转变为福利国家，后者或多或少等同于社会主义。斯大林同时相信，通过重工业化，可以实现一种持续的进步，在这个过程中，可以逐步到达社会主义。在阿尔都塞看来，这两种立场以及它们鼓吹的政治在政治层面和精神层面上都是有害的，因为它们共有一个巨大的缺陷，它们都漏掉了阶级斗争。尽管他似乎对这个概念充满惶惑，我们还是可以说，正是阶级斗争恢复了对历史的辩证解读，因为它必然通过断裂和不连续，而非通过过程中连贯的（或“同质的”）暂时性或不可避免性不断前行。所以，我们可以在此谈论一种关于糟糕对立面的辩证法，它没有像在某种积极的策略中那样得到明显的纠正，列宁在《怎么办?》中将这种策略进行了理论化，但是它在阿尔都塞的分析中或许可以被确定为毛主义的预兆。

然而，现在应该对这种辩证法给出一种文学的或文化的解释了，它反对各种意识形态和实践（或至少各种政治规划和纲领），因此它已经是一种片面的超结构解释。的确，乔治·卢卡奇对现代主义的分析（在文学上）也把错误的意识形态信仰与实践的失败（坏书或蹩脚艺术的生产）联系在一起。[26]有意思的是，现代主义被认为有其自身内在的辩证法并且采取了两种表面上正相对立的形式，即自然主义和“象征主义”（*symbolisme*）。这两种文学运动的历史同期性使得这一分析具有引人注目的多元性，而同一性则又一次表现出令人震惊且具有辩证性的效果。卢卡奇想要将自然主义污蔑为一种机械美学，在这一美学中，描写和不加处理的材料受到青睐，它们被说成是客观性和现实（他甚至将文献材料和道斯·帕索斯的拼贴作品也包括在这一范畴之内）。[27]值得加一句，这种诊断的政治功能在于它对斯大林主义的社会主义现实主义进行了遮遮掩掩的攻击，与呼吁西方激进作家在类似文学人民阵线的事物中（因此为苏维埃压制“实验”提供了一种托词）吸收“伟大的资本主义传统”是异曲同工。

那么“象征主义”（及其后来形形色色的现代主义诗学化身）是如何被同化为这个判断的呢（同时将确实的证据，如马拉美对左拉的崇敬，连同后者作品中更为明显的象征和诗意时刻搁在一边）？对“象征主义”的分析的确将自然主义反对的东西说得非常清楚：因为一般来说，“象征主义”的程序导致的结果是使得似乎毫无生气的对象具有了各种层层叠加的“象征”意义。一个无意义的客体世界在此被假设出来，它要求补充主观意义，这样才能构成合适的艺术材料。但是，卢卡奇强烈反对的与其说是象征主义的起点，还不如说是它的主观主义，即外部世界的经验在某种程度上是死的和无意义的，是无生命的和迟钝的，没有任何属于它自己的内部动力。

但是，确实恰恰是因为假设对外部世界有同样的意识形态，自然主义才有了它的文学原创性：拥抱这个包含无生命外延的世界，用唯一可能的方式再现它，这种方式即描述和机械列举的相加过程。然而，对自然主义分析的这次更新现在为我们提供了一把钥匙去打开这一诊断的第三个概念，去了解卢卡奇发现这两种美学运动都有所缺陷所依据的标准。这一点的确在这位哲学家最重要的一篇文章“Erzählen oder Beschreiben?”（《叙事抑或描写?》[28]）的标题中表达出来——而且对叙事的推重使我们又回到现实主义，无论好坏，卢卡奇的名字都和它难解难分。“伟大的现实主义者”选择叙事（而非描写），这是因为他们自然地将外部世界看成历史进程，看成一个充满各种趋势的世界，这些趋势这样来解决自身的问题，即假定存在的客体本身永远不可能按照课本上描写这个词的意义而被“描写”，因为它从来就不是静止的，永远不会坐在那里等着有人为它画像：它已经是一个隐含的叙事，因而在其内部具有一种叙事的意义，不需要来自外部的主观命令或象征主义的变形来赋予它意义。外部世界，不管多么丑陋或令人沮丧，永远都不可能是无生气的或无意义的，除非因为它已经被历史性地制造出来，已经在历史的生产中获得了自己的意义。的确，如果这样看，卢卡奇或许可以辩证地说成是认同了他的对手布莱希特，对布莱希特而言，所谓间离效果的功能就是要说明被认为是自然的（因此也是不可避免的或永恒的）事物实际上是人类行动的结果（因此也可以被其他的人所改变）。两种美学思想的前提都是人类行动和人类生产的叙事性。

无论如何，在卢卡奇那里，我们看到那场古老的争论在审美层面上重现，一方反对机械唯物主义，另一方反对理想主义。这些争论的辩证特征不在于两个阵线的斗争，两个阵线的斗争是许多概念争论的特点，而在于糟糕的对立面借以达到认同的方式，它们通过一个独特的潜在缺陷或它们共有的一个意识形态错误相互认同。因此，在某个所谓的综合时刻，两个明显不同、彼此不调和的现象在某种程度上被统一起来，这一时刻先于它们的分裂而存在，而非在分裂之后和成功地战胜分裂之后才出现。但是，同样错误的是，认为这种局部辩证法假设有某种统一的最初时刻，它后来分裂为两个截然不同且看上去对立的结果（而且因此充满怀旧心态地假设有一个更早的统一体，我们被鼓励回到这个统一体）：因为在此有争议的是否定性对立面的统一，而非肯定性对立面的统一，而且它们的重新认同并未给我们提供任何新的、积极的价值，而只是提供了一个被扩大了的目标以进行更高、更全面的批判。

iii

但是，正是在这一点上，我们必须重新面对伪黑格尔式三段论并再一次更加急切地发问，是否列宁和卢卡奇不是通过所谓的对第三项进行综合而“解决”了他们的问题。在列宁那里，众所周知，是革命政党的建立克服了工会活动的集体性瘫痪以及无政府主义“行为”中个人的徒劳无功。而对卢卡奇而言，他的“现实主义”原则着意要打败机械唯物主义和极端的孤芳自赏与唯我论，自然主义凭借机械唯物主义获得其对象，象征主义或现代主义凭借极端的孤芳自赏和唯我论沉溺于它的主观性，难道这一点不是一直非常明显吗？现实主义似乎吸收了这些病态的畸形当中的积极因素并且将它们合成为一种新的艺术；就如同知识分子和工人在列宁的政党形式内部发现了一种更具生产性的合并与综合。这种常见论述的问题是它们遗漏了黑格尔著名的“否定的劳动”，也就是说，它们跳过了所谓综合本身所做的功以及它的过程，由此我们根据两位理论家诊断出的较早阶段实现了“进步”。

证据是在这两种情况中，差距被单纯的意志力掩盖了：卢卡奇要求他的作家们采用马克思式的立场皈依批判现实主义，而列宁，正如人们都知道的那样，则依靠他强大的论证和辩论力量，双方都不承认更深层次的意识形态根源是个人主体（individual subject）——作家或激进分子——通过弗洛伊德的无意识中心沉入或消散在历史现实本身多种多样的相互关系当中。

我想说，这个过程是一种中和化（neutralization）[29]，而且它将仅仅是通过一种否定工作作用于否定本身——我们是否真的想将其认定为著名的“否定之否定”？——从而生产出新的形式。对于列宁的诊断，我将以古巴革命为例，我把它看作一个更清晰的小规模但或许是更成功的中和化过程。

在古巴革命这个例子中，会有一个空间上或地理上的“实验室”让我们直接见证这一过程（借助德布雷［Debray］的《革命中的革命?》［*Revolution in the Revolution?*］[30]一书中的理论化）。的确，革命的**中心**——与外界隔绝的山区营地，在那里发动了游击战争，也是在那里，真正的革命政党被缔造出来——将作为一个空间，在这个空间里，知识分子和工人——在列宁看来，他们是革命政党的两个基本组成部分——将丢掉他们的社会决定论，在新的革命意义上真正地不属于任何阶级。知识分子在肉体上从专门的学术工作中，从象牙塔和单纯智力劳动的意识形态诱惑中脱离出来；参加了马埃斯特拉山区（Sierra Maestra）的伟大运动后，以前的工厂工人和农民将摆脱工厂的异化、劳动的分工、对工作地的附属关系、对资方或监工满怀敬意的臣属感、职业性的服从习惯或泰勒主义之类的习惯。在这两个事例中，一种强有力的中和化将列宁在其计划书中做出诊断的每一件事都化为灰烬；我们可以说，否定本身已经将所有的个体，不是还原为它们作为商品和劳动力（如卢卡奇在其《历史与阶级意识》［*History and Class Consciousness*］中所证明的那样）的最基本性质，而是准确地将其还原为一种基本的力量，它们是否定和革命性拒绝，是能动力（agency），是一种反抗的纯粹形式，在反抗中它们是平等的，人们可以期待从反抗中出现新的革命形式。

至于艺术，跟随卢卡奇，沿着一条在反法西斯时代（或者后来在当时的社会主义国家）未曾引导至他所呼吁的审美实现的道路似乎也不会有什么特别的回报；因此我将中和化在艺术中的表现限制在现代主义本身内部的一条独特轨迹上。或许也可以论证，从形式的视角，现代主义本身就是辩证的，因为它被迫假设存在其自身的形式对立面并且通过虚构和差异对这些对立面加以引导。尽管如此，在对传统的拆解当中，我们依然称现代主义因此创造出一种实实在在的辩证审美程序，某些艺术家较之其他人已经更敏锐地理解了这个过程的辩证性，辩证审美程序这个名称似乎不算是贬义，尽管它似乎更乐于强调历史进程在这一发展中的作用，而非强调艺术家的意识和动机。问题不在于皮特·蒙德里安（Piet Mondrian）——这些辩证艺术家中的佼佼者——是否是黑格尔主义者（无论“是”这个动词在这一语境中意味着什么），或他的作品是否充分地阐明了这种哲学的辩证法（它们是的！）——而在于一个客观时刻，在此时刻，抽象化进程已经足以揭示出辩证对立在发挥作用，而且是以动态的，而非静态的方式在发挥作用。

蒙德里安意识到[31]立体主义在通向抽象化的中途停了下来，它保持了形象、雕刻对象的完整无损和中心地位，它的作用依然是再现和模仿，不管它有多少层脸，有多少维度。他决心要消解甚至这个形象本身，他始终都知道形象概念或经验依赖于一种基本的二元对立，形象与基础（figure and ground）的二元对立：所以不仅必须要去除形象，而且还必须要去除理解这一形象所依据的基础，或者换言之，空间本身——作为一种三维幻觉仍然存在于绘画框架内的一个基础，一种感知虚构或幻境。同时，蒙德里安意识到不仅通过去除范围，而且通过让这个对立本身失去作用，他才能涤除形象的中心性，也才能废除空间本身这个背景以及它所存在的平面。

实际上，众所周知，美学争论已经成为绘画史的特征，这些争论不可避免地围绕着二元对立展开（线条与色彩的对立只是它们中最著名的对立）；在面临这种两者择其一的情况时，几种截然不同的立场或选择在逻辑上是可能的，这一点将会非常清楚。你可以为一个或另一个选择一个立场，然后发明一种实践，它的美学理论扬此抑彼：安格尔（Ingres）或大卫对德拉克洛瓦（Delacroix）！不过，你也可以发明一种风格，在这种风格中，两者被给予同样的重视并且在某种程度上是和谐的：这大概是伪黑格尔三元组中著名的“合”吧。但是，你最终还可以试着通过中和它们的张力来摧毁这种对立：这也许就是蒙德里安采用彩色直线条试图要做的事情。

但是，甚至在那之前，我们就遇到了纵向与横向之间的对立，我们不一定意识到这一点：因为观摩挂在墙上的画的人是纵向的，而且是纵向来读画的，即使——像蒙德里安的画中那样——当画布本身试图逃离那些坐标系从而存在于一个纵向和横向不再构成一组有意义的对立的世界里，也是如此。当杰克逊·波洛克（Jackson Pollock）（蒙德里安本人是最先欣赏他早期天才制作的人之一）将画布铺在地上，围着它转时，他便确切地完成了蒙德里安想要实现的这种两维坐标系的中和化。

伊夫-阿兰·波埃斯（Yve-Alain Bois）仔细研究了蒙德里安作品中大量存在的这种对立，他的基本原则——“所有的关系都被一个重要的关系所控制；那就是极端对立面之间的关系”[32]——既是深刻的黑格尔哲学，也是结构主义的“早于字母”（*avant la lettre*）。蒙德里安所有的解决办法旨在摆脱绘画表面任何可能的光学中心，不让眼睛在休息时可能在任何单独的地方或元素停留片刻，重新建立一种特征等级，事实上就是把某种过程重新变成空间中的一个客体。

的确，我们可以考虑舍恩伯格（Schoenberg）发明的十二音调体系，该体系的目的非常明确，为了预先阻止相当于音乐中的中心性和等级的音调卷土重来。其中心思想是如果你将任何一个音调置于其他音调之上，无论多么短暂，在一个围绕着该音调的局域内，就开始再次形成一个音调中心：由此便有了在这一行中其他所有的音被用过之前不许重复该音阶上任何单音的禁令。这种对中心性的恐惧是否在哲学王国里有其对应物是我们在这一讨论中稍后将要考虑的问题。

但这个故事（如波埃斯所讲述的那样）有一个不同寻常的曲折结尾：蒙德里安在他追求真正抽象的过程中已经检验了好几个体系（而我迫不及待地要补充的是他的想法不仅深深地受到黑格尔的激发，而且还从通神论和唯心论的意识形态魅力中获得鼓舞，得到验证）。不过，到最后——这是一种宿命，波埃斯用巴尔扎克的《无名杰作》（*le Chef-d'oeuvre inconnu*）中那个画家弗伦费尔（Frenhofer）的最终命运作比——他明白，如果一个人成功地中和了这些基本的对立，他便以和谐及一种静态的平衡收场，所有的对立都已消失（马列维奇［Malevich］在那副至上主义的《黑色方形》［*Black Square*］中所遵循的道路）。除非你不断使某种对立和张力保持鲜活状态，你便没有在审美意义上成功地中和这种对立：最初在审美意义上解决矛盾的重要悖论。所以在他的最后一幅油画《胜利的布吉·沃吉》（*Victory Boogie Woogie*）中，画家反复涂画这幅不同寻常的已经完成了的作品，将他本人的解决办法一个个地抹掉，就是因为它们已经成了解决办法从而使这个过程中止，所以在他去世时留下的是这幅未完成的油画，成为说明辩证法之贪得无厌特性的悲剧遗留物，它在这幅画中的结局是毁灭其自身。

在这一语境中做些补充是很有意思的，即对蒙德里安而言，垂直线——这个世界，外在的人类生活——在本质上是悲剧的[33]，而这种抽象的、无维度、无空间的绘画所承担的使命就是摧毁以其他事物之名存在的这种悲剧。但是，那种摧毁现在似乎将悲剧内化在它自己内部永不停息的过程中。这一悖论的确会在该讨论的最后部分向我们提出真正的乌托邦问题。

iv

不过，甚至辩证法也是辩证的，我们在呈现这种二元对立，而且首先是呈现它所暗含的关系时无法回避一个基本难题。二元的内容也可能是矛盾，这个概念在某种程度上由于是以形式主义的模式（但我们还会回到这一点上来）加以呈现而遭到贬低。但是，另一个通常与辩证法连在一起的相关概念的缺席在某种程度上更令人吃惊：这就是现在将要出现的“中介”（mediation）一词（或概念）的失灵。

中介不仅是一个“黑箱”，一种状态穿过其间，经过它神秘的变形后成为一种极为不同的状态。它也为关系本身命名，将关系说成二元对立中最内在的纽带，能够表示认同或差异，或同时表示两者。它还是一种其自身能够被改变为一种暂时关系的逻辑关系。同时，作为一个项，它显然出自一个与结构主义语言学概念不同的哲学家族，这提出了一些疑问，它的德语含义和潜在特征（无疑是一种神学性质）是否能够恰好适合法国—斯拉夫的派生用法；是否“中介”本身就不需要中介；是否我们在此尚未遭遇时间与空间的另一种张力。

因为有一点从来未曾搞清楚，即是否“中介”指定了本来要被解释的东西或其自身就是这种解释。它是否消除了对第三个项的需要，或者如黑格尔有时似乎暗示的那样，将自己作为第三项，由此产生两个极端或对立，将自己作为那个变为二的一？但是（我们将回到本文第三部分的难题），中介这个概念的历史——它已经拥有历史和过去，它本身就是历史的这一事实——注定在对它进行分析后会产生不满，它的原子不可避免地要被现代逻辑所分解，现代逻辑想要发现更小、更基本的组成部分（同样的情况也适用于否定，就像德勒兹的研究所证明的一样[34]）。

即便如此，我们在这里还是接近了一种现象，它与这个事件本身一样是终极的、神秘的，如同时间的变化。当然要求助于恩格斯关于量的辩证法，而且要指明最后的羽毛或尘埃改变一切的那个时刻：尽管如此，变化还是没有得到解释，甚至没有被理解，它仅仅是被命名，被观察。纯粹的关系也是一样；当两个现象并置在一起，在哪一点上它们不再是分离的两个项，而是在所谓的并列这个重要的整体中统一起来？在哪一点上差异开始相互关联，而且在这个名目下，我们可以否认不可通约物之间的并置是一种对立的权利？

因为我们要再次处理的正是现代科学与哲学的不可通约物，那些核物理和拉康的精神分析中的不可通约物。不可通约这个概念处于关于差异的当代哲学的最中心[35]；我们需要知道，正统辩证法是否强大到足以将这种关于极端差异的断言改变为一种新型关系；是否思想辩证到足以伸展、扩大以包括不可思考的事物（黑格尔对康德的古老回答，即设定一个边界或一种限制，它已经超越并且与边界或限制合为一体）。而且我们需要知道，是否这是一个我们在某种程度上可以自己做出的决定，以什么样的名义可能做出这样一个决定。

这种二元对立，很显然，它同时是一个空间概念或范畴，当然可以要求它接受一种暂时的形式和形状。由于某种原因，它也是一个水平面的概念，我们现在或许可以提出它可能具有垂直性。正统辩证法对现代判断力而言似乎缺少（让我们首先将它限定在审美层面）某种非比寻常的悖论性东西，即它的否定性。如果一个哲学体系或方法完全是围绕着否定因素和否定式建构起来的，而且将后者的赞歌作为赞颂神性的天使合唱而不断颂唱，你怎么可以指责它缺乏否定性？尽管如此，认为辩证法以某种特殊方式一遍又一遍地试图将否定因素变为一种肯定性（我以为这正是德勒兹在《差异与重复》［*Difference and Repetition*］中攻击否定时背负的负担），这种看法不一定就是绝对非辩证的。如果是这样的话，它就是一个严重的问题，的确需要一个答案。

这种异议本身就是一个深刻的历史问题：而且重要的不仅是（甚至不是）它涉及参照不在场，或者对立来反驳对否定性的误用。诚然，自然（或存在）就像一个鸡蛋一样完满，其中没有任何不在场，也没有任何对立；如果自然甚至不包括否定因素这种东西，它怎么可能是辩证的呢？这正是康德很久以前的论点，萨特就在昨天也是这个论点。[36]

但在我看来，当下的各种反辩证论点与肯定性有关，就像与它的对立面（如果那就是否定的话）有关一样，而且反映出一种模糊的感觉，即辩证的否定概念也使得肯定性变得太过肯定，并且使得现实或存在成为一个巨大的元素，它既在那里，又不在那里，在其中没有程度或等级。换言之，它没有记下那些有质量的潮汐或涌流，古老的心理学将它们描绘为水平面上的水滴，一个对于肯定性本身的消长盈缺或许仍然过于主观的描绘。据称，一个扩大的现实概念肯定会解释这些波动（在这种情况下，“肯定的”和“经验的”等术语可能被限制在那种现实的各种特殊表象模式上，与任何这类事情都不相同）。

要理解辩证法也需要扩展，让一种古老的辩证法与现实的某些新层面或等级交锋就足够了。从一个方向，大量的虚拟性理论反映出一个日益增长的信息世界及其技术，至少使一种黑格尔传统面对某些明明白白的需求，对超越了那些可能性或概率范畴的新逻辑范畴的需求。从现实的另一个层面，一个影像社会(image society）所具有的特殊的、新的创造性提出了甚至拉康的**想象界**概念也不能解决的问题并在其外围倾向于由它们本身来替代一种传统的现实，似乎离开后者，它们也能应对自如。但这种拟象（simulacrum）怎么能说是否定的呢？而且摄影那些似乎非理论的时间性以什么方式——在摄影中，过去依然是现在，即使已经逝去很久——为辩证法提供抓手呢？

的确，关于时间，尤其是当代的时间悖论似乎遇到了“目的论”，辩证法总是为它伤透脑筋：它就是弗洛伊德的“仇恨”(*Nachträglichkeit*)[37]，在这一概念中，“总是已经（always already）”，一种结果成为其自身的原因。与古代诡辩论中那些怀疑性悖论大为不同，这一个似乎不仅要表达一个永恒的现在，而且要产生感觉到时间变成空间本身这种结果时的震撼。但是在这个例子中——空间对时间——辩证法大概仍然有话要说，就如同在另外一种可能性中也是如此，即这一悖论用因果性概念来削弱因果性本身。但是，无论如何，这种时间悖论在辩证法的文献当中几乎没有引起注意，除了在阿尔都塞关于革命的时间性的分析当中。

的确，值得思考的是，在何种程度上，海德格尔全方位地将表现问题化已经影响了现代辩证思想；然而，表现问题确实标志着与传统哲学最重要的裂痕，而且包含了所有多元哲学现代主义流派的源头（换种方式说，即使不是紧随其后的各种后现代主义流派的源头)。很多这类问题和悖论在《资本论》的分析中，在它的因果关系和时间性、它的表现模式和去现实化中已经有了具体的表述；但是，在后来的马克思主义哲学中，它们并没有被主题化。尤其在关于客观表面的悖论中，我们将会看到，黑格尔本人并非完全不了解这种现实，但只有他死后发展起来的社会系统才使得它们对我们比对他而言更显得不可避免。

v

那么，我再回到辩证法中关于平面与纵向的辩证法，它在关于内在性的原理中得到了最显著的发展。成功会转变为失败吗？换言之，作为对立面的一种顺时的——一种平面的——顺序；或者说失败已经与生俱来地、内在地铭刻在那里吗？对立面是否要遵循其自身对立面的顺序以催生我们一直在考虑的各种辩证图式；或者存在及其否定是否已经可以共存，已经可以以这样一种方式相互叠加，仿佛是纵向的关系？这些足以使我们认真思考带有强烈辩证意味的肯定性，因为它可能在我们的咄咄逼视下转变为否定性。如果是这样的话，它是否并不单纯地是另外一种格式塔转换，或者它是否相当于存在本身内部某些更深层的对立统一？

出人意料的是，关于这种辩证本体论最富戏剧性的阐述会在一本文学著作中找到，对它的全面分析将留到我们的最后一章，这里只关注它的结论。但是，这部作品本身是西方经典当中最著名的著作之一，有关其文学品质的争论，只有为了宣传西欧的希腊—罗马/基督教“传统”（与 T. S. 艾略特之流的保守分子有关的原政治［proto-political］“价值”）而挪用的那些同样品质的著作可以与之相媲美。的确，几代现代人对维吉尔的丁尼生式诗歌中那种史诗氛围所表现出的相对冷漠早已因为维吉尔诗歌的经典地位而受到谴责，它不能容忍轻浮（你会想起庞德关于海员的那个笑话，他，指那首壮丽诗篇当中的主角艾尼阿斯，惊呼道，“他是个英雄吗？比格布，我以为他是位神父”）。

现在，大卫·昆德（David Quint）对《埃涅伊德》（*Aene-*

id)[38]的解读改变了这一切，它细致入微地回顾了这一史诗中的章节如何有针对性地复制了《奥德赛》（在寻找罗马的过程中）和《伊利亚特》（在征服意大利部落的过程中）的相关部分，他的解读表明，这类重叠（overtracing）不应作为档案美学（archival aestheticism）或单纯的文学典故被弃置一旁，相反，它们构成了一种有决定意义的政治观点，在新生帝国那样一种历史条件下，而且奥古斯都本人的确就俯身在诗人的肩头，这本身就是一种超乎寻常的勇敢。荷马史诗确实"被叠加了一种连续过程，包括一人分饰两角（doubling）和超载，在这一过程中，《伊利亚特》中的胜利者同时也是《奥德赛》中的失败者，而艾尼阿斯则被用来同时扮演这两个角色。胜利与受挫的并生性（simultaneity）也使得对情节突变的那种单纯的顺序性理解变得复杂起来；因为如果是在特洛伊人漫长的航行这一层面上，特洛伊的战败反过来又转变为意大利人成功安顿下来的基础，这一结果最终依照天意就成为罗马本身，特洛伊人打败相邻部落的胜利以一种诡异的方式重复了他们在获胜的希腊人手中所遭遇的命运……否定转变为肯定成为一种矛盾重重的并生性，由否定变为肯定，如同我们让这些经历在历史的空间中循环"[39]。

因此，《埃涅伊德》的出现不仅是作为史诗用美妙的旋律得意地赞颂最后一个伟大的"世界强国"所获得的胜利以及这个帝国在其"历史终结"中的巨大荣耀，它还掺杂了维吉尔的"事物的眼泪"这种恰如其分的忧伤；同时，通过一种精确的双重效果和拟象本身，透过它那必胜主义诗行的表面，也隐约显出对帝国本身的苦涩的批评，显出对后者的残忍和屠杀的隐晦谴责，以及对即将来临的惩罚的预警。

所以，维吉尔似乎是要提供一个典型事例，不是为了说明辩证的含混，而是为了详细阐述辩证法在这里是如何发挥作用的，对对立统一的认同使得我们能够读出皇帝威严的目光下所传递出的颠覆性含义，当然是在维吉尔的诗行那哀婉的音律中。现在，突然间这首诗似乎在告诉它的读者："你们这些罗马的胜利者，永远不要忘记你们也是悲惨的失败者和被打败的流亡者，还有你们的城市和国家所遭受的损失！"似乎在罗马的胜利中，一位品德高尚的美国作家有勇气在公众的耳畔低语："帝国和商业两处的美国勇士和征服者，永远不要忘记你们也是来自一个你们更愿意逃离而不是改造的古老专制王国的懦弱移民！"[40]

的确，在历史上，否定和肯定似乎总是要命地表现为成功与失败、胜利与落败这样的形式，好像这些范畴大大超越了迷信，即所谓黑格尔的本体论幻觉，它们仅仅提供了一些方式，依照此等方式，生物性的人类个体可以想象他们整体的命运归宿。那么这些对立面的辩证统一既是一种社会责难，也是一种政治教训。它提醒我们，首先，"成功"对于凡人而言从来就不可能真正实现，同时，历史进程不是经由成功，而是经由失败向前推进；而且如果我们的眼睛经过训练，能看到这一点，我们就能发现，在关于我们集体存在的记录上，到处都有这种辩证法在发挥作用。[41]

在这个特殊的卷宗里，我所选择的另外一个也是最后一个文献是托马斯·弗里德曼（Thomas Friedman）对于全球化奇迹所做的广受欢迎但过于乐观的赞颂，尤其是他对于印度在这次新分配中的命运所做的精确的辩证叙事。弗里德曼在反思全球化中，某种基本的力量是如何发挥作用的，处于其商业成功顶峰的信息技术产业突然于 2000 年 3 月 10 日在所谓网络（dot-com）泡沫的破灭中以可悲的结局收场。的确，股票市场的崩盘可能在今天是一种更合理的战败范式，因为似乎没有谁能赢得或输掉战争。无论如何，纳斯达克指数的暴跌在其身后留下了大量未被利用的膨胀，尤其是宏伟的光导纤维系统，它被设计用来使其投资者“在无限膨胀的数字世界中获得无限财富”。[42]

失败与成功的辩证同一性在此打通了美国（它可以等同于全球化）和印度（它在这种情况下扮演了廉价外包的次级空间这一角色）之间的关系。我们可能已经探察到早期的诸辩证逆转在这个历史性当下背后幽灵般地在场：一方面，从英国的殖民（否定）历史继承下来的英语语言（肯定）；另一方面，尼赫鲁的决定，他“倾向于前苏联的、社会主义的经济”（否定），从而资助大量苏联模式的科学技术机构（肯定）。尽管如此，尼赫鲁的系统，据一位他本国的消息人士称，“造就了高质量的人民，而且是通过数量。但他们中的许多人都像卷心菜一样烂在印度的码头上。只有相对极少数的人能够登上轮船离开”（*WiF*，105），就是说，来美国工作。

突然，在一次经典的辩证逆转中，“光纤技术的过剩……意味着［印度人］和他们的美国客户一起用上了那种实际上是免费的电缆”（*WiF*，104），我们都知道其带来的神奇结果——班加罗尔的发展，美国商业的外包被调配、发送到这个次大陆上各个不为人知的地方，印度一下子跃入全球化本身（以及现代资本主义）的最中心。

弗里德曼关于此事的结论不出所料地带有反讽意味：

> 印度不仅从网络（dot-com）泡沫中获益，它甚至从它的破灭中获益更多！那实在是个讽刺。那场泡沫铺就了联系印度和世界的电缆，而泡沫的破灭则使得对这一电缆的使用实际是免费的，而且还让更大量的美国公司希望通过这一光纤电缆将知识工程外包给印度。（*WiF*，110）

因为反讽是这场交换中某一方观察这次辩证逆转的方式，在这次逆转中，它与其对手调换了位置——战败的反讽，胜利的反讽：反讽在这个意义上是一种未完成的辩证法，是一种其唯一对立面是非反讽的、被事物的经验状态惊得目瞪口呆的催眠术，无矛盾（non-contradiction）法则这种固执的信念——反对所有的可能性——规定了否定与肯定、失败与成功是两种截然不同的天命，它们被现实本身相互分开，而且将保持那种方式！

vi

那么，平面和纵向的对立之间这个显著差异有没有可能将我们重新导引回到历史与社会学、事件与结构、最后是时间与空间之间那古老的“不可通约性”？这个问题不太可能是一个关于对象本质的问题，因为事件产生结构，历史发展必然以对抗或张力的形式显现当时的社会特征。在此，我们的主线一直是对对立关系特点的探寻——它是如此紧密，甚至可以卷成一个统一体，又是如此疏远，可以将其分割成两个截然不同的地域或领域，分割成两个不同的对象。在另一处我们将会看到黑格尔的塑型限定（formulation）（被毛泽东接受）在这一切中所发挥的作用：一分为二。[43]无论如何，显而易见的是，它们之间，即内部关系与外部关系之间、统一性与不可通约性之间、同一性与差异之间，那含义模糊的无主之地必须被命名为矛盾，条件是这些结果中不会有哪一个变得僵化，不会变成永恒的或具体的；同样清楚的是，如果矛盾是我们赋予这一问题的名称，那它将会一直把我们推向否定而非认同的方向。事实上，强调“矛盾”一词是要发现一个绝好的机会，从而把梯子踢开，并且抹掉在此为我们提供了一个起点的结构主义的最后痕迹。因为结构主义的视角总是以二律背反的形式来理解矛盾：一条逻辑的死胡同，在其中思想处于瘫痪状态，既不能前移，也不能后退，思想或现实都遇到一种绝对的结构限制。在实践或理论困境的根源部位对这些二律背反的去蔽（deconcealment）可以成为意识形态分析的有力工具（就像在解构中一样），但是，不应将其混同于让二律背反本身动起来这一更具动态性和生产性的行为，也就是说，揭示出它在现实中已经是某个矛盾的形式：因为正是揭开了二律背反即矛盾这层面纱才构成了真正意义上的辩证思维。

不过，如果是那样的话，矛盾是什么呢？它不是阻挠并推延运动的事物，而是运动发生于其中的事物，正如马克思在一段明白易懂的话中所说的（他讨论的是商品的结构）：

> 商品的发展并没有扬弃这些矛盾，而是创造这些矛盾能在其中运动的形式。一般说来，这就是实际矛盾赖以得到解决的方法。例如，一个物体不断落向另一个物体而又不断离开这一物体，这是一个矛盾。椭圆便是这个矛盾借以实现解决的运动形式之一。[44]

然而，我们现在必须通过另一种重复来理解我们的各种纵向对立，并且重演另一种对立，它是传统的马克思宝库中最受争议但却是不可避免的一种对立，恩格斯列举的矛盾中一直未提及这一对立，而且在马克思的全部文集当中也的确只说了一次：我指的是基础与上层建筑之间的“对立”，如果它是一种对立的话。不过，说实在的，它是一种什么样的对立呢？在他提出的他甚感满意的公式中，难道本雅明没有告诉我们“上层建筑**表达**基础”这是否是一个他在这里能够“表达”的矛盾？[45]当教堂的神父发布圣谕说，上层建筑**反映**基础，难道还有比这更清楚的吗？难道我们在这一点上不是简单地又回到一种熟悉的不对称对立吗？在这种对立中，我们见到一个主导概念和一个次级概念。试着在此做一次辩证逆转，并且主张，相反地，基础反映上层建筑，这样做可能会很刺激：这是雅克·阿塔里（Jacques Attali）在《噪音》（*Bruits*）中悍然提出的观点，他声称一个时代的音乐预示了下一个即将来临的时代的经济体系。[46]不过，关于这场学术争论，它在长达150年的时间里无所建树，耗尽了大部分参与争论者的精力，具有重大意义的问题仍然悬而未决。的确，马克思主义似乎可能与它一起屹立不倒或同它一道轰然倒塌，因为一种文化在其间完全独立于经济的系统将预示着大部分马克思主义流派的终结，而一种在其间文化与经济彼此混作一团的系统则代表了一种福柯式的反乌托邦，即便它甚至不是部落组织或“野性思维”（*pensée sauvage*）之前的某种真正的古代生活。

在基础与上层建筑之间，关于对立，应该注意的第一个独特性是它已经出现在基础本身的内部。这就是生产力与生产关系之间的差别，在一种给定的生产技术同对其做出表达、反映，或与其相一致的劳动过程之间的区别这一意义上，已经对此做过解释。借用一种拉康式的方法，似乎因为将上层建筑铭刻在基础之上而生成的这个分数因为在其分母上包含另一个分数，即某人因为书写凌驾于各种力量之上的关系而得到的更早或更原始的分数，从而使自己获得了成倍的增长。但是，你不能很果断地提出这种数学的解决办法，在这一方法中，不管怎样，第二个分母会辩证地被提升为分子，因此便留给我们一个完全接受了基础影响的上层建筑，即使没有因它而增加（马克思主义在文化上的敌人们一直指责的它的文化即存在这个概念）。

我想指出，在这个分数的另一半有类似但不对称的发展，即分子或上层建筑位置上的发展：其中后者发现自己繁衍为各种各样的层面，它们彼此或多或少都是同源的（“艺术、意识形态、法律、宗教等等”[47]）。这似乎不仅将国家、国家权力、政治重新溶解为其他上层结构（因为它们当然不能归属于基础）中间另外一个附带现象性质的（epiphenomenal）“上层建筑”，对立的力量/关系之间的功能关系在此已经为各种各样彼此平行（和/或同源）的文化层面让开了道路，但它们彼此绝对不是特殊的工作关系。那么，在这一阶段，黑格尔派可能会指出，我们在这里正在处理的是关系与平行性之间的一种对立，甚或是对立和重复之间的对立：它似乎相当于我们将二分化阶级（dichotomous classes）的思想，在马克思的概念中是阶级斗争，与资产阶级社会学中的社会阶层思想并置时所得到的结果。[48]但这些概念在意识形态意义上彼此截然不同，实际上，它们也属于不同的概念系统；而我们在此遇到的这些对立都是同一个概念或系统的一部分，并且构成了一个独特的理论分数中两个相互分离却又关联的方面。因此，这个问题是辩证法的，而非意识形态的：而且它的确提醒我们，辩证法的使命是在一种单独的思想统一体内掌握两种明显不同的动力学、两种截然不同的法则系统，或几乎可以说是两种截然不同的科学规律。但是，我们已经将那个“单独的思想”命名为矛盾，而且尚不清楚我们在这里详细阐述的基础—上层建筑的明显差别事实上就是一种矛盾：我们尚未找到一条道路能通向它可以被认定为一个矛盾的那一点，在那一点上，张力和否定因素相互分隔，就如同它们相互联系，相互联系就如同它们相互分隔。

我们还是回到分母，即生产力与生产关系之间的“第一组”对立。从一个视角，这一对立似乎要再现身体与精神之间古老的意识形态或形而上学对立，由此坚决地将力/关系差别解释为本质上属于唯物主义的运算方式。（这是在《资本论》第一章被那个更为公开的对立所强化了的一次解释诱惑，在这一章中，使用价值的特性被特别描述为物质的，而商品的交换价值——“客观表象”——众所周知被描述为精神的，具有形而上学的或神学的意味。）生产力因此成了物质技术，也就是机器的状态、工具、原材料（由于某种专门技术的发展，可以获取原材料本身）等等。关系的概念似乎显得更加含混不清，而它最初似乎要将我们的注意力引向工具与原材料之间的关系，只有在那种情况下，才能揭示出其自身就是具体的劳动过程本身，工具如何使用，工人如何需要各居其位以尽量利用这一特殊的生产阶段。（例如，马克思坚持认为资本主义的发展当中出现了一个重要的历史性变化，即从“加工”到“工业”的变化，在加工过程中，各种工具延伸并提高了人类劳动，在工业中，人类劳动围绕着机器本身进行组织，并且为机器服务。）

然而，关于对立的这两个概念——物质技术和主观能动性——表现了两种明显不同的视角——技术决定主义的视角和主观决定主义的视角——两个显然都不能令人满意。考虑到对机器和所谓不变资本的描述在《资本论》中所发挥的广泛作用，很难不产生马克思是一位技术决定论者的印象（尽管他反复强调价值产生于人的劳动，而非机器）。的确，值得注意的是，在《资本论》中，“革命”一词几乎用来专门描述技术的变化。另一方面，对劳动过程本身之中心地位的强调有鼓励某种唯意志论之虞，根据这一理论，对工场进行民主重组和引进自我管理，这些本身就足以改变这个系统。

这些视角中的每一个——它们可能遭到批评和攻击，被认为是唯物主义（当然是“糟糕的”唯物主义，机械唯物主义）和理想主义，也被认为是决定论和唯意志论——都显然可以自成一种意识形态。马克思的对立现在做的不仅仅是将一个统一的现象（一个一）放在两个明显不同的领域进行分析；它还要求每一个视角对相对的视角进行去魅（demystify），而且要求它行使意识形态批评的职能，对于概念化本身而言，意识形态批评是一种内在的活动。所以，认为幻想力/关系差别只在某种唯物主义批评和重新打磨（regrounding）的方向上运作是错误的，在此方向上，我们被训练以简单粗暴的方式反对不同生产方式的物质历史：坚持强调关系的确阻止了一种我们已经有所指涉的某种纯粹意义上的技术决定主义幻想，并且迫使我们将机器巨大的、无法穿透的物质性重新消解为其作为人类活动的现实（引入新的机器作为对付工人力量或经济危机的办法，技术本身的重要发明，它作为剥削或削减冗余人员的特殊方式所包含的人的意义）。

因此，这第一组对立不仅使对生产本身的两种截然不同的解读或表现变得清晰可见：它在某种情境中假设它们都是对另外一方无法替代的修正，在此情境中，它们都不是某个不对称对立中的基本项，该情境因此要求有一种持续的往复式辩证运动，它绝对不可以僵化为某种静态的社会学模式。这一假设的确为卡尔·科尔施（Karl Korsch）那引人注目的观察提供了新解，科尔施认为，马克思主义使用了两种明显不同的符码——生产、价值和商品化的符码与能动性或阶级斗争的符码——这提供了可以交互使用但最终同样令人满意的办法来描述其对象。[49]换言之，生产结构可以被翻译成或转换成阶级斗争的语言，反之亦然。我们现在可以为这一假设添加一个必备条件，即这两种符码必须相互挑剔，必须在一种不停息的交替中被反复系统地翻译成对方，这样就突出了每一个符码自己不能完全表达的含义。

我要论证，恰恰是当基础或基础结构（这是它的内在真理）的内部动力在一个分析或表述的特殊时刻与社会总体性隔离开来时，它便被转移到各种所谓的上层建筑上，并且似乎处于一种模糊不清的与它平行的位置。按照这一形式，新的、更大的对立很显然复制了心灵/身体、精神/物质之类的对立，一种更大的集体和社会意义上的、更全面范围内的对立。然而，我们已经看到，基础不会被看作一种纯粹意义上的唯物主义现象：它与任何一个特殊的上层建筑之间的关系也不仅仅会被揭示为对尚存争议的上层建筑的理想主义幻觉进行唯物主义修正，如我们在呼唤哲学或艺术的基础，或法律的基础，或似乎是自主的国家结构的基础时那样。这无疑是对基础/上层建筑之间的关系的一种标准解读，那么这种解读本身就是能够解释对马克思主义还原论，对庸俗唯物主义的历史性对自发性历史以及尚存争议的上层建筑结构的敌意何以会有那些绝望的谴责。

确切地说，这里提出的是被转移到上层建筑的基础或基础结构在一种特殊的分析或表述中与社会总体性隔离开时所具有的内在的自我修正动力。于是，那一上层建筑不仅具有了处于"生产力"层面时的特征，而且还具有了基础与"生产关系"层面的互动这一特征，它便不得不将自身重构为一种动力过程，将自己塑造为一种半物质的客体，然后，它立刻被解具体化（dereify），成为一整套复杂的人类活动，这些活动接着通过一套相互联系的、可能永远没有终止的自我构建和解构将自己重新打磨成各种物质过程。

关于这一过程，我将只给出一个单独的例子，参照的是阿尔都塞广为人知的意识形态理论，很显然，它研究的领域在马克思主义传统中已经被当作上层建筑。[50]但这篇文章的两个部分——第一部分是关于国家机构的意识形态——教会、家庭、学校等等——以及附加的对"质询"（interpellation）的补记——从未在它们分离的过程中受到充分的审视（或许在形式上类似于康德对他那个更加正式的关于美的理论进行补充说明时爆发出了崇高理论）。事实上，阿尔都塞的机构和主体性这两个理论非常精确地复制了我们已经展示过的力/关系差别这一往返运动。"机构"

(Institutions)——所谓的组织 (apparatuses)——类似于作为某种上层建筑的意识形态的基础或基础结构；而前者——意识形态主体性的半拉康式结构——是一种文化的或上层建筑的形式，这一形式“表达”那一基础，又回到本雅明的解释，并且表述它们的社会、关系、存在性现实中的那些物质机构。

在结论中有两点需要加以强调，首先是不可能有静态的结构或社会学理论或基础与上层建筑模式。每一种分析都是临时的，有时间性的；它起于一个具体的事件或文本，相当于一个解释行为，而非一种结构理论。因此，不可能有上层建筑理论，所以，提出异议是不起作用的，例如，国家是或不是一种上层建筑，它尚不足以同诸如哲学和艺术等等的意识形态上层建筑区分开来。

的确，本着我们在本章所遵循的“表现”(*Darstellung*) 精神，我们可能对基础和上层建筑本身的命名方式提出一种新的、笨拙的修正。因为似乎是理论本身，无论作为批评的对象还是宣传的对象，在这里仍然是用定冠词进行概念化的。它总是以 *the* base and superstructure 的形式出现，被讨论的总是 the base, the superstructure：现在提出我们相反地是在引出一种不确定的关系似乎是恰当的：*a* base and superstructure，或者实际上是很多的基础和上层建筑，这要视环境和条件而定。而且事实上，此刻甚至可以更进一步来观察，我们先前的二元对立现在已经调整为诸多的效果：甚至，如果没什么不妥的话，我们可能禁不住将一个给定的现象说成“基础—和—上层建筑的”(不过，见第三节，下文)。

vii

我们也可以将这类逆转说成是某个给定现象的效价 (valences) 发生了变化，在这种情况下，价值和功能在一个改变了的语境或系统中的转变似乎构成了其效价的变化，从否定的到肯定的，或者正相反，就像事情可能发生的那样。很显然，对马克思而言，资本主义的很多特征——劳动分工（“合作”），公司向垄断的方向扩充——包含了某种现象，你或许认为它的特征是否定的，但它也可能是肯定的。它们现在在这一系统中是剥削的场所，但在系统的革命性变化中，它们就变得有肯定意义：因此，劳动分工阻碍了个体的发展，使得他们在自己的专业化方向上变成畸形（或者在去技能［deskilling］的过程中，取消劳动分工并不能扭转这一状况，而是使它变得更糟）；不过，在它的各种合作形式中，这一趋势用一个功能性集体取代了个体，而且可能成为新的社会主动性和新的社会组织的源头。在很大程度上，同样可以说，工厂系统本身（而且，对列宁而言，垄断——以大银行为例——不是一种罪恶，而是可能向由民众和集体控制经济迈出的新的一步）也差不多如此。

我们或许也可以将效价中的变化看作某种形式的势差，如一个给定的数量翻一番或被提到更高的权力上时的情形那样：总之，这是马克思的辩证法中固有的目的论：事情不会向后退（至少按照它们自己的内在逻辑；它们无疑会衰败或四分五裂，不再是它们先前的样子）——不断提高的复杂性和生产性在发挥作用，这一点不可能被彻底改变。另一方面，否定的势差——沿用黑格尔的虚数这个例子——并不是一种事物崩塌的前景，而正是想象的空间，因此是未来的空间，在我们看来就是乌托邦的空间，它尚未实现，尽管是一种概念化了的可能性。最后，正是在这一意义上，改变一个给定现象的效价可能是一种幻想行为，它使这种乌托邦幻想有所突破，就如同我自己将沃尔玛解读为一种乌托邦现象一样。[51]这并不意味着沃尔玛具有肯定意义，或者会生发任何具有进步意义的事情，也不会有任何新的系统：不过，暂时将它理解为肯定的或进步的就是在其他事物的方向上打开了现在这个系统。

3. 它是辩证的!

尽管举了所有这些例子，的确，关于用非辩证方式呈现辩证法，似乎可能还是会弄巧成拙。我们已经证明，作为一个系统，实际上是作为一种哲学的辩证法概念——连同关于哲学本身的思想——是非辩证的。方法是一种工具性的、非辩证的思想，即使对此有过相同的警告，但对二元对立的找寻变成了一种定义，对立实践在不知不觉中成了方法的某种变体（无论多么新奇，多么具有结构主义特征），这样的可能性似乎差不多是致命的。如果是那样的话，保持鲜活的形式性并从内容和语境的杂质当中抽象出辩证法这种努力本身就是个错误，可能只有“方法”会在这种努力中重新出现。

同时，堆积事例的行为也从这种实践的另一方面对自己进行指责：因为例子确切地说就是糟糕的偶然性，偶然性则是对本章第一节批判过的不准确法则概念的补充。例子都是没有规律的特殊情况，内部空虚，不可能产生可以称之为法则的抽象概念；尽管返回到这个似乎杂乱无章的场所——政治、美学、大企业、历史，等等——并证明所有这些林林总总的内容如何仅仅表述了一种基本的对立，例如，它的多种模式中的主体对客体，这样做可能很有趣——它或许揭示了某种事物的起点的缺陷和片面性，这一事物到头来不是一种形式，而是一种经过伪装的主题，即**对立**。

偶然性事实上在那个曾经风行一时的文学—批评黑格尔主义中，即具体的普遍原则（the concrete universal）中呼唤自己的对立面（黑格尔喜欢称之为“事物本身”的东西，即“die Sache selbst”，我们在本书另一部分将会看到）：但这不是一个你决意要去的地方。或许，如果马克思主义等同于理论与实践的统一，关于辩证法，需要说的话是一样的，即它永远是对其自身的解释或例证；对它的运用就已经是对它自身的展示；正如萨特所言，如果你不那么说它，不那么称呼它，你就不是在辩证地思维：所有这一切都在表明当你努力应付辩证的现实时，你的目的就是说明辩证法是什么东西。

这意味着我们下一步不仅要取代这个名词，无论它是单数或复数，还是确切的和不确切的以及带形容词的，而且我们也需要关注另外一种类型的“例子”：关注在有人说“它是辩证的”时发生的精神事件，说这话是指责你在面对一种特别荒谬的解释或事件转折时所表现出的困惑。这不仅是在批评为粗暴的常识和褊狭的常规逻辑担忧的人；它也是在提出一种令人震惊的新视角，由此来重新思考尚存争议的新奇，使我们思想的常规习惯变得陌生化，使我们不仅突然意识到我们自己的非辩证愚钝，也意识到现实的不可思议。

我将指出（在这里以及本书接下来的章节里），在这样一些时刻，古老的常识性经验思想被颠覆了——非矛盾法则——就是黑格尔所谓的知性（或理解），也是马克思所谓的具体化。但现在，我们着意要捕捉的是辩证法的蔓延，而不是它的结构：某种本质的不安或否定，在我们似乎被一种二律背反俘获并麻痹的时刻，它们固定在了我们的思维上——因为，正如我们在上面看到的，二律背反和辩证之间的关系在现阶段是一个关键问题，在这一阶段，二律背反已经替代了矛盾，表达的是难解性（intractability）而不是能量和建构（或实际上是不可通约性而不是关系）。

在诸如此类的时刻发生的事情——至少是在辩证法出人意料

地突然推出自己时，当“它是辩证的”突然掠过我们的脑海时——是问题本身变成了解决办法，是那个让我们像冰河中的轮船一样动弹不得的对立面本身也变成了我们的思考对象；如此这般困于一种无法解决的二元对立当中，实际上已经被重新推回到辩证法本身的各种基本起源，这是一次可喜的回归，它正是进步本身所需要的重要条件。

我们因此必须将我们的视角从发送方转移到接收方，并且从其对读者或听众的效果震撼当中接近“辩证法”以体会它的创造性力量。在此，我们仍然需要收集一些例证；但这次，这些例证的偶然性会与我们自己的各种发现的偶然性成正比，而不是与世界本身的本体论条件成正比；而且它们的不连续性确保我们不会受到系统和方法等的不利影响。尽管如此，当代世界已经造就了哲学史上两位最卓越的辩证家，这似乎并不全是偶然：考察他们两位通过那些经常让我们兴奋不已的文字而产生的辩证效果是唯一合适的事。的确，如果我们仍然专注于各种对立，我们可能希望将这两位实践者理论化——一位是 T. W. 阿多诺，另一位是斯拉沃热·齐泽克——他们分别是悲剧缪斯和戏剧缪斯的追随者。但正如我们先前对反讽或悖论的诱惑发出了警告一样，在此，我们需要警惕一种类似的范畴错误，即认为它们的效果和诸多悖论是一回事。

我因此将用米歇尔·福柯在假想福柯主义中一句关于悖论的话作为这一讨论的开场白。假设我们观察到[52]启蒙思想的某种延伸可以在自然界本身被发现，尤其是今天对动物特别强烈的关心：这种关心已经超越了素食运动这个历史计划，而且现在已经被表述为动物法概念，如果想到动物自古以来在人类手中遭受的苦难——一种丝毫不逊色于人类彼此之间所施加的苦难，这当然是一种会受到欢迎的理想。

但是现在，我们突然被要求重复福柯关于“毛细血管权力”（capillary power）的经典论述：在现代，权力以这种方式通过福柯所谓的生物权力效果经过身体来改善和扩展其网络：以至于施加在身体上的古老暴虐随着资本主义时代的开始被改造成为比以往更加微妙的知识和统治形式，渗透到从未被开发过的肉体和自然生命领域。

这是个噩梦般的（或反乌托邦的）景象，它会一下子突然改变我们对动物权利运动本身所怀有的敬意：因为我们突然明白了一个事实，即“权利”是人的概念，到现在，通过将其统治延伸至未被殖民化、未被理论化的自然和动物世界，我们正在准备干预非人类生命，准备用人的生物权力盗用自然，这是这个星球迄今为止所知道的最具吞噬力量的东西。“动物权利”因此成了生物权力对地球实行独裁统治的先锋；迄今为止，专门的哲学细节，例如某个既定的病毒是否应该因为人类的干预而使其彻底灭绝这个问题现在有了一个完全不同和更加邪恶的解释。

这个假想例子与福柯反启蒙的立场是一致的，尤其是在他论述药物、疯癫以及惩罚的著作里，19 世纪早期的资产阶级改革时期——传统历史以一场病人和囚犯待遇上的人道主义革命的形式来叙述这种改革——被隐晦地嘲笑和讥讽为一种拥有微妙的权力与控制力的帝国主义，著名的“圆形监狱”就是其缩影，一个监视无处不在，完整的知识与完整的权力密不可分的王国。

的确，在上文已经观察到福柯对这些转变所做的强有力的再阐释完全是非辩证的，读者对于生物权力这个重要概念的困惑——是否定的还是肯定的？是一个统治的核心还是一个新的反抗源？——在很大程度上归因于一个事实，即在福柯的思想中，这个概念缺乏一个对立面。

这样的批评在我看来是正确的，然而，我们现在必须声明，它完全用错了地方。现在这个问题与思想转变无可回避地联系在一起而且可以说是署上了福柯的大名，关键不在于它是非辩证的或反辩证的，而在于它是过于辩证了，或者说得更清楚一些，它是一种不在意名称和权力，并且因为过剩的辩证精力使自己发生短路的辩证法。因为在典型的福柯式叙事中，被省略的正是从否定到肯定的过渡，这恰恰是辩证法的特征，或换言之，即对立统一。福柯将启蒙积极的限价（positive valorization）归因于他那些被哄骗的资产阶级读者并将其定位为一个错误，偏执狂和阴谋的新叙事将要改正这个错误，然而从辩证的角度看，这两种叙事都是正确的，也同样都有错误——我们发现阿多诺的“否定”思维运用的正是这种双重视域，不要将其具体化为某种特殊的辩证法或许更好，就像用“否定的辩证法”作他那本最著名的著作的标题，但同样关键的是让其从与福柯的短路一样具有误导性的第一印象中解脱出来，正如上文已经有所交代的那样，它被称为悖论。

因为，毫无疑问，在阿多诺用音乐形式组织的开头和结尾——开端和最终的生机盎然——他的思想倾向于容纳这一悖论在文学和语言学上的“简单形式”。因此，《审美理论》（确切地说是一份草稿，在他死后出版）是这样开始的：“不言自明的是，与艺术有关的任何事情都不再是不言自明的了”[53]：一个威胁要破坏一项审美写作计划的句子，甚至在它未开始之前。或者它也许只是表明哲学上关于开始的永久难题：没有什么可以被预先假设，甚至有假设这种想法也不行。我们在一种危险的情况下被留在一个可能什么都不能说的地方（阿多诺由此对贝克特着了魔）。

或者看一下《否定的辩证法》那更为著名的开头：“哲学，曾经似乎过时了，还继续存在，这是因为它错过了它实现的时刻。”[54]在这里，毫无疑问，这个悖论本身在其内部包含了另外一个悖论，即马克思关于哲学实现其自身的警告，或者换言之，不仅要理解世界，还要不断地改造世界。尽管如此，这个被废弃的悖论仍然在这部快速交响乐的开头部分闪烁着微光：以一种比其自身长寿的形式继续存在，一种不再真实的真实性，一种已经成为过去的现在。

在这两种情况中，被控告的正是这一学科本身，即思维或意识领域，它已经历史性地进化为一个完全自主的文化领域，之后，它自身突然遭到质询。这一悖论的形式的确隐匿了我们先前已经讨论过的对立嬉戏，而且正是内部对照赋予这个单一词语两个相反的含义——在这些例子中是“艺术”或“哲学”——有其令人吃惊的、超乎寻常的效果。

进一步的讨论会将这种并生性扩展到对象本身所拥有的两个明显不同且互不兼容的领地。因此，在《审美理论》中，阿多诺继续在著名的艺术自由上盘桓稍许（他或许也选择了众多其他形式的起点），我们称这种艺术为现代主义。然而，一瞬间，这种自由——脱离了常规、传统、视角、形象化以及表现本身——转而变为它的对立面：“这个挣脱了羁绊的过程以它［这一过程］是为了这些范畴才被启动的名义摧毁了那些范畴。更多的东西被不断拉进这个新禁忌的旋涡”（*AT*，1）。审美自由的胜利在一个辩证逆转中成为更加严苛的禁令的开始，带来了不合理的负担；因此，迄今为止，我们用艺术这个单一的词所指称的看似统一的事物到头来是一个辩证的空间，在其中，对立统一体——自由和禁忌——以那种最混乱、最具毁灭性的方式将各自消耗殆尽，威胁要把任何常识或统一的关于艺术的日常概念一并废除。（实际上，我要说，这种预言式的诊断提出若干年后，正是这样一种爆炸性的非统一化［disunification］为我们常在后现代性名下称之为艺术的东西创造了所需要的条件。）

尽管如此，这仍然还是一个诊断，阿多诺提供了一个解释：但这个解释是一个外部的解释；它立于这个对立统一体之外，而且的确处于所有艺术之外。他这样回答现代主义的自由这个问题：“艺术中的绝对自由，总是限定在某个特殊情况下，与整体永恒存在的不自由相矛盾”（*AT*，1）。在一个不自由的社会里，换言之，艺术本身是不可能真正自由的：到这一点为止，这似乎是一个社会学的分析。但社会的不自由似乎暗示着特殊性与普遍性之间的矛盾以及总体性的不可能实现（“整体，”阿多诺在另外一个地方讲了这句著名的话，“是不真实的”[55]）。所以，如果这个解释是一个社会性解释，在任何低级的意义上，它都很难算是一个因果性解释，而是一个非常间接性的解释。不过，无论如何，它是对不成熟综合发出的警告，是对统一体幻觉（的确也是对伪黑格尔式三元组的第三个项高调提出的统一）发出的警告。

我现在想要用来自阿多诺的最后一个例子来阐释这一过程，它这回不是一“艺术”或“哲学”这样的单独术语开头，它们先前被认为是统一的，可到头来它们自己就是一种辩证对立的结果。因此，这个新的阐释将以那种对立本身开始，被理解为两个应该统一却不可能统一的领域，即“社会学与心理学”领域（这篇文章的标题）。我们在此遇到了人类历史书上一种最古老、最原始的对立，即主体与客体、心灵与身体、个体与社会、自我与他者的对立的现代学科形式——这种看似不可通约的组合或合并所产生的序列与哲学流派本身一样种类繁多，每一个都承认我们必须处理一种已经统一的现象，其统一性还不能被人类心灵以任何可信的方式掌握。

试图统一社会学和心理学的努力（最著名的是塔尔科特·帕森斯［Talcott Parsons］）是另一个看起来充满希望的起点，如果不是对本问题的统一场论而言，至少对某种关于这些原因的论述而言，它或许是不可能的。而且在某种意义上，那一论述确切地说是阿多诺提供给我们的，不过是以先行拒绝整个计划的形式给出的：

> 但是，出自自然科学的概念性统一这一理想不能不加区别地运用于这样一个社会，它的统一性在于它不能被统一。社会学与心理学，因为它们是各自独立地发挥作用，常常会不由自主地将劳动的智力分工投射到它们的研究对象上。社会与精神的相互分隔是一种错误的意识；它在概念上使得活生生的主体与客观性之间的分裂成为永恒，客观性控制主体同时又出自主体。但是，这种错误意识的基础不能通过一个简单的方法论上的声明而被去除。人不能识别存在于社会中的自我，也不能识别存在于他们当中的社会，因为他们彼此隔绝，也与总体性相隔绝。他们的已经被具体化的社会关系在他们看来必然是一种“自在”（in itself）。各自独立的学科投射在现实上的东西仅仅是对现实中所发生事情的回放。错误的意识同样是真实的：内在的和外在的生活被割裂开。只有通过对它们之间差异的表述，而不是通过寻找概念，它们的关系才能得到充分的表达。完整的真理与片面同在，不是复数性的综合：一种新的心理学，它背对社会，只是异质性地专注于个体及其古老的遗传，它说得更多的是社会处于一种倒霉的状态，而不是试图通过其“完整的方法”，或者通过它对社会“因素”的包含而加入已经不再存在的“综合大学”（*universitas literarum*）行列中来。[56]

更多的悖论：但这次是关于资本主义本身的悖论，它在人类历史上所具有的结构特殊性在于一个事实，即它是一个通过个体性和分隔状态或原子化，而不是通过团体联合的传统模式组织起来的群体。

那么，这两个正在被讨论的学科的结果是什么呢？它们的重要区别——“社会与精神的相互分割”——“是错误的意识；它在概念上使得活生生的主体与客观性之间的分裂成为永恒，客观性控制主体同时又出自主体。”那么，为什么不用一个新的跨学科计划（就像我们有时对这些解决办法的称呼）来克服这种分隔呢？“这种错误意识的基础不能通过一个简单的方法论上的声明而消除。”换言之，矛盾不能通过接受一种思想（就是早先提到的理论与实践相统一原则）而得到解决或被消除。

不过，现在我们明白了阿多诺的辩证法最令人吃惊的特征，它似乎已经达到揭开错误意识的面纱并对其进行批判的地步。远不是这样：“完整的真理与片面同在”，他告诉我们，“错误的意识同样是真实的：内心的和外部的生活被割裂开。”真理在于坚持这个谬误，守信于这个矛盾。但这一公式并不像它应该的那样可靠：因为在这些情况下，阿多诺削弱了这个问题的一种立场，仅仅是为了突然回转过来削弱其替代者，因此除了不能对任何事物做出结论这个不可能性之外，我们什么也没有得到。

很显然，他有意称之为否定的辩证法的事物，一个永远不会达到综合的否定运动，一种否定因素，它不停地削弱所有可能出现的肯定因素，直到它只拥有自己的摧毁性能量从而唯我独尊。它是一个过程，与对黑格尔本人也十分重要的古代怀疑主义有着醒目的家族相似性，其中关键的运作——所谓的均势——包括“使关于某个问题的两个同样强有力的命题或论证处于对立状态，这个问题出现并由此在它的两个方面都产生一种合理的均衡”[57]。或者，我们可以补充说，在否定因素和颠覆这两个替代物之间产生了均衡。至于古代的怀疑主义者，这一辩证过程有意要对我们的现实感本身和那一现实先前的真相有所举动。

的确，阿多诺自己将这一运动的特点描述为“中介”，是在对我们上面已经展现过的这一概念的有关问题提供一种全新解释的精彩段落中：

> 康德的对立极（antithetical poles）——形式与内容、自然与精神、理论与实践、自由与必然性、真体（nomenon）与现象——因为反射已经充分地弥漫开来以至于这些测定量（determinations）中没有一个可以成为最终的测定量。每一个，为了被思考，的确也是为了存在下去，都需要从自身产生出那个另一时刻，康德将这另一时刻置于它的对立面。中介因此在黑格尔那里从来就不是——自克尔恺郭尔（Kierkegaard）以来，对它有过大量致命的误解——两极之间的一个中点；相反，中介出现在两极本身内部：这是黑格尔最根本的特征，它和其他任何中庸的或中间的立场无法兼容。传统哲学希望获得的本体论基础最终不是截然不同的思想各自为营相互抵消，而是每一个思想都需要其对立面，所有它们的关系放在一起就是过程本身。[58]

现在，或许我们可以抓住辩证效果的本质了——的确就是辩证的震撼——更为明了的是，当我们随着这个过程被引到一个批评和否定的立场，然后，在我们还不准备表示我们的绝对信任的第二个时刻，它又被粗暴地废除了，现在，获得了一个经验，即这种立场一般来说在语言和概念的层面上是不可靠的。诚然，这一经验应该是意识形态学说教给我们的，但后者似乎仍然要许诺一个真理（“科学”）、一个最终的修正、一个解决问题的时刻或者知识，对此，阿多诺在他的明确的否定辩证法中几乎没有留出立锥之地。

尽管如此，后者没有将我们留在后现代相对主义的中心，这个中心对所有“古老学派”的信徒而言异常恐怖。否定的辩证法似乎仍然保留着某种类似于**绝对**的东西，在黑格尔版的辩证法中，甚至在马克思的“绝对历史主义”中都是重要的部分。但是可能有一个绝对吗？——甚或一个真理，或一个指涉物——它既不是语言的也不是概念的。对此，齐泽克版的辩证法有话要说。

诚然，我们在这里也是以对指摘那种愚蠢的老套观念开始，据此，黑格尔依照一种陈腐刻板的三段式完成了从正题经反题到合题的过程。但这是完全错误的，因为在黑格尔那里，没有真正的综合，而且辩证活动要用一种完全不同的方式来理解（要举出各式各样的例证）。尽管如此……那个愚蠢的第一印象并非一无是处，在黑格尔的辩证法中有一个三段式运动，而且事实上我刚才已经有所论述：愚蠢的第一印象是表象；是以某种潜在的现实或“实质”之名做出的巧妙修正；可是最后，归根到底，是对这一表象现实的回归。总之，表象才是“真实的”。

这些可能与“流行文化”有什么关系吗？我们以好莱坞的一部作品为例，比如弗里茨·兰（Fritz Lang）的《绿窗艳影》（*Woman in the Window*）（1944）。（呵，或许弗里茨现在属于高雅文化而不是大众文化了，不过……）爱德华·G·罗宾逊（Edward G. Robison）是一个温文尔雅的教授，一天晚上，他离开自己宁静的俱乐部后便卷入一场亡命的恋爱与谋杀的圈套中。我们以为是在看一部惊悚片。最后，他又躲到他的俱乐部，在筋疲力尽中沉入梦乡，然后醒来：这完全是一场梦。通过弗里茨屈从于廉价的好莱坞式大团圆结局（庄子毕竟不是蝴蝶），这部电影为我们做了解释。可是在现实中——就是说在真正的表象中——爱德华·G·罗宾逊“不是一个平静、善良、体面的资产阶级教授，梦想自己是一名杀手，相反地，是一名杀手梦见自己在日常生活中是一名平静、善良、体面的资产阶级教授”。所以说，好莱坞的审查制度在某种意义上并非是清教徒式的、极端保守的，并非是用来压抑生活中淫秽的、下流的、反社会的、暴力的阴暗面的中产阶级机制，它其实是揭露这一阴暗面的技术。字面上的第一种形式是真实的——我们一开始当作现实的那个梦，而非从梦中醒来才是真实的。[59]

我们或许可以从其他范畴中举出几个例子。因此，在某些公共场合，齐泽克因为轻率地谈论希区柯克而受到指责，当时波斯尼亚人，尤其是萨拉热窝的波斯尼亚人正在遭受攻击和种族灭绝的苦难。他的确经常分析西方在将波斯尼亚人看成这场冲突的牺牲品时所表现出的兴趣（因为如果他们不是牺牲品，他们的性质立刻会变成恐怖分子，在一场经典的辩证逆转中）。这里的第三种立场是一种暗示，它提醒我们，波斯尼亚人对我们来说不是他者，而是和我们一样的人；它提醒我们，令人震惊的是在那场攻击中，他们和我们一样继续过着平常的日子，等等。[60]这样，我们就与往常一样从日常生活的第一个影像（和平时期美国人是在听一场演讲），到对战争中牺牲者的被“他者化”（othered）和被夸大的表现，又回到那第一个表现，它现在与往常一样，在日常生活一个更大的影像中包含了战时的城市及其人口本身。诚然，这次的回归表层，回归愚蠢的第一印象，有关于在第二时刻，即解释时刻，出现的错误这一新知识附带其中；但是，仍然再次确认了起点的真实性。

另一个例子——它可能与斯大林的大清洗审判一样恐怖，或者与勃列日涅夫或后铁托共产主义在最后的几年里一样温和——是这个党自我辩白的三合一运动（three-fold movement）。在第一层运动中，党断言很多老布尔什维克，革命最初的领袖，实际上是叛徒和纳粹的间谍。西方，于是——因为这些辩证转变大多采取了主体地位相互交换的形式——将这些声明解释为刻意的谎言和编造的假话，并且质问，怎么可能有人相信如此正直的人会背叛他们自己发动的革命，而极有可能的是，斯大林本人在进行绝对的欺骗。西方的解释当然是正确的；但同时也是错误的——第三种立场——因为首先没有人相信这种背叛；他们只是假装这样做，“旨在维持（**主人**或**领袖**的无限威力和知识）这一表象——以避免领袖的无能暴露在整个世界面前”[61]。“维持表象”，齐泽克这样命名这一过程，而且的确，它的哲学内容绝对引发了黑格尔的表象主体性概念：表象不是主观的或武断的，也不会被某种潜在的本质所取代，或者至少本质必须在表象本身当中去寻找。驯顺的主体没有臣服于无所不能的极权主义**他者**，而是为这个庞大的**他者**感到难过，他于是假装承认他的权力，由此使这权力得到确认。

齐泽克的解释连篇累牍，似乎陶醉在这些悖论当中：但那本身只是某种“愚蠢的第一印象”（他最喜欢的词语之一）。事实上，这一悖论性的效果意在破坏具有独创性的第二时刻，独创性指的是解释（在你看来它是那样的，但实际上正在发生的是这样的……）：悖论是第二序列的；看似悖论的东西实际上只是回归到第一印象本身而已。

或者我们应该说：这不是一个悖论，这是乖谬背理。的确，辩证法就是那种根深蒂固的、令人愤怒的乖谬背理，由此，现实的常识经验主义观点受到驳斥和诋毁：但它是与它自己对那一现实的附加解释一起被诋毁的，在我们明白这些解释本身也绝对是那“第一印象”的一部分之前，它们看起来比常识经验主义现实本身更有独创性，也更巧妙。这就是为什么辩证法属于理论而不是哲学：后者总是因为幻想某种万无一失、自给自足、独立存在的系统，一套自成其原因的概念而显得焦虑不安。这种海市蜃楼就是哲学的一个后像，在这个世界上，哲学是一种制度，在当前状态下，在一个堕落的“本原”（what is）王国里，是与其他所有事物搅在一起的职业。另一方面，理论则没有既定的利益，因为它从来不认为自己是一个绝对的系统，不认为自己是一种非意识形态的表述，不认为自己拥有“真理”；的确，它本身在当下的语言存在中一直是同谋，它唯一一项永远不会结束、永远不能完成的任务和责任就是侵蚀哲学的基础，使各种各样确定无疑的表述和命题分崩离析。我们已经用另外的方式对此有过说明，我们坚持认为，最好将以马克思和弗洛伊德的名字为标志的后哲学思想的两大体系描述为理论与实践的统一体，也就是说，它们当中的实践成分总是打断“理论的统一体”而且阻止它聚合起来成为某种令人满意的哲学系统。

尽管如此，如果我们上面列举过的那些解释手段的内容确实不是哲学性的，它们的理论性又是什么呢？我们首先要找到一个绝对不属于任何派别的人物，他以某种方式，以尚待定义的方式负责齐泽克的所有工作。拉康晚年的一部研讨会文集确实取了一个谜一般的名字，叫《知者迷失》（*Les non-dupes errent*）：它的可笑之处在于这个怪诞的命题（“不施诈术的都是错误的”）与拉康这本书中那个最古老的公式，即“父亲之名”，亦可说俄狄浦斯情结，是同音异义，“Les non-dupes errent”与“le nom du pèke”发音相似。不过，后来的这个变体与此无关，而是与欺骗的结构有关。的确，每个人都知道，真理本身就是最好的伪装，当间谍告诉他的熟人们，“我在生活中是干什么的？嗨，我是个间谍！”——一个毫无例外地引起哄堂大笑的真理。真理的独特性，即在欺骗和谎言中最充分地表达自身，在分析中发挥着至关重要的作用，人或许期待如此。而且也正如人或许期待的那样，正是在伟大的非哲学家或反哲学家黑格尔那里，我们发现错误之必然性的辩证法以及他所谓的表象与本质，即对表象（齐泽克的著作《视差之见》[*The Parallax View*] 中的深层主体之一）之客观性的最彻底肯定得到了最详尽的展开。的确，另外一位现代伟大的辩证主义者阿多诺喜欢说，黑格尔在任何地方都不如在他那本雷鸣般震撼的《逻辑学》中断言“本质一定看得见!”时更贴近他的同代英雄贝多芬。

但是，如果本质今天呈现出来，它是通过客观表象那迷人的面纱做到的，它撩人的“错误”甚至在遭到认知的驱逐之后依然保持着它的力量。对较为古老的辩证法而言，驱逐意识形态不仅是要导向真理，还要导向变化（马克思关于费尔巴哈的最后一篇文章）。在这个意义上，启蒙信赖教育和劝导，相信去魅和正确分析，这些在整个现代时期依然毫发未损。阿多诺为避免一切肯定性所做的决绝努力，他本能地觉得所有的肯定性始终都是意识形态的，他接受一种坚决的否定均势，是对我们的历史局面做出了预言式的、但不令人满意的回应，如果将齐泽克的著名标题改为《他们知道自己在做什么（但他们还是做了）》，可能会更好地描述出这一情境的特征。这个情境是一个王国，已经很有助益地被称作愤世嫉俗理性，它呼唤重新发明一种辩证法作为重塑政治本身（而且，再清楚不过了，重塑马克思主义）的重要部分：从另一个角度看，阿多诺和齐泽克的解决办法之间的差异可以被描述为现代主义的反叙事（贝克特!）与具有多重叙事中心（像在较典型的后现代文学作品中那样）的一种非具象游戏（non-figurative）游戏之间的差别。

这似乎还不够，还必须提一下最后一个困境，它涉及辩证法与乌托邦之间的关系。因为我们一直在这里运用的关于错误与矫正的语言在其内部一直保留着一个像海市蜃楼一样的乌托邦预设

（一个客观的海市蜃楼，如果我们转回到前面的那个讨论），至于它似乎预示了一个没有任何错误的条件、一种真实的生活，它绝对是阿尔都塞在其关于意识形态将会在所有的社会中存在，无论这个社会有多么“完美”这个论点中所批驳的乌托邦幻觉。

但是，表面上，似乎没有什么可以比辩证法更加乌托邦，辩证法在晚期资本主义世界里对我们的日常意识提出控诉并且计划用一种改造过的主体性取代这一意识，对这种主体性而言，世界是一个建构的过程，其中没有具体的或形而上的“基础”，古老的、稳定的本质和本质主义也已经从中消失殆尽。

不过，通过我们的描述，肯定清晰可见的是，就它具有批评性而言，辩证法同时也是只能被称作反应性思想的事物，即它的活动有赖于一种预先存在的思想模式的规范性（normativity），它需要对其做出反应：或者用一个曾经非常流行的理论表述，在知性本身方面、在对一个由客体组成的物质世界进行外化思维方面，它是瘫痪的，它自己的修正与颠覆、否定与批判活动也是如此。

但是从一种乌托邦的视角看，这意味着如果辩证法成功了，它也就这样消失了。如果辩证思维曾经完全取代了非辩证思维并且在其位置上站稳了脚跟，如果每个人渐渐地都辩证地思维，那么对于所有的意图和目的而言，辩证法将不复存在，某种不同的事物、某种尚未被确定的事物、某种迄今为止尚不知其名的乌托邦意识将取而代之。

用一种通常的方式说，显而易见的是，黑格尔从未期望知性——有物质对象和同一性的日常贸易——会消失：它会与我们自己的身体一道永远不间断地存在下去而且与任何在辩证意义上所取得的更高级意识或觉悟不离不弃。至于马克思，更可能发生的情况是，随着商品形式的消失，物化意识预计会消失；可是，正如阿尔都塞试图提醒我们的那样，意识形态——作为生物个体本能的认知图式——不管未来社会被想象成何等模样，都会一直存在。理论也不能期望在今天的思想市场上排挤掉多种形式的物化思维以及已经被命名和被商品化的思想与产品，而只能通过开展持久的地方游击战来抗衡它们的霸权地位。

尽管如此，由于这种或那种后现代主义对后现代相对主义，对指涉物的地位的特殊焦虑以及对表现，的确还有对“真理”的全面怀疑在此横插进来，使这成为一个不太令人满意的解决办法。尤其是马克思主义形式的知识以及马克思的代码本身所拥有的地位，无论是实在的还是不稳定的，似乎都要在这种情境中分担各种更传统哲学的命运，在跟随它们一道成为选择对象和纯粹的个人意识形态选择（属于自由市场变体）时发现它自己特殊的辩证法。我们已经认为是辩证主义者创造的均势概念批判就变得很难全盘（*tout court*）与解构区分开来了。

的确，对于一种较古老的现代主义而言，不可表现的事物仍然是一种有待征服和控制，有待表述和塑造，有待表达和揭示或揭露的对象，这需要发明全新的语言，开发迄今为止尚不存在的理论工具和表现工具，无情地放弃古老的传统以及它们的习惯和术语，放弃对创新和“新奇”（*Novum*）之能力的信赖，它们至少可以渐渐地接近**绝对**，即便不能给它任何确定的和普遍的约束性影响。葛兰西的“绝对历史主义”对我们尚不能理论化，更不用说想象的未来做了很大程度的预示。

但是，在经历了反复的失败和获得了一种清醒的信念之后，对于所谓新鲜事物、发明创造、实验、确定性和真理的性质，无论是新的还是老的，后现代似乎已经心甘情愿地放弃了所有努力。甚至“绝对的相对主义”似乎也仅仅提供了一种绝对怀疑主义的翻新形式，而不是将这个圆形拉成了正方形。

就是在这种情况下，齐泽克提出了自己的临时性解决办法，从《视差之见》这个书名可窥一斑，它认为有这样一种可能性，即不附带任何语言或哲学表述的本体论信念：那么，定位“真理”可能就类似于一种症候性操作，听命于弗洛伊德的原始欲望，这种欲望先于所有表现，先于转换成形象代码的一切翻译。那么，视差的公式就可以比作确定一个星球体的过程，它超出了我们已有的定位仪器的能力，尽管我们可以用假设的形式估算出它的存在：对于解构精神和普通的后现代相对主义来说，这样来确认没有任何形式的内容很显然非常陌生。

但是，马克思本人的做法也是值得考察的，他表面上对谴责他人的错误或提出他自己不言而喻的解决办法从未感到勉强。不过，那些解决办法都使辩证的这一点也变得清晰可见。我们把产生自整体与部分（或多种系统循环）的辩证法的悖论搁置一旁：就像计件工资的情况一样，它“有这样一种趋势，如果让个体的工资高于平均值，就要降低这个平均值本身”(*Cap*，697)。更确切地说，是现代化本身的更深层悖论需要被翻译成矛盾的辩证语言。所以，你可能认为农业现代化——抽干沼泽地，收回非生产性地域用于农业——会被认为是一种积极的发展，一般来说对社会是一桩益事（愚蠢的第一印象）：“但调查却得出了完全相反的结论：‘把冬天是沼地夏天是贫瘠草地的土地变成肥沃的谷物耕地，这是消灭疟疾的原因，但也就是这个原因造成了非常高的婴儿死亡率。’”(*Cap*，521－522)[62]至于一般意义上的现代机器，它在历史上无法匹敌的生产率带来的是：

现代工业史上引人注目的现象，机器废除了所有道德和自然对工作日长度的限制……［结果是］最强大的工具旨在降低劳动时间这一经济悖论经受了一次辩证逆转并成为百试不爽、随心所欲的手段，使资本为稳定其价格而将工人及其

家庭的全部时间都变成了劳动时间。(*Cap*，532)

但是，这是一个辩证的“悖论”，在这个悖论中，庸俗左派（普鲁东、魏特林等）提出的新解释与深陷在自己“愚蠢的第一印象”中为这种新改良大唱赞歌的资产阶级经济学家的顽固不化一样充满谬误。我们此刻就在《资本论》论点的最中心，也在矛盾的最中心，这一矛盾是一个处于生产率与价值形式之间的系统的核心。该辩证法造成的第一个灾难当然是以道德化或伦理的方式接近这一问题（它是批判资本主义剥削的左派评论家提出的，而且也隐含在资产阶级经济学家对它带给人类利益的赞颂中）。马克思经常会将这些“错误”部分地归因于对“历史因素”的忽略(*Cap*，493)；但他也会指出一些幻想，经验主义者认为，这些幻想是压迫的结果，是总体性造成的，总体性亦即构成资本主义整体的价值流通的庞大体系。他还一次又一次地拒绝努力去构想一种动力学，即将价值作为一条法则的劳动理论。“这样一种自我毁灭的矛盾无论如何不被说成是或用公式表述为一条法则”(*Cap*，676)——这一主张切中了所有表现和所有哲学系统的心脏。

不过，处于这类悖论之核心部分的基本困境，的确也是马克思的辩证法（甚至不是恩格斯那个马克思的辩证法）的基本困境，就是我们已经有所指涉的客观表象这一现象。马克思称其为*Erscheinungsformen*或“表象的形式”，翻译似乎是要极力贬低或淡化这个由表象构成的严重问题。所以，马克思说，“资本一般的和必然的趋势必须同它们的表象形式区分开来”(*Cap*，433)。这似乎是一个非常温和的认识论警告，而且后面确实有一些话谈到知识与科学：“我们只有掌握了资本的内在本质，才能科学地分析竞争，就好像只有熟悉天体表面运动的人才能理解它们的实际运动一样，它们不是凭感觉就可以认识的”（*Cap*，433）。我们此刻显然又回到了关于外表表象和内部法则的话语中，然而，马克思的辩证法的目的却完全是要削弱这种对立。

看一下这段话：“在‘劳动价值’这个表达中，价值的概念不仅被彻底消灭，而且被颠倒了，以至于它变成了自己的反面。它和地球的价值一样是一个虚构的表达。不过，这些虚构表达却是从劳动关系本身中产生的。它们适用于基本关系的表象形式这个范畴。在它们的表面，事物常常以一种颠倒的方式展现出来，这一点在所有的科学当中，除了政治经济学之外，都非常熟悉”（*Cap*，677）。应该补充的是，倒置这个形象（马克思和恩格斯经常回到倒置，尤其是在关于意识形态是一个暗箱的讨论中）出自黑格尔关于“颠倒的世界”的讨论，对此，尚不清楚的是，后者是对正在讨论的这个形象的一次哲学性挪用，还是恰恰相反，是对它的一种批判和解构。

同样的一切在这里也是真实的，而且有意义的是，在这一点上（在相关的脚注中），马克思回想起他自己猛烈地批判过普鲁东对资本主义罪恶的“比喻”分析，在资本主义对劳动的剥削中，“他只看到了语法省略。所以，整个存在的社会……从此以后就建立在一种诗意的许可上，一种形象化的表达上”[63]。在这一点上，辩证法与一种基于比喻运用的解构分道扬镳，而且实际上也谴责后者是幻象，它的产生是因为没有掌握客观表象的辩证“悖论”（值得回想一下，钱本身就是这种客观表象最基本的形式之一）：

> 对于所有的表象形式及其隐匿不见的基础都真实正确的东西对于“劳动的价值和价格”或“工资”这一表象形式也同样真实正确，与表现于其中的基本关系，即劳动力的价值

> 和价格，形成对照。表象的这些形式被直接地、即时地复制为当下寻常的思维模式；基本关系一定首先是由科学发现的。古典政治经济学大概是无意中发现了事物的真正状态，却并未有意识地将其公式化。只要它还有一层资产阶级的表皮，它就不会这么做。(*Cap*，682)

这一“悖论”事实上本身就构成了辩证法，或者至少可以被看作一种特殊的形势和困境，由此首先产生了发明辩证法这样一个事物的需要。我们可以这样来生动地说明这个问题：一个关于错误的社会或错误的现实的正确思想可能是正确的吗？或者它就必然是错误的吗，即使它是精确的？或者我们是否在这种真理与谬误的对立中遇到另一种二元对立，而辩证法（及其对立统一体）的责任就是战胜并超越这一对立？

我们或许也可以将这一困境说成是矛盾：如果一个概念准确地表明了一个矛盾的现实，难道它自己不是必然地充满矛盾吗？无论如何，不管因为什么原因，《资本论》的目的就是要列举并形象地说明资本主义及其价值法则本身充满了深刻的矛盾；它们的现实是一套错误的表象，但是，这些表象是真实的，是客观的，而且不会仅仅因为分析（当然也不会因为激烈的谴责）就被消除。我们不能够将它们的结构翻译成“法则”，它们都仍然只是经验性的观察，只对这个周期中的这个或那个时刻有效，而且它们自身会因为周期运作中不可避免的危机和失败变得失去效用。诚然，我们可以呼唤存在主义的维度，并且论证说，我们关于某个资本主义世界的鲜活的经验（不管它自己的真理是什么类型的）仍然与那个世界的潜在结构或功能性保持着极大的不同，就像结果不同于原因。而且在某种意义上，尽管马克思缺乏存在主义全部的现代概念，但这却是他的修辞手段趋向的地方，如

《资本论》中那个最著名的“桥段”（bridge-passage）之一：

> 因此，让我们与金钱的主人和劳动力的主人一道离开这个嘈杂的地区，在这里，所有的事情都发生在表面，都发生在众目睽睽之下，跟随他们进入一个隐蔽的生产场所，在它的入口处挂了一个牌子，写着“非因生意事务者莫入”。（*Cap*，279—280）

在其他地方，他更具哲学性地重复了表象与本质之间古老的黑格尔式的辩证对立（例如将价格王国同价值王国区分开来）。但即便是黑格尔式的对立在某种程度上也具有误导性，它意味着你可以用本质取代表象，就像你可以用真理取代错误，或者它意味着你可以下到，按照马克思的说法，那个生产发生于其间的真正的地下王国（瓦格纳的尼伯龙根形象和他们在地底下的那个叮叮当当的熔铁炉；或者威尔斯［Wells］笔下食肉的莫洛克族）。

但是，客观表象这个重要概念告诫我们，对矛盾的任何一种有倾向性的解决办法，倾向于本质或表象、真理或错误，都等于是在废除含糊不清的现实本身。要将这些对立统一于一处，可以说，要消灭两者的自主性，趋就于你必然要保存的一种纯粹张力，辩证法是一个必备条件。在这一点上，恐怕我们甚至将辩证法的主观效应也丢在了身后，却转而思考它在今天的相关性：因为不是马克思对资本主义“本质”的描述发生了变化（也不是一般意义上黑格尔关于“反映决定论”的描述），而绝对是全球资本主义世界的“客观表象”发生了变化，这一表象似乎离马克思的维多利亚时期或形成中的现代主义时期的表面生活非常遥远。

4. 走向一种空间的辩证

亨利·勒菲弗尔（Henry Lefebvre）在他那本具有开创意义的著作《空间的生产》（*The Production of Space*）快结束的时候呼吁沿着空间线条对辩证法进行一次重新建构。[64] 如果我们将后现代性理论也算在内（他自己并没有接受），因为这一理论，现代时期所占据的统治地位基本上成了暂时的，他这个建议的分量便更大了。由一个暂时的重力中心向空间中心转移不仅要牵扯到我们此刻这个描述的种种特征会发生改变，而且还可能要让这种思想模式以及既具有黑格尔性质，又具有马克思性质的命题做好准备，以应对全球化和本质上具有空间性的经济与政治在一个当代情境中所产生的更大效果。

后现代性的许多特征在它的结构（我们已经将其标示为晚期或第三阶段资本主义）内部支持突出空间的意义。生产的移位不仅意味着服务业在发达国家占据优势地位——也就是说，围绕着消费和后续广告与影像社会的发展进行的一次再结构，或者换言之，商品化的出现成为一个基本的社会和政治问题。总之，全球化意味着空间与空间距离（spatial distance）在生产本身内部的联合，无论是在外包方面，或消费国家与生产国家的不均衡发展方面，还是在劳动移民以及失业、饥馑、难以形容的暴力这些黑洞等方面，当下这个世界的整个表面突然间堕落了。金融资本在今天的统治也是一种空间现象，因为它的独创性是由于压缩了传送过程比较传统的时间性，同时意味着各种新的空间上的同步性。国家自主性相形见绌，形形色色的国际商品，从食品到文化，在原先有国家界限的范围内无所不在，这些都也属于同样的情况。这种无所不在已经被描述为一张相互支撑的网络，没有一个国家空间可以逃脱这个网络，在这个网络中，再也没有一个人是自给自足的：但是这一形式在原先有国家界限的范围内所产生的这个新型空间的性质尚有待理论化，除了某些个别的症状，如恐怖主义（而且已经主要被错误地概括为民族国家的消失）。同时，全球化催生出来的新型文化生产也常常被提及，却没有注意到它们在整个世界体系本身中的功能。

无论它可能到什么程度，以上枚举尚未论证，对这个新的全球性历史情境，必然要有一种辩证的方法。但是，总体性的节奏、总体性效果的在场与不在场的节奏可能都足以传达出辩证法的相关性。我们今天见证着一场互惠影响的游戏，这些影响远远超越了那个中心打个喷嚏，周边就感冒的古老悖论：因为现在常常可以发现这种关系本身已经被颠倒了，中心的风暴是由消费和富足在外围地区形成的缕缕轻风引发的。被说了一遍又一遍的全球与地方的辩证法无疑只是一种辩证法（a dialectic），即使很少见用那些术语对它进行严肃分析，它们涉及总体性与一组经验主义细节之间的相互关系。今天，显然不会从很多积极的方面来考虑全球资本主义；而众多毁灭性的政治策略和谋算也证明，从常识和经验事实方面去了解它是愚蠢的，即使人们承认这类事实的多样性需要某种较之个人理性更加复杂的东西（一般在这种情况下会求助于计算机）。在这方面，常常被等同于结构主义的序列图式已经获得了更大的成功，这恰恰因为它们是辩证的，但它们本身却对此一无所知。最后，宗教作为一种广泛的政治现象令人震惊的复兴显然揭示出另一个非辩证的盲点；因为求诸宗教在绝大多数情况下是一种方法，用来指明我们一开始凭定义不能理解的事物：即某种经验主义思想无法明白的终极“原因”或实质，但它作为一种关系的或过程的现象有着漫长的辩证历史。

你不会着手总结或展示一种尚不存在的思维模式，而我最后也只能在几个对我而言似乎很重要的问题上对这一思维模式的建构方式做一概述。诚然，对传统的辩证修辞提出质询——比如黑格尔始终坚持的比喻，回到它本身以及将内在的东西外在化这种比喻——以获得它们的空间内容，这无疑很有意义；很多这类比喻在马克思那里也能找到（交错配列［chiasmus］），在后来的辩证主义者那里也能找到。但是，那种空间性恐怕仍然要被理解成一种代码，而不能成为证明空间之本体论优先性的形而上证据。

的确，在黑格尔和马克思两人那里都会发现关于“表现”或表现模式的讨论，在此基础上，或许可能组织一种可以取代时间性的更有利的论据。前者在《逻辑学》中注意到，而且确实是以他自己的历史编纂实践为依托，“那些时刻的结果是［概念的］一种更加确定的形式，在**理式**（Idea）的科学发展过程中，它们作为概念的决定因素出现在它之前，但不是作为它短暂的发展过程中的样式先于它出现。”[65]马克思关于同样这个差别的看法在下面的警告中得到延续：“让经济范畴按照它们在历史上定好的顺序一个接一个地鱼贯而入，这可能是不合理的，是错误的。”[66]对辩证法呈现方式的这类观察是一个有力的证据，反对将他们二人著作中的一系列范畴主题翻译成叙事性的时间版。

但是，他们还是没有解决这个问题；而按照我提出的语言，时间或空间在这个或那个历史时空中，或在一个空间—时间的连续体中被看作一个“主导因素”，该语言的意图显然不是建议一个范围以某种方式取代另一个范围，而是要传递一个事实，即它们的比例发生了改变，或换言之，在它们“表象形式”的结构中发生了某种转换。

对任何一种新型空间辩证法之合法性的证明能站稳脚跟还是倒地而亡，这不仅要看它与当代的全球化环境或后现代性之间的关联，而且还要看黑格尔和马克思的辩证法中那些较为古老的时间范畴是否已经成功地被翻译成新的空间表达形式以及被翻译到何种程度。换言之，空间矛盾是什么？否定性或否定的空间对等物是什么？黑格尔的“反映决定论”如何适应一种空间的、最终是全球的图式？在全球空间旋转这一意义上，从某种意义上讲，可能更容易理解马克思关于生产与经销、实现与再生产、流通与流量的同步时间性这些复杂情况；的确，这些或许是众多资产阶级经济学在浑然不觉中一直试图要研究的东西。

我会将自己限制在一个具体的问题上，这个问题在我看来是任何这类翻译过程中最关键的问题；它就是反思或自我意识在这一新系统中的作用。传统哲学（同时还有我在别处[67]试图说明的现代主义意识形态和“现代”）的脚手架大部分是建筑在真理的对等物和一种自反性上，在这一自反性中，意识与其本身及其对象是一回事。就算自柏拉图以降的哲学经典都不赞成自我与世界那闪电般一瞬而过的同步性：它仍然一直是各种不同世界观的基石，我们的系统就是以这些世界观为基础的，而这体现在所有的层面上，不仅仅是作为一个理由来证明现代（或有自我意识，或自反性）的人拥有其他所有人都没有的特权。但我们在这里必须坚持一点，即意识与自我意识之间没有区别，而且要在那一基础上重新建构一种新的平等。

我相信，这是做得到的，只要坚持自我意识或反思的意识形态与它们的时间性主题之间的关系：它是一个独特的瞬间，或者是将时间压缩成一种绝对（absolute）的时刻，自我意识概念的基本缺陷会得到理解；任何赞成空间辩证法的有效建议会发现，其本身必须提供一个空间上的说法来说明传统上被误认为是自我意识并且已经证实了它的独特性以及它在时间上拥有基本特权的事物。这是一个可能以不同方式实施的计划：例如，坚持同一性公式本身的空间性。众所周知，黑格尔将自我意识表示为我＝**我**（I＝I），而这个公式在马克思最初的价值分析中所扮演的角色也同样广为人知。我们必须让自己习惯于认为这些对等只是时间性运作，在这些运作中，某个特殊的空间场被另一个扩大了的空间场侵吞或霸占。是空间赋予这类运作以内容，而从前是时间在鼓励那些同步性的幻觉：换言之，空间是差异的源泉，而时间是同一的起源。如果可以论证，事实上，这种方法只是使时间重新成为我所说的对等活动的本质，那么，我要回答说，它同样使空间成为时间的隐秘真相，时间自己基本的内部运行是同步性的错误。但必须铭记在心的是，这些都不是本体论的命题，而只是表现性命题。

然而，这类命题在哲学意义上将自己消耗殆尽，我希望提议一种更容易理解的观点，即将先前称为自我意识的那些二维事物看作一种准空间扩充模式：为那种古老的非自反性的**我**或寻常意识补充另外的东西，这使得我们能将先前那个非自反性的自我理解为它本身在一个更大的范围内就是一个客体。寻常意识领域的扩大本身便产生了我们称之为自我或身份感的东西；而且这种运作在结构上类似于一种方法，两个截然不同的空间客体就是按照这种方法通过感知过程（我称之为“差异发生联系”）确定了相互之间的关系。如果我们在这个空间扩张之同源结构的清单上，空间扩张隐含于资本主义的各种运作当中，再加入对后者的一个更加详细的列举，从市场占领到帝国主义的空间扩张和现在的全球化，我们或许可以大致了解即将获得的优势——在哲学、美学以及经济政治等层面上——这些优势来自于用一种空间辩证法替代古老的时间辩证法。[68]

【注释】

[1] Jean-Paul Sartre, *Search for a Method*, New York: Knopf, 1963, xxxiv. Hazel E. Barnes 将 "indépassable" 译为 "我们不能超越的"。see "Question de méthode", *Critique de la raison dialectique*, Paris: Gallimard, 1985, 14. 后面对 *Critique de la raison dialectique* 的参考均标注为 *CRD*。

[2] Perry Anderson 在他那本颇具影响力的著作中对这一趋势进行了命名并使其具体化，见 *Considerations on Western Marxism*, London: New Left Books, 1976。不过，John Bellamy Foster 在他那部具有开创性的著作 (*Marx's Ecology*: *Materialism and Nature*, New York: Monthly Review Press, 2000) 中，从辩证的角度对西方马克思主义在自然和自然科学领域所遵行的维柯式不可知论进行了猛烈的批判，该书支持伊壁鸠鲁流派的唯物主义。

[3] George Berkeley, *A Treatise Concerning the Principles of Human Knowledge*, in *The Works of George Berkeley*, eds. A. A. Luce and T. E. Jessop, London: Thomas Nelson, 1949, 27—33, 42, 72—74.

[4] Jacques Lacan, *Le séminaire*, *Livre XVII*: *L'envers de la psychanalyse*, Paris: Seuil, 1991.

[5] Sartre, "La connaissance dialectique est en fait connaissance de la dialectique," in *CRD*, 139—140.

[6] James Weinstein, *Ambiguous Legacy*: *The Left in American Politics*, New York: New Viewpoints, 1974.

[7] Friedrich Engels, *The Dialectics of Nature*, New York: International Publishers, 1940, chapter 2.

[8] 见 Bertell Ollman 关于各种 "范畴" 的论述，从这些范畴方面，辩证法都呈现出来："对卢卡奇，它是发挥了这一作用的总体性概念，对毛，它是'矛盾'；对雷亚·杜纳耶夫斯卡娅，它是'否定之否定'；对司各特·梅克尔，它是'本质'；对《异化》的奥尔曼，它是'内部关系'，等等。" *Dialectical Investigation*, New York: Routledge, 1993, 26—27.

[9] G. W. F. Hegel, "Force and Understanding," in *Phenomenology*

of Spirit, trans. A. V. Mill, Oxford: Oxford University Press, 1977. 后面对该书的参考，均标注为 *PoS*。

[10] Andre Jolles, "Kasus," in *Einfache Formen*, Tübingen: Niemeyer, 1982, 171—199.

[11] 典型的例子是牛顿的法则是爱因斯坦更广阔的宇宙中的一个局部特征。See Ilya Prigogine and Isabelle Stengers, *Order Out of Chaos*: *Man's New Dialogue with Nature*, New York: Bantam, 1984, chapters 1 and 2.

[12] See Gilles Deleuze, "A quoi reconnaît-on le structuralisme?" in *L'île déserte et autres textes*, Paris: Minuit, 2002, 238—269; and François Dosse, *Histoire du structuralisme*, Paris: LGF, 1995. 但在他的第一本书中，黑格尔就谈到 *Entzweiung*（英译为"dichotomy"或"bifurcation"）："Dichotomy（两分，分裂）是哲学的源头……生命通过建立各种对立，最终得以形成，只有通过从其最深刻的分裂重建其自身，总体性才可能达到其活力的最高点。而**理性**对立于知识分子赋予两分的绝对稳定性；如果绝对的对立本身起源于**理性**，则更是如此。" *The Difference between Fichte's and Schelling's System of Philosophy*, Albany: State University of New York Press, 1977, 89, 91. 关于结构主义之创立者的二元论思想的精妙论述，见 Jean-Jacques Nattiez, *Lévi-Strauss musicien*, Arles Paris: Actes Sud, 2008。对二元对立的认识论价值的另一种不同辩护，见 Michael McKeon 的辩证经典之作 *Origins of the Novel*, Baltimore: Johns Hopkins University Press, 1987, xiii—xv（亦见他对列维-施特劳斯的评述，4—8）。

[13] Ferdinand de Saussure, *Cours de linguistique générale*, Lausanne Paris: Payot, 1916, 166.

[14] G. W. F. Hegel, *Hegel's Logic*: *Part One of the Encyclopaedia of the Philosophical Sciences*, trans. William Wallace, Oxford: Clarendon Press, 1975 [1830], 1972.

[15] See Rodney Needham, *Right and Left*, Chicago: University of Chicago Press, 1974.

[16] Samuel Taylor Coleridge, *Biographia Literaria*, London: J. M.

Dent and Company，1906，145—146.

［17］在 Niels Bohr 的互补论中得到最确定的证实。See Arkady Plotnitsky，*Complementarity：Anti-Epistemology after Bohr and Derrida*，Durham，NC：Duke University Press，1994.

［18］Slavoj Žižerk，*The Sublime Object of Ideology*，London：Verso，1989，73—75.

［19］Sigmund Freud，*The Interpretation of Dreams* in *The Standard Edition of the Complete Psychological Works of Sigmund Freud*，Vol. 4，London：Hogarth Press，1958，chapter 2. See also Jacques Lacan，*Le séminaire*，*Livre II*，Paris：Seuil，1978，chapters 13—14. 有关对此的一系列解析所做的全面讨论，弗洛伊德第一个梦境分析的目的，见 Mladen Dolar 的文章，收于 *Maska*，第 16 卷，第 1—2 期，2001 年冬，58—65。

［20］Lacan，*Le séminaire*，*Livre XVII*，99—135.

［21］Sartre，"Critique de L'expérience critique，" in *CRD*，159—180. Bertell Ollman，*Alienation：Marx's Conception of Man in Capitalist Society*，New York：Cambridge University Press，1976.

［22］Jacques Derrida and Maurizio Ferraris，*A Taste for the Secret*，Cambridge：Polity，2001，5.

［23］Ibid.，33.

［24］V. I. Lenin，*Essential Works of Lenin*，ed. Henry M. Christman，New York：Bantam，1966，109.

［25］Louis Althusser，*Réponse à John Lewis*，Paris：Maspero，1973，85—88.

［26］Georg Lukács，*Realism in Our Time：Literature and the Class Struggle*，New York：Harper and Row，1971.

［27］但现在要参考 Barbara Foley 关于 Dos Passos 的讨论，见她那部出类拔萃的著作 *Telling the Truth：The Theory and Practice of Documentary Fiction*，Ithaca：Cornell University Press，1986。

［28］Georg Lukács，"Narrate or Describe?" in *Writer and Critic and*

Other Essays，ed. and trans. Artahur D. Kahn，New York：Grosset and Dunlap，1970，110—148.

［29］更全面的讨论，参见我的 *Archaeologies of the Future*，London：Verso，2005，170—181。

［30］Régis Debray，*Revolution in the Revolution*?，Harmondsworth，England：Penguin，1967.

［31］在这里以及在下文中，我运用了 Yve-Alain Bois 的精彩读解，见 *Painting as Model*，Cambridge，MA：MIT Press，1991，以及关于 Mondrian 的章节，见 *Art since 1900*：*Modernism*，*Antimodernism*，*Post-modernism*，New York：Thames and Hudson，2004。

［32］Piet Mondrian，*The New Art—The New Life*：*The Collected Writing of Piet Mondrian*，eds. Harry Holtzman and Martin S. James，Boston：Twayne Publishers，1986，30. 蒙德里安的理论公式中的进化被描述为一个渐次实现的过程，他最初关于平衡或和谐的语言需要用更具否定意义的"消除形式"（160），"中和的平衡"（214）予以补充，即使不是完全代替。我在 *Archaeologies of the Future* 第一部分第 11 章试图加以理论化的正是综合与中和之间的这种差异，关于该书，见注释 29。

［33］Bois，*Painting as Model*，181.

［34］Gilles Deleuze，*Différence et Répétition*，Paris：PUF，1968.

［35］见注释 19；以及 Jean-François Lyotard，*Le différend*，Paris：Minuit，1983。

［36］关于此，参见，例如康德关于负量（negative quantity）的文章（"Versuch，den Begriff der negativen Grössen in die Weltweisheit einzuführen"［1763］）以及萨特的 *L'Être et le néant*（Paris：Gallimard，1943，vi，30—34）。人们可能注意到，要排除辩证解异化的需要，首先要避免被异化的术语；这实际上是当代对辩证法的各种批判的更深层动机之一。但这件事不像说的这么容易，它提出了极为艰巨的写作难题，这些难题最好的解决办法或许是术语的繁殖，而非压制。Brian Massumi 的 *Parables for the Virtual*：*Movement*，*Affect*，*Sensation*（Durham，NC：Duke University Press，2002）

是这方面少有的成就之一，它以每个新词被另一个更新的词所否定和替换的速度为依据。他为这一过程提供了如下合理的理由（在对变化之表现的一次讨论中）："坚持关系有其同关系术语脱开的一个本体论地位，这似乎很荒谬。但是，正如吉尔·德勒兹的著作再三强调的，它实际上是将变化概念化为否定、偏离、分裂或颠覆之外的任何东西不可或缺的一个步骤。关于某种关系的术语一般情况下被认为是先于它们的相互关联，是先已构成的。这回避了变化问题，因为一切都预先给定了。相互关联只是实现了已经作为可能性包含在先在术语中的外部配置。你可以重新摆放家具，甚至将它挪到一个新的位置，但你所有的仍然是那件旧家具，假设关系中的术语具有优先权是被描述为经验性方法的共有特点。接受预先给定的术语，从暗含定位的形式中得出其置换系统，在术语的给定状态之前将那个系统投射到形而上的点上，并且将这一投射发展成为一种衍生的先在映射——这些步骤对现象学、结构主义以及所有后现代主义方法的共有特征，只不过表现为不同的方式。它们反投影一块已经构成的模板来解释它的构成，因此便建起了一个逻辑的时间—错乱，一个恶性的阐释循环。错乱是什么，还是变化"（70）。

[37] See Jean Laplanche and J. B. Pontalis, "Après-coup," in *Vocabulaire de la psychanalyse*, Paris: PUF, 1971, 33—36.

[38] David Quint, *Epic and Empire*, Princeton: Princeton University Press, 1993.

[39] 我在此提前引用了我自己的观点，见下文，560。

[40] 这实际上是马克思对卡贝（Cabet）的伊加利亚（Icaria）（Etienne Cabet 写的乌托邦著作 *Voyage to Icaria*。——译者注）做出的回应，谴责潜在革命者的移民："如果那些为了更美好的未来而斗争的正直的人们离开了，他们将要离开的是对蒙昧者和盗贼完全开放的地区……兄弟们，留在欧洲的前线。在这里工作和斗争，因为只有欧洲才有共产的全部元素。这种社会要么在这里建立，要么无处可以建立。"引自 Louis Martin, *Utopics: A Spatial Play*, Atlantic Highlands, NJ: Humanities Press International, 1984, 273—279。

[41] 尽管它不是文体问题，我还是要感谢 Steven Helmling 在我自己的

著作中发现了这类主题，见他那本有趣的著作 *The Success and Failure of Fredric Jameson*，Albany：SUNY Press，2001。

［42］Thomas L. Friedman，*The World is Flat*：*A Brief History of the Twenty-first Century*，New York：Farrar，Straus and Giroux，2005，103. 后面对该书的参考均标注为 *WiF*。

［43］See below，196；and *PoS*；Mao Zedong，“A Dialectical Approach to Inner-Party Unity，” *Selected Works of Mao Zedong*，vol. 5，Peking：Foreign Language Press，1977，514－516；Guy Debord，*Society of the Spectacle*，Detroit：Black and Red，1983，chapter 3；Alain Badiou，*Théorie du sujet*，Paris：Seuil，1982，61－62，131，228－229.

［44］Karl Marx，*Capital*，Vol. 1，trans. Ben Fowkes，London：Penguin，1976，198. 后面对该书的参考均标注为 *Cap*。

［45］Walter Benjamin，*The Arcades Project*，trans. Howard Eiland and Kevin McLaughlin，Cambridge，MA：Belknap Press，1999，460.

［46］See Jacques Attali，*Bruits*：*essai sur léconomie politique de la musique*，Paris：PUF，1977.

［47］“道德、宗教、形而上学以及意识形态的所有其他内容和与这一切相对应的意识形式，因此都不再保有独立的假象；它们没有历史，没有发展……”等等，Marx and Engels，*The German Ideology*，Moscow：Progress Publishers，1964，42。

［48］关于这两种视角的有趣争论，见 Ralf Dahrendorf，*Class and Class Conflict in Industrial Society*，Palo Alto，CA：Stanford University Press，1959。

［49］Karl Korsch，*Karl Marx*，New York：Humanities Press International，1963.

［50］Louis Althusser，“Ideology and Ideological State Apparatuses，” in *Lenin and Philosophy*，trans. Ben Brewster，New York：Monthly Review Press，1971.

［51］“Utopia as Replication，” below，chapter 16.

［52］这个例子，我要感谢 Laura Hudson 一篇关于动物法的论文，宣读于 2007 年夏天的马克思主义文学会大会。

［53］T. W. Adorno，*Aesthetic Theory*，trans. Robert Hullot-Kentor，Minneapolis：University of Minnesota Press，1997，1. 后面对该书的参考均标注为 *AT*。

［54］T. W. Adorno，*Negative Dialectics*，trans. E. B. Ashton，New York：Continuum，1973，3.

［55］T. W. Adorno，*Minima Moralia*，trans. E. F. N. Jephcott，London：New Left Books，1974，50.

［56］T. W. Adorno，"Sociology and Psychology，" *New Left Review* Vol. 1，Num. 46，November-December 1967，and Vol. 1，Num. 47，January-February 1968，69—70.

［57］Michael N. Forster，*Hegel and Skepticism*，Cambridge，MA：Harvard University Press，1980，10.

［58］T. W. Adorno，*Drei Studien zu Hegel*，Frankfurt：Suhrkamp，1997，257.

［59］Slavoj Žižek，*Looking Awry*，Cambridge，MA：MIT Press，1991，16—17.

［60］Slavoj Žižek，*The Metastases of Enjoyment*，London：Verso，1994，1—2.

［61］Slavoj Žižek，*The Plague of Fantasies*，London：Verso，1997，158.

［62］引自 1864 年公众健康报告。

［63］Karl Marx，*The Poverty of Philosophy*，New York：International Publishers，1963，54.

［64］Henri Lefebvre，*La production de l'espace*，Paris：Anthropos，1974，382.

［65］G. W. F. Hegel，*Elements of the Philosophy of Right*，ed. Allen W. Wood，trans. Hugh Barr Nisbet，Cambridge：Cambridge University Press，1991，61.

［66］被引用于 Christopher J. Arthur，*The New Dialectic and Marx's 'Capital'*，Leiden：Brill，2004，4。

［67］See *A Singular Modernity*：*Essay on the Ontology of the Present*，London：Verso，2002.

［68］整个第一章是对全书的一个介绍，在这个意义上，现在最好是对后者做一预告。关于黑格尔的几章旨在为他的真实性提供一个不同的证据，他的真实性比有人提出（或拒绝）的更胜一筹。这些章节中的第二章以及后面的几章，从辩证法的角度考察了几部当代哲学经典（我希望以后对黑格尔也能做类似的事），而且为今天重新燃起的对卢卡奇和萨特的兴趣提供充分的理由。接下来的一系列简短讨论旨在澄清马克思主义传统中的不同主题，从文化革命到意识形态的概念；紧接着的是一系列政治讨论，它们记录了我个人对某些话题的看法，从苏联解体到全球化，尽管如此，也希图展示辩证法与实际政治的相关性。在长长的最后一部分，讨论了利科关于历史与叙事的重要研究，我对这一研究中缺失的辩证法和马克思主义的某些范畴做了补充，离开这些范畴，**历史**在今天几乎无法被体验。诚然，《效价》这本书有点像一部没有王子的《哈姆雷特》，因为它缺少关于马克思及其辩证法的中心章节，原来是希望有的。因此，两本作为补充的书，分别是对黑格尔的《现象学》和马克思的《资本论》（第一卷）加以评注，会完成这一计划。同时，如果没有其他人的帮助，这项计划中那些意想不到的困难几乎无法面对，他们当中，我在此能够充满感激地列出姓名的只有塞巴斯蒂安·布珍（Sebastian Budgen）、马克·马丁（Mark Martin）、高普·巴拉克里斯石南（Gopal Balakrishnan）、菲利浦·瓦格纳（Philip Wegner）以及卢卡·阿森朱克（Luka Arsenjuk）。

（俞嘉 译）

The Prison-House of Language: A Critical Account of Structuralism and Russian Formalism by Fredric Jameson

图书在版编目(CIP)数据

詹姆逊文集. 第7卷，语言的牢笼/王逢振主编；钱佼汝，朱刚译. —北京：中国人民大学出版社，2015.12
ISBN 978-7-300-16407-6

Ⅰ.①詹… Ⅱ.①王…②钱…③朱… Ⅲ.①詹姆逊，F.-文集②结构主义学派-文学评论 Ⅳ.①C53

中国版本图书馆CIP数据核字（2015）第301829号

"十二五"国家重点图书出版规划项目
詹姆逊文集　第7卷
王逢振　主编
语言的牢笼
钱佼汝　朱刚　译
Yuyan de Laolong

出版发行	中国人民大学出版社		
社　　址	北京中关村大街31号	**邮政编码**	100080
电　　话	010－62511242（总编室）		010－62511770（质管部）
	010－82501766（邮购部）		010－62514148（门市部）
	010－62515195（发行公司）		010－62515275（盗版举报）
网　　址	http://www.crup.com.cn		
	http://www.ttrnet.com（人大教研网）		
经　　销	新华书店		
印　　刷	涿州市星河印刷有限公司		
规　　格	150 mm×228 mm　16开本	**版　　次**	2016年3月第1版
印　　张	19 插页4	**印　　次**	2016年3月第1次印刷
字　　数	221 000	**定　　价**	1380.00元（全14卷）